ÉMILE BAYARD

L'art
appliqué
français
d'aujourd'hui

ERNEST GRUND, Éditeur
9, rue Mazarine, PARIS

L'art appliqué

français d'aujourd'hui

OUVRAGES DU MÊME AUTEUR

L'Art de reconnaître les meubles anciens (11e mille).
L'Art de reconnaître les dentelles, guipures, etc. (8e mille).
L'Art de reconnaître la céramique (12e mille).
L'Art de reconnaître les tableaux anciens, etc. (9e mille).
L'Art de reconnaître les gravures anciennes (8e mille).
L'Art de reconnaître les fraudes en art (12e mille).
L'Art de reconnaître les bijoux anciens (5e mille).
L'Art de reconnaître les styles (54e mille).
Le Style Louis XIII (26e mille).
Le Style Louis XIV (30e mille).
Les Styles Régence et Louis XV (32e mille).
Le Style Louis XVI (34e mille).
Le Style Empire (33e mille).
Le Style anglais (9e mille).
Les Styles flamand et hollandais (6e mille).
L'Illustration et les illustrateurs (8e mille).
La Caricature et les caricaturistes (15e mille)
Les Arts de la femme (10e mille).
Les Arts et leur technique (épuisé).
L'Education artistique par l'image et l'anecdote (5e mille).
L'Histoire de l'art en images (épuisé).
L'Art en anecdotes (3e mille).
Les Connaissances essentielles de l'art (4e mille).
Plantes et fleurs (épuisé).
Les Animaux d'après nature (épuisé).
L'Art de la gravure simplifiée (« Cellulotypie », procédé Émile-Bayard).
L'Art du bois sculpté.
Les Grands Maîtres de l'art (7e mille).
Le Goût chez soi, sur soi, en soi (4e mille).
Le Meuble Rustique Régional Français.
Le Style Moderne (18e mille).

    Etc...

ÉMILE-BAYARD

Inspecteur de l'Enseignement des Beaux-Arts et des Musées,
Secrétaire de la Commission de l'Enseignement du Comité central technique
des Arts appliqués.

L'art appliqué

français d'aujourd'hui

meuble, ferronnerie, céramique, verrerie, tissus, etc.

OUVRAGE ILLUSTRÉ DE 213 GRAVURES

ERNEST GRÜND, Éditeur
9, rue Mazarine, PARIS (VIᵉ)

LE MEUBLE
ET LA SCULPTURE SUR BOIS

CHAPITRE PREMIER

Les Arts du Bois :
Le Meuble et la Sculpture sur Bois.

Les styles du passé sont la cristallisation des expressions et sentiments d'autrefois. Logiquement s'impose, ainsi, la réalisation d'un art représentatif de notre esprit, de notre goût modernes (1).

Pour ne point périr, le génie doit céder, dans l'atmosphère des idées autres, adverses ou rénovées, à l'impulsion des artistes et des artisans qui, à l'exemple des saisons, diversifient dans l'œuvre l'agrément de la vie.

Le printemps défie l'hiver par son attrait, et l'hiver succède harmonieusement à l'automne comme l'été au printemps.

Malgré que l'esthétique du corps humain, — aussi loin que l'on se réfère à un art, — n'ait point changé, il n'en apparaît pas moins que les époques différentes, que les caprices du goût et de la mode ont singulièrement modifié son aspect sur le fond où il se meut.

Suivant la coquetterie de l'heure, un visage renouvelle sa grâce, se

---

(1) Voir *Le Style moderne*, du même auteur.

métamorphose, et, non seulement par l'artifice de la chevelure, mais encore à l'aide des subterfuges de la toilette, du costume au maquillage,

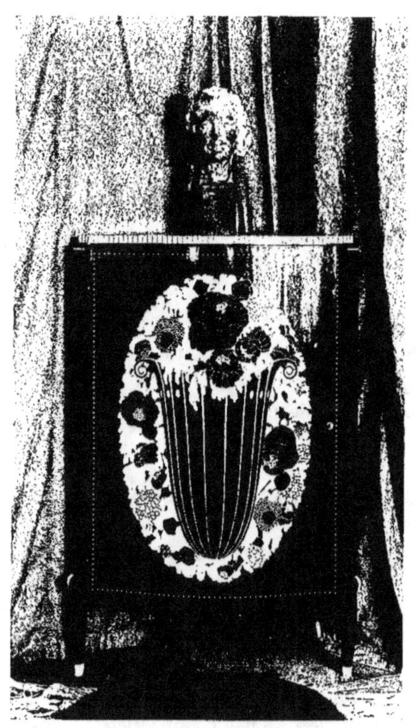

J.-E. RUHLMANN. — *Meuble d'encoignure.*

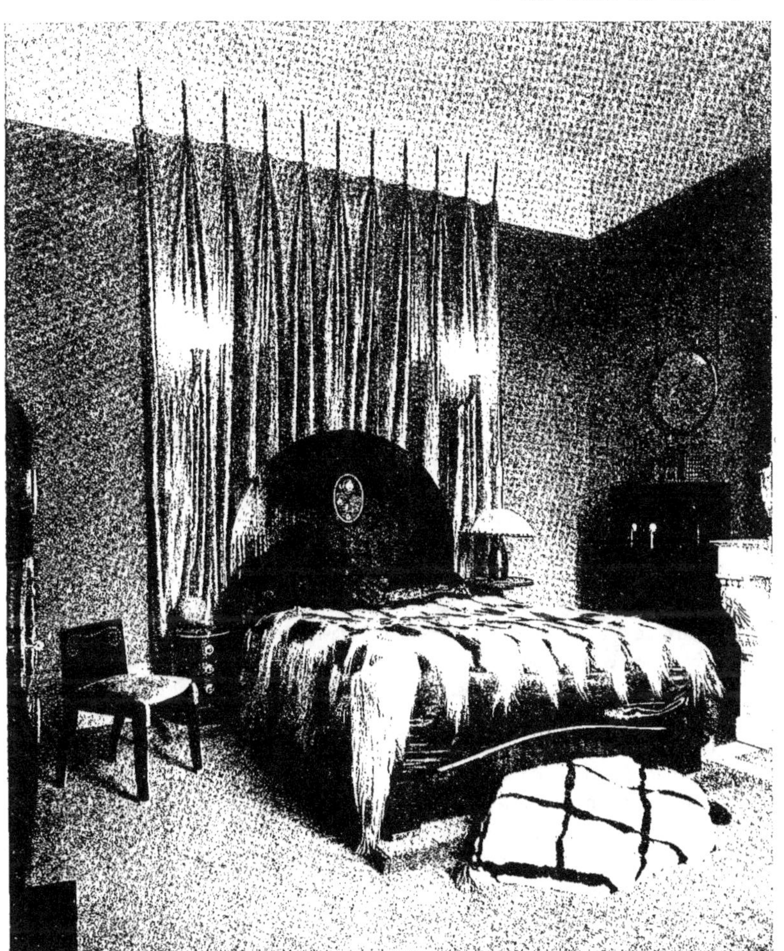

J.-E. RUHLMANN. — *Chambre à coucher.*

de la mouche du xviiie siècle au fond de teint bistre dont s'ambre le masque féminin de ce début du xxe siècle.

Aussi bien, le décor obéit à la plastique humaine pour servir sa fantaisie et varier sa beauté. La forme, même, s'identifie à l'individu. On dit : les bras, le dos, les pieds d'un fauteuil ; le ventre d'une commode. La vision de la jambe humaine, imposée par l'usage de la botte collante, inspira les formes « à mollet » résumées par le balustre renflé du xviie siècle.

Pareillement, au gré d'une jupe ample, les balcons en fer forgé du xviiie siècle s'évaseront tandis qu'auparavant les bras des fauteuils se sacrifiaient à l'épanouissement des vertugadins.

Le vaste fauteuil de Louis XIV, au siège rigide, aux larges ramages, s'oppose symboliquement à la bergère menue et douillette, à fleurettes, de Mme du Barry. L'un chante la majesté de l'Homme, l'autre la grâce de la Femme : la pensée de deux siècles différents.

Le bois, les tissus, les proportions, volumes et confort, soumis à l'esprit d'un temps et leur reflet.

Combien d'autres exemples de la forme ordonnée par chaque époque pourraient suivre ! Ce n'est pas à Riesener, ébéniste de Louis XVI, a-t-on justement observé, que Napoléon Ier commanda l'armoire à bijoux de Marie-Louise, mais à Jacob Desmalter, son propre ébéniste, suivant en cela la logique des monarques devanciers. Et il ne faut pas sourire d'un Roi-Soleil méprisant, au bénéfice de l'art auquel il présidait, les œuvres de l'art ogival dues au goût « sauvage » de ses « grossiers aïeux », car, plus dangereusement pour le renouvellement du génie créateur, La Bruyère, après s'être réjoui avec son roi de l'abandon de l'ordre gothique « que la barbarie avait introduit pour les palais et les temples », prononça, en se déjugeant, que l' « on ne saurait rencontrer le parfait, et s'il se peut, surpasser les Anciens, que par leur imitation ».

Les vers de Corneille, d'ailleurs, furent bien traités de « visigoths », et

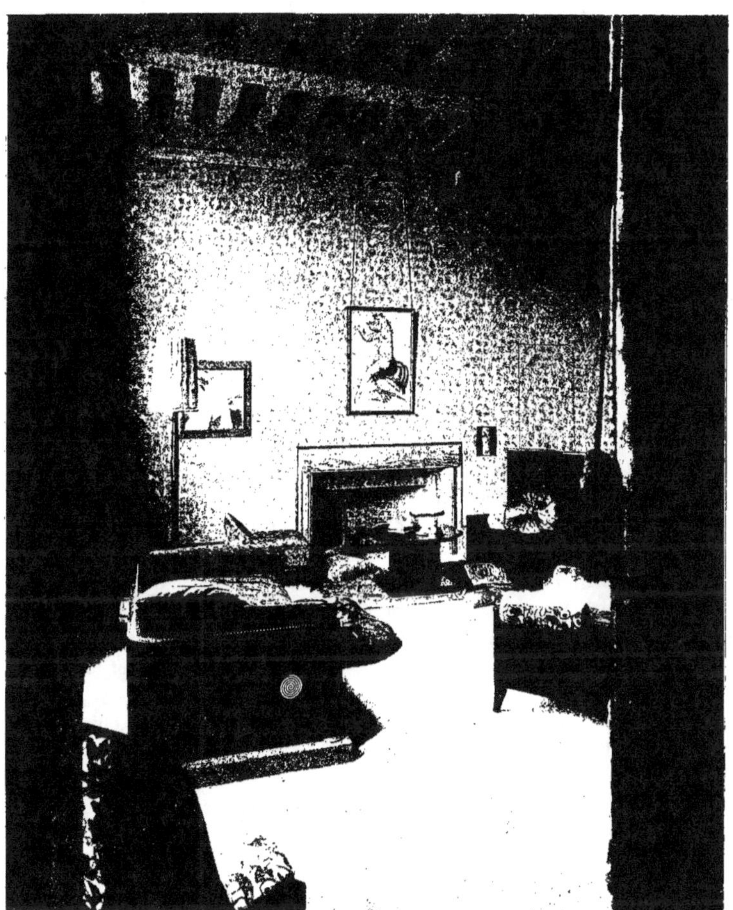

J.-E. RUHLMANN. — *Meubles pour un studio* (M. Molinié, arch.).

tout ce qui ne se réclamait pas de l'Antiquité latine ou de la Renaissance d'Italie était alors, « à quelques degrés du pays des Hurons ».

En vérité, un Louis-le-Grand qualifiant de « magots » les personnages peints par David Téniers, exprimait un dédain autrement fécond que cette admiration routinière et, malgré toute sa prétention, la Révolution décrétant « monuments d'esclavage » ceux qui avaient précédé ses jours de liberté, ne rendit pas moins service à l'essor d'une architecture nouvelle.

Louis David contre François Boucher, Eugène Delacroix contre M. Ingres, les « impressionnistes » contre les « académistes », confirment la règle d'une noble émulation inventive.

On sait l'aventure significative de cette somptueuse décoration de Le Brun découverte derrière l'ancien escalier des Ambassadeurs et que Mme de Pompadour, jugeant démodée, avait démolie, en 1749, à cinquante ans de distance, sans préjudice d'une belle grille en fer forgé, noyée dans une maçonnerie, sans même avoir été déposée !

Or, voilà l'évolution rationnelle de l'art, sa tradition même et sa félicité, puisque c'est grâce à son orgueil que la beauté se renouvelle pour enrichir, toujours davantage, le trésor du génie.

Le règne léger et brillant de François Ier fit la Renaissance dont le fils de Henri IV, au front taciturne, calma la dorure éclatante, et ce style pesant et triste de Louis XIII s'étoffa au contraire, magnifiquement, sous Louis XIV, pour s'amenuiser ensuite, dans un sourire, au XVIIIe siècle.

Toutefois, si, à l'image des débordements de la Régence et de Louis XV, les axes du meuble et des décorations intérieures chavirent, la ligne se raidira avec Louis XVI dans une gracilité où il entre quelque émoi dont la grisaille et quelque hautaine mélancolie évoquent le pressentiment de la Révolution.

Or, cette réaction latente et fatale à travers les manifestations opposées ou contradictoires d'idéal humain, nous a valu le souvenir cher

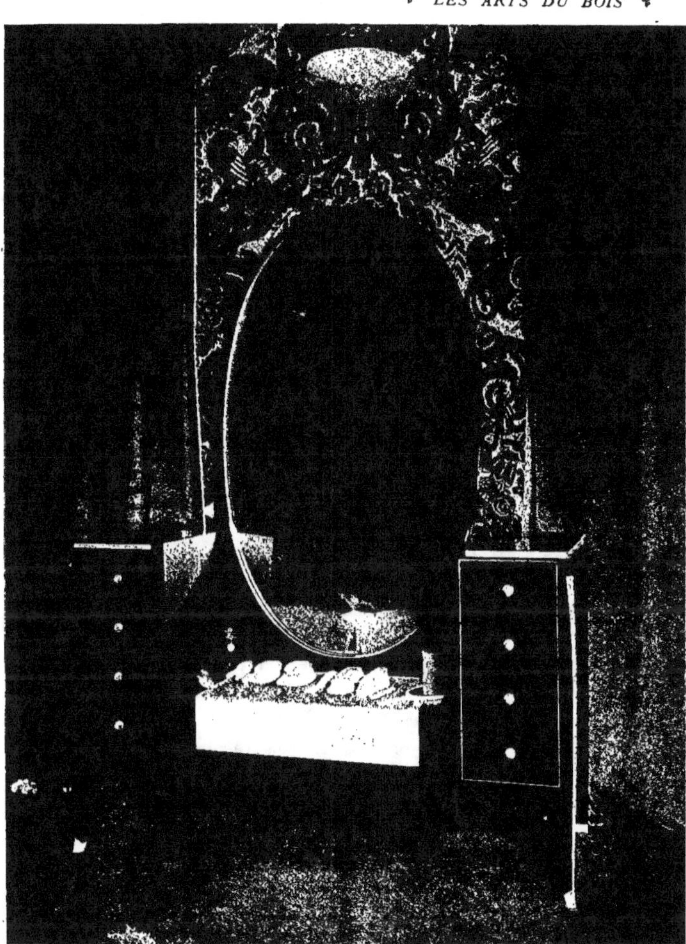

J.-E. RUHLMANN. — *Coiffeuse.*

2

d'un passé de chefs-d'œuvre divers confié dévotement à la garde de la tradition, mouvante et non stagnante, pour qu'elle la poursuive.

Au bout des années, l'expérience radote. Après avoir donné ses fruits, l'arbre refleurit. Comment résister à la poussée de sève, au flux tumultueux des idées neuves, au concept d'un cerveau affranchi, mais mûri, de la pensée somptueuse d'hier !

La routine doit taire ses étonnements et sa médisance au spectacle des prémices qui brusquent ses habitudes et violent le dogme caduc. Et, c'est contre cette prévention ignorante et coupable (car elle paralyserait l'essor inventif) qu'il faut protester, en faisant la preuve par des exemples choisis, des conquêtes imposantes de nos artistes et artisans dans le domaine d'un style voué à la figuration de notre temps.

Point donc de beauté définitive ; le « perpétuel devenir » dont parle Platon, indique l'état de la nature inconstante, toujours invariablement attirante. Les styles classiques du mobilier témoignent, par leur caractère dissemblable, de ce mouvement perpétuel, et le meuble moderne se flatte, esthétiquement et techniquement, de démontrer à l'opinion conservatrice qu'il n'est pas de passé souverain.

Point de type éternel, mais des formules de chefs-d'œuvre vénérables résumant des étapes d'admiration.

Hélas ! la nouveauté apparaît le plus souvent agressive, et chaque mobilier reçut à ses débuts, l'anathème. Témoin, parmi plusieurs autres, cette plaisante appréciation de Rœderer sur les meubles parfaits, pourtant, que Georges Jacob et son fils François Jacob-Desmalter créèrent après l'expédition d'Égypte : « On n'est pas assis, on n'est plus reposé. Pas un siège chaud, fauteuil ou canapé, dont le bois ne soit à découvert ou à vive arête. Si je m'appuie, je presse un dos de bois ; si je veux m'accouder je presse deux bras de bois ; si je me remue, je rencontre des angles qui me coupent les bras et les hanches. Il faut mille précautions pour ne pas être meurtri par le plus tranquille usage de ces meubles.

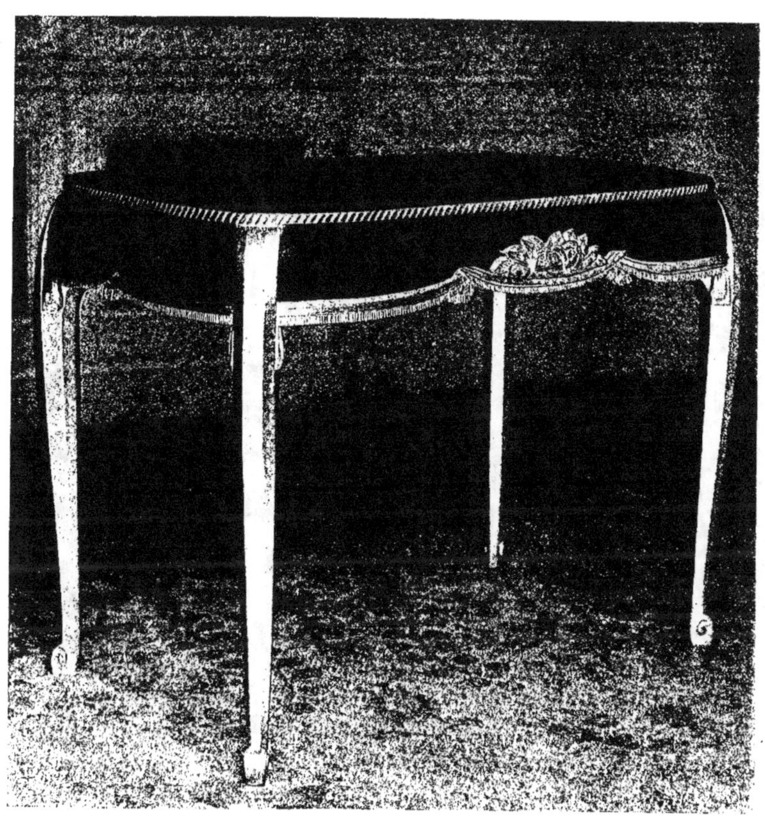

L. SUE et A. MARE. — *Table*. (Éditée par la « Compagnie des Arts Français ».)

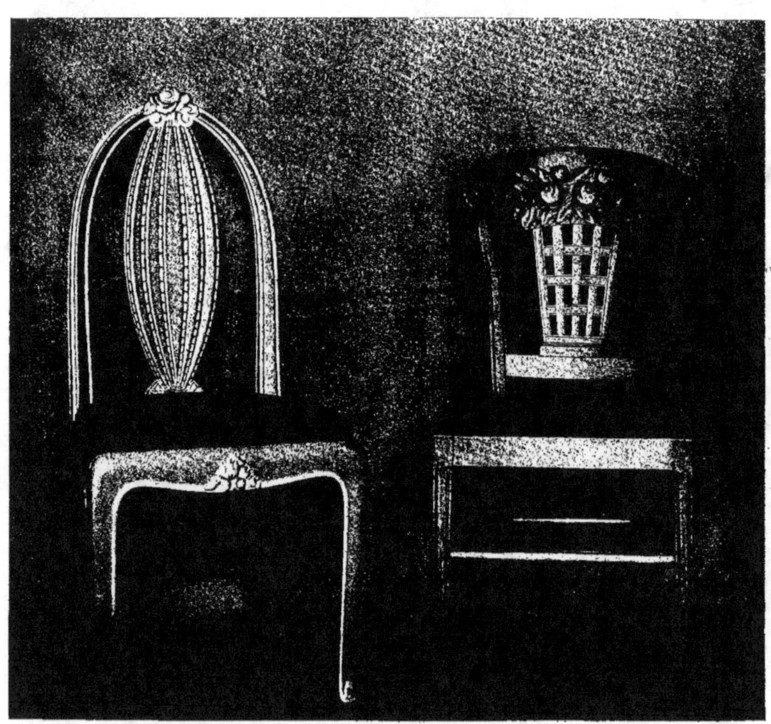

L. SUE et A. MARE. — *Chaises.* (Éditées par la « Compagnie des Arts Français »).

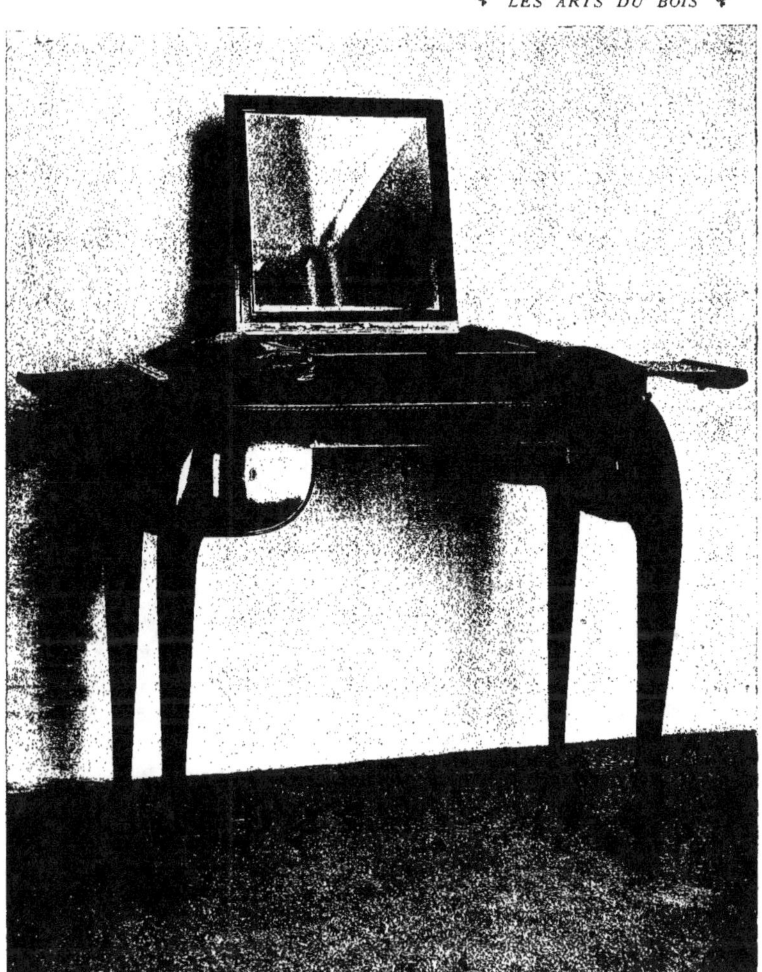

L. SUE et A. MARE. — *Coiffeuse*. (Editée par la « Compagnie des Arts Français »).

Dieu préserve aujourd'hui de la tentation de se jeter dans un fauteuil; on risquerait de se briser ! »

Actuellement, pour nous en tenir au mobilier, l'intarissable antiquaire tend à perdre son sceptre, et la religion des styles d'hier, dégénérés dans la copie et le pastiche, usés dans la pacotille et le commun, déconcerte, à la longue, ses fanatiques convertis à la logique d'une beauté neuve, adaptée à notre atmosphère ni plus ni moins que la tradition elle-même. Si les couleurs tendres s'accordaient, sous Louis le Bien-Aimé, avec les mignardises, si les gris de la fin du règne de Louis XVI s'harmonisaient avec le front soucieux d'une dynastie condamnée, place désormais aux tonalités hardies, aux acidités, aux crudités curieusement orchestrées ! La musique des couleurs répond à celle des sons dans l'altération savante. La souple ligne du meuble s'accommode maintenant de la tache rude et franche que les tentures, coussins, etc. répercutent.

Nous sommes de notre temps, enfin !

Seule, hier, une aristocratie d'idéal, académiquement borné, représentait le Grand Art. Comme si les chefs-d'œuvre des artisans du moyen âge relevaient d'un art mineur ! Comme si le petit maître Jean-Honoré Fragonard ne se haussait point à la taille des plus grands maîtres de tous les temps ! Comme si, enfin, il existait une hiérarchie dans la beauté !

Aujourd'hui, l'école d'art se doit de poursuivre la tradition française du métier embelli, de la vision à nouveau recréée dans tout et pour tous. Elle concourra seulement ainsi, à l'accroissement de notre patrimoine national, à la sauvegarde de la réputation mondiale de notre goût, à la richesse productive de la France.

Avant d'atteindre à sa perfection actuelle, le meuble moderne connut, dès son avènement, l'excentricité qui marque brutalement chaque rupture. Le courage de rompre engendre ces débordements initiaux; il dépasse d'abord la mesure dans l'enthousiasme de la foi et pour mieux persuader de son originalité réactive.

Le snobisme marche volontiers, d'autre part, en tête de l'innovation

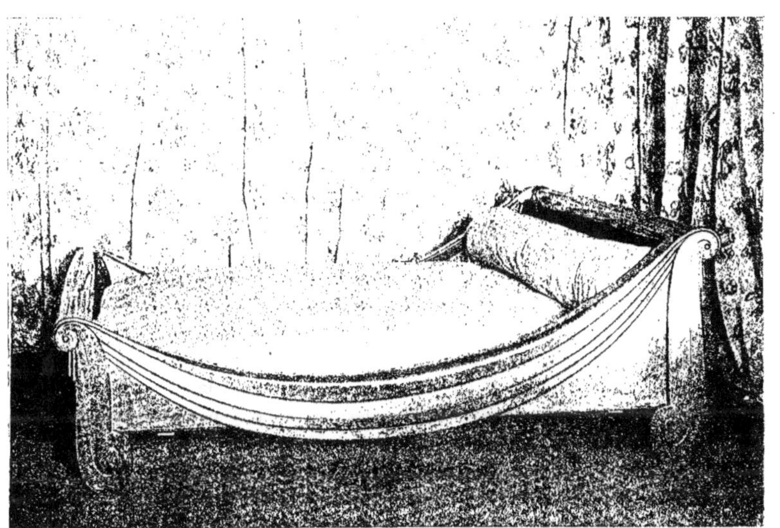

L. SUE et A. MARE. — *Lit.* (Édité par la « Compagnie des Arts Français ».)

et, s'il se rencontre avec la logique dans la haine de la banalité, une sage mise au point résulte des efforts désordonnés, des admirations factices et de la rationalité même, harmonisées, puis béatifiées.

Ainsi de toutes les révolutions. On lutte aveuglément, d'abord, et l'on s'explique après la bataille. Des idées fécondes naissent alors, sur des ruines. L'accord s'échafaude sur un principe et l'œuvre sereine s'impose finalement à l'unanimité.

Toutefois, en ce qui concerne notre objet, la tradition faussée, dénaturée, fut cause de la rupture.

Sans nous arrêter aux meubles « symboliques », issus de la Révolution sur les cendres de notre glorieux mobilier antérieur, voici Napoléon Ier qui remmailla la chaîne brisée des styles du passé. Son improvisation spirituelle sur le thème gréco-romain (dont le moindre défaut fut la transposition, au mépris de la matière, du métal et de la pierre dans le bois; du trépied grec à la chaise curule reproduits en acajou !) devait être suivie de la pauvreté mobilière des Restaurations bourgeoises.

Le gothique « cathédrale », l'inspiration « étrusque » sévirent, et le Louis-Philippe échoua entre ces écueils, dépouillé des précieux ornements de l'Empire premier, en conservant platement les formes héritées de l'antique. Puis, au second Empire, un style « Fourdinois » avec un « Louis XVI impératrice » représentent le pastiche, le faux luxe et le clinquant.

Si l'on ajoute à ces idéals abâtardis les dégénérescences économiques qui suivirent, toute la vulgarité, toute la camelote où les chefs-d'œuvre mobiliers du passé achevèrent de se déshonorer, on saisit le mérite des premiers artistes qui, au nom de la tradition du goût français, découvrirent un coin de ciel à l'inspiration défaillante.

Le Lorrain Émile Gallé, à l'Exposition universelle de Paris, en 1889, fut le triomphateur de l'idée nouvelle et, à ses côtés, l'école de Nancy tout entière.

Émile Gallé « demande aux motifs d'ornementation de devenir les emblèmes de la matière ou d'annoncer la destination de l'ouvrage. Sur les flancs et les dessus de ses tables, de ses commodes, ce ne sont que fleurs, plantes, oiseaux ou papillons figurés dans le vrai de leur allure, de leur couleur et jetés en toute liberté, le plus simplement du monde... »

Et voici, au surplus, les principes du maître français, digne émule

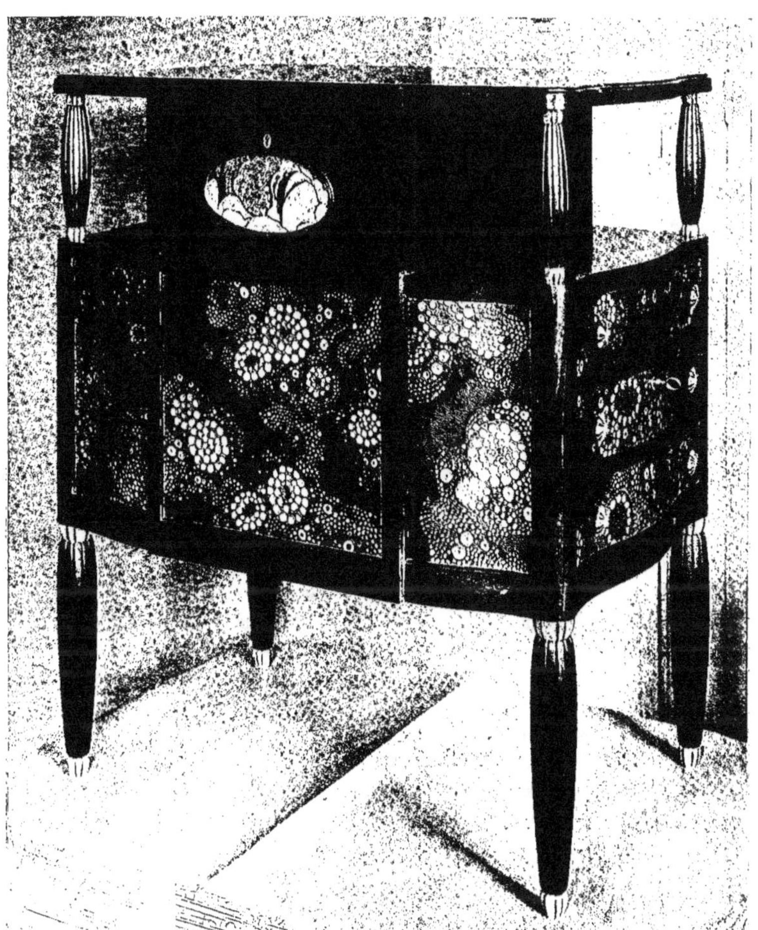

CLÉMENT MÈRE. — *Meuble de fumeur (ébène, cuir et ivoire).*

Photo. Viçzavone.

des Ruskin et des William Morris, en Angleterre : « 1º Un meuble doit être fait pour servir, une chaise n'est point créée pour s'exhiber, mais pour procurer repos et assiette à une humanité qui a reins, jambes et dos; 2º il faut que la construction réponde à la destination de l'œuvre, au matériel d'exécution, et qu'elle soit aussi simple, aussi logique que possible; 3º que cette construction saine ne soit masquée par rien et qu'elle reste bien évidente; 4º le décor de l'œuvre peut s'inspirer des formes de la flore et quelquefois de la faune. Et ne dites pas que la nature offre des assemblages sans variété; tout se renouvelle sans cesse par la force des choses; il ne suffit que d'observer, de raisonner, d'adapter... »

Au meuble « vivant » créé par un Gallé, extrêmement végétal et échevelé, succéda une ornementation graphique où la forme stylisée, en « coup de fouet », « os de mouton » et autres dénominations peu avantageuses, consacra un « modern-style » aussi éphémère que déconcertant. Puis vint, après celle des sculpteurs, l'ère des coloristes non moins excessive.

A cette heure de fièvre et de gestation, toujours admirable, les meubles peints tentèrent une harmonie de palette en contradiction encore avec la forme impérative et l'utilité rationnelle, inséparables du meuble, petit monument d'architecture. Puis, une étape où le mobilier cédait au chiffon, à tout l'attrait accessoire et contingent, dans la disposition artiste des draperies et coussins, dans le prisme de la lumière savante et du bric-à-brac « amusant », s'enregistre.

Il était temps que le bois retournât à l'établi comme le marteau à l'enclume, c'est-à-dire que l'art revînt au spécialiste. Et, du coup, les principes traditionnels ramenèrent l'outil égaré au respect de la matière qui commande et de sa destination qui doit régir le chef-d'œuvre dans l'harmonie de la forme et du décor avec la dimension.

Il s'avère ainsi, de nos jours, après les louables tâtonnements du début, un résultat d'originalité normale d'autant séduisant que les aises sont favorisées différemment qu'hier sans molester le geste, sans irriter la vue,

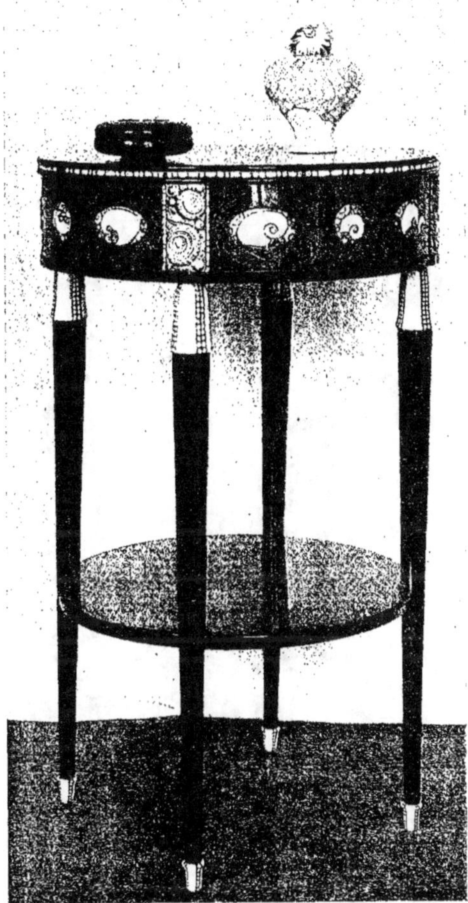

Photo Vizzavona.

CLÉMENT MÈRE. — *Guéridon* (bois de rose, bronze et ivoire).

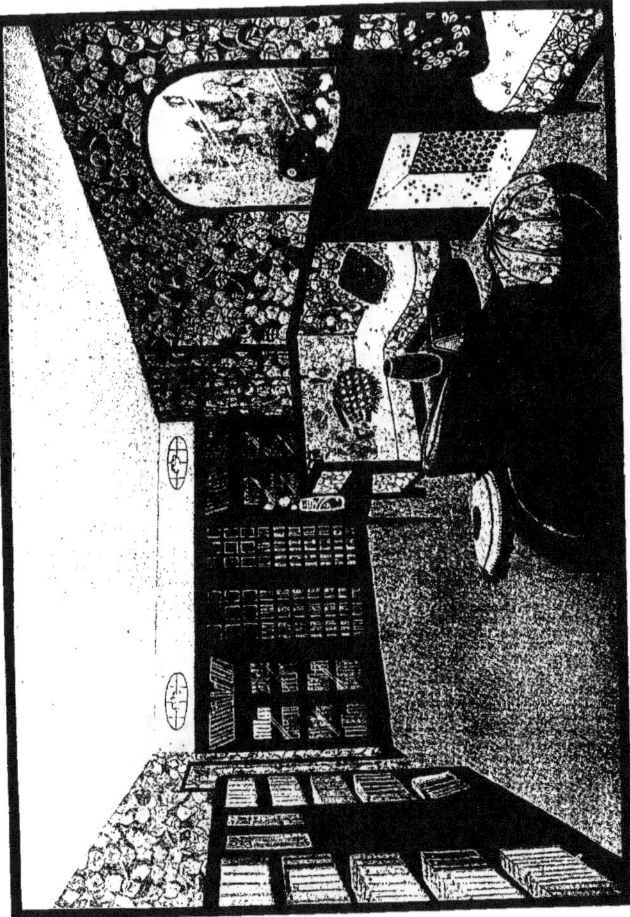

FRANCIS JOURDAIN. — *Studio.*

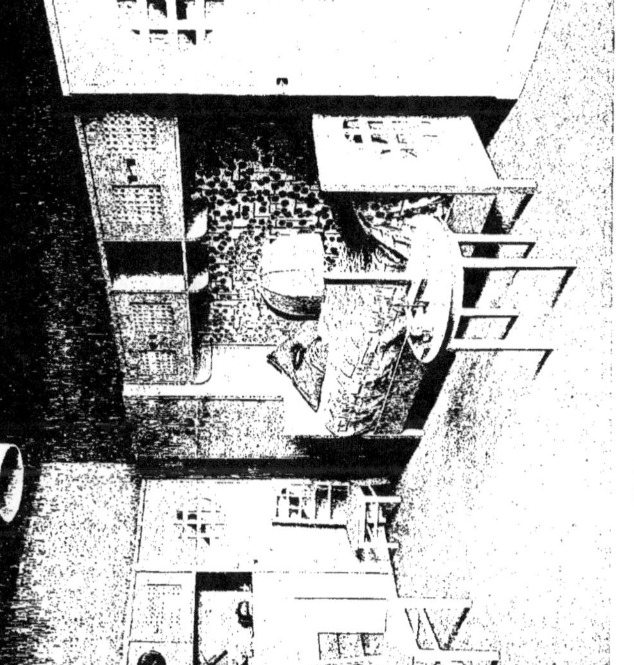

FRANCIS JOURDAIN. — *Chambre d'enfant.*

en flattant au contraire la forme et la couleur dans le charme d'un accord où l'étonnement initial succombe à l'émoi satisfait.

L'invention moderne ne le cède en rien au grand passé et, quant à la technique, dont, après Louis-Philippe, l'altération manifeste accéléra la décadence du meuble esthétiquement diminué, elle a reconquis aujourd'hui sa supériorité.

La sculpture, sobrement admise dans le concert des reliefs et des masses, judicieusement dosés et à leur place, distribue les creux et les bosses là où la main ne peut être contrariée. La satisfaction de la vue passe judicieusement après celle des besoins servis. Les fines moulures ne jouent pas moins spirituellement avec la lumière, distinguant des profils, calmant des arêtes au profit des volumes. Le choix du bois, son essence, inspirant le genre du meuble, sa destination masculine ou féminine, et non seulement par la couleur mais par la proportion; la virilité se reflétant en propre dans la structure solide, dans la silhouette et la proportion massives du meuble, alors que la grâce se réclame de l'élégance et de la légèreté.

«... Il faut dans une chambre d'homme cette sobriété d'ornement, cette certitude des lignes qui font le cadre où se plaît une intelligence volontaire. Les meubles doivent affirmer la logique de leur plan et leur utilité... »

Ici, un retour au meuble symbolique, non plus dans la fièvre révolutionnaire, mais dans l'adaptation calmement pensée et mûrie, conforme au caractère de l'individu comme à son propre confort.

Ainsi : « ...le dossier bas (des sièges d'une salle à manger) prêtera-t-il aux convives une attitude dégagée, en laissant paraître la chute des épaules, qu'engoncerait le haut dossier d'une chaise Louis XIII, et la courbe affinée à sa pointe, qui s'ouvre en avant pour l'accueil, accompagnera harmonieusement les lignes du corps... »

« Quand j'ai le plaisir de guider quelque artiste dans le palais de Fontainebleau, dit son éminent conservateur, M. Georges d'Esparbès,

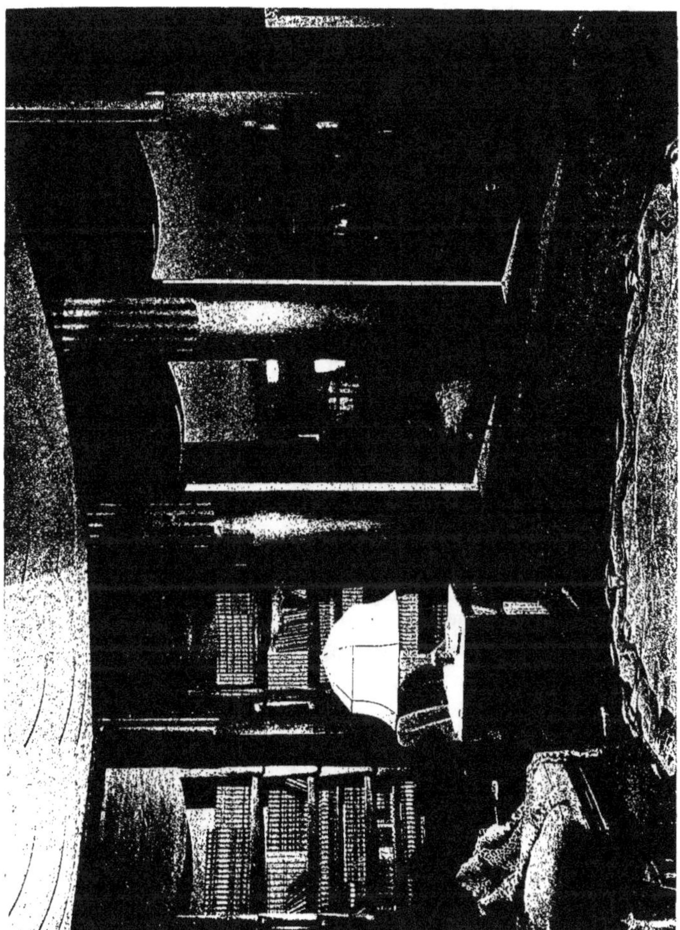

MAURICE DUFRÈNE. — *Bibliothèque*. (Édité par « La Maîtrise ».)

je ne manque jamais de lui faire remarquer ces fauteuils centenaires de l'Empire, dont les sièges sont fanés, vieillis, mais dont les dossiers montrent leur étoffe toujours intacte, parce que le dos et les épaules des hommes énergiques qui s'y sont assis ne les ont même pas effleurés... Méditez devant un siège de cette époque. Il a beau être somptueux, fait pour durer toujours, il évoque l'expectative, l'attente, une possession provisoire. Ensuite, regardez les nôtres : ils sont ceux de gens veules, sans énergie. Notre fauteuil moelleux « où demeure l'impression du corps », c'est le fauteuil de l'*indifférence*. Le siège Empire, c'est la silhouette de l'*anxiété*. »

Il n'empêche que l'intérêt du lit de camp s'efface devant le confort de la couche tendre et souple que nos jours ont réalisé, au surplus, esthétique.

Point d'armoire démesurément haute, dans une chambre de femme ; cette faute d'appropriation ne sera pas renouvelée par le « meublier » moderne, qui s'ingénie, au contraire, à mettre l'utilité à la portée du geste, féminin en l'occurrence.

La « féminité » des lignes courbes, de « meubles de sycomore gris, d'aspect satiné et soyeux..., s'enlevant sur une tenture où les gris et les roses se nuancent dans un reflet nacré, « un lustre de perles, des verreries de toilette tracées d'émail blanc, ajoutant au charme d'une chambre de femme leur délicatesse... » s'oppose ainsi à la chambre mâle précédente, « définie en verticales et en horizontales sévères ».

Et le volumineux fauteuil que Molière, singulièrement, vouait aux « commodités de la conversation », reléguant au musée son importance inconfortable, son emphase surhumaine, ne saurait surprendre notre masculinité réduite.

Il eût été irraisonnable, d'ailleurs, de perpétuer ce modèle de majesté dans l'exiguité de nos appartements modernes et surtout dans ceux de la femme. Aussi bien, la chaise moderne a répudié les gracilités tortueuses ; elle s'énonce sans heurt et reçoit le corps simplement, sans trop céder à

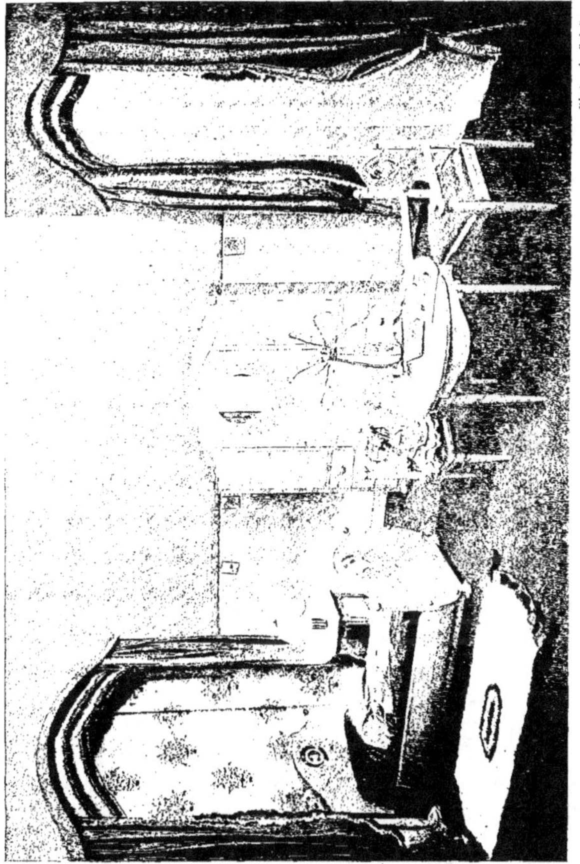

MAURICE DUFRÈNE. — *Chambre d'enfant. (Éditée par la « Maîtrise »).*

Photo. A. Salaün.

3

l'attrait du décor dont l'excès souvent, autrefois, subordonnait le but.

Les meubles classiques, malgré leur auréole, ne sont point impeccables; ils accusent leurs défauts d'une époque à l'autre, car chaque époque possède sa perfection qui n'est point celle de l'autre, et le mauvais goût, selon Gustave Flaubert, c'est invariablement le goût de l'époque précédente...

L'hygiène et les besoins nouveaux, si développés de nos jours, ont renouvelé les formes et les dispositions de l'architecture, le meuble moderne devait donc modeler les siennes sur sa grande sœur, en réalisant la sobriété dans un accord de netteté et de beauté strictes.

Au surplus, des exigences sont nées des pièces et des meubles que le passé ignora. La chambre de l'enfant comme le bureau d'affaires, le boudoir comme la salle de bains, ont élargi leur importance. Des meubles, en outre, se sont associés à des cloisonnages pour accentuer la commodité à proximité du geste. Des divans-bibliothèques, des tables de chevet-lit, parmi tant d'autres expressions conjuguées, comblèrent la satisfaction pratique à laquelle le meuble obéit initialement. Néanmoins, la tendance à apparenter excessivement le mobilier à des ordonnances architecturales telles que : lambris, plafonnages, alcoves, cheminées, tendit quelque temps son piège à l'invention subtile.

Le meuble est un; s'il concourt à un ensemble il doit pouvoir s'en détacher et valoir essentiellement. On transgressa cette loi. D'autre part, « un lit est un lit et non point un poème », déclare judicieusement M. Maurice Dufrène; « il ne faut pas faire de littérature en édifiant un petit banc », et M. Georges Auriol appuie spirituellement cette opinion : « ... c'est par sélection qu'une salière peut devenir l'hôtesse d'un musée; mais, premièrement, elle doit contenir du sel. Et, quel que soit le raffinement qui aura présidé à sa fabrication, elle ne sera digne du musée, même un siècle après sa naissance, que si elle a fidèlement (et gauloisement) rempli son rôle de *salière*... »

La matière commande et inspire différemment; les essences du bois,

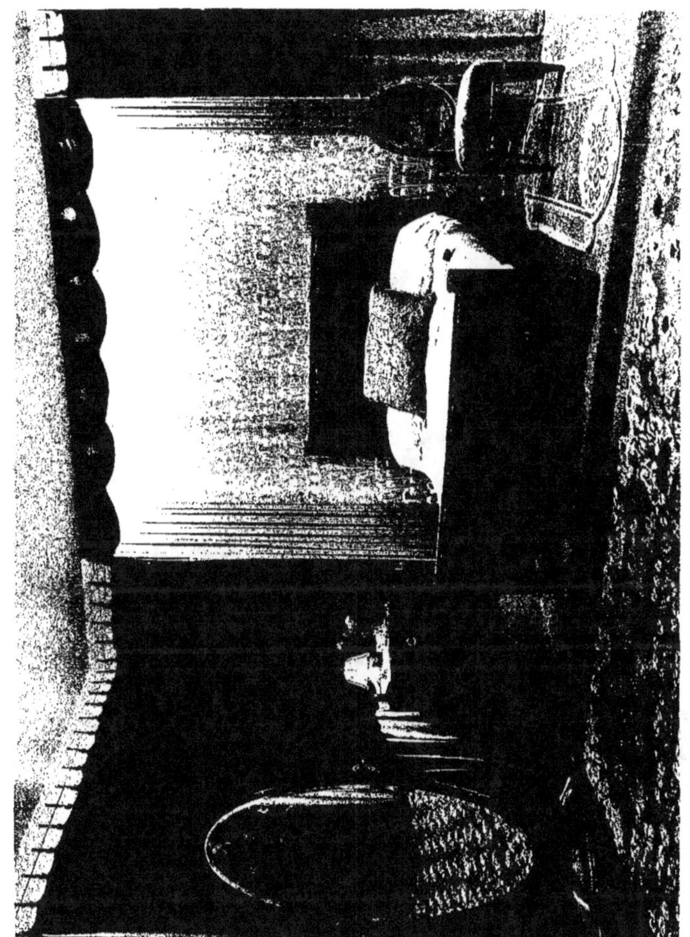

MAURICE DUFRÈNE. — *Chambre à coucher.* (Éditée par la « Maîtrise ».)

l'aspect naturel des fibres, les nodosités, jouent leur rôle impératif de couleur et de dessin ; « ... elles s'unissent dans des marqueteries pareilles à des soieries brodées ». La solidité, d'autre part, conseille la construction

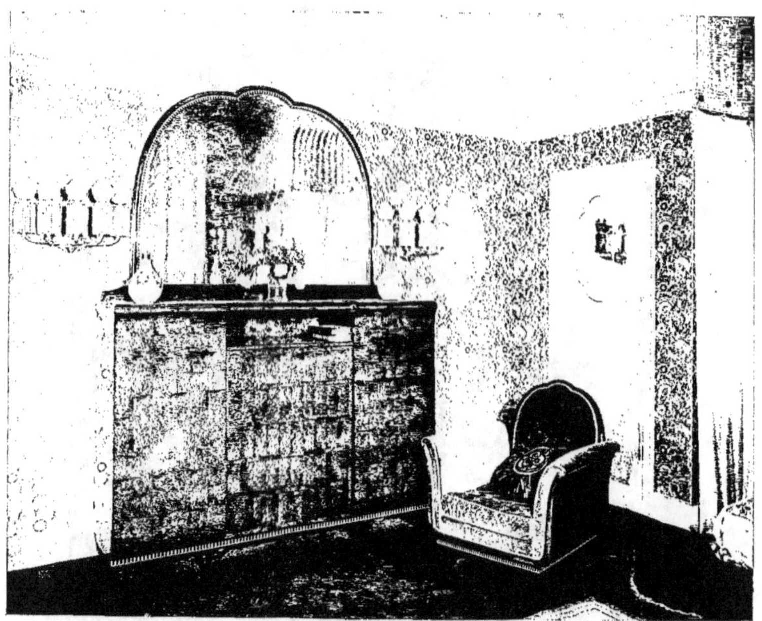

PAUL FOLLOT. — *Meubles de chambre à coucher.* (Édités par « Pomone »).

comme le poids oriente vers la destination. Le plateau convexe d'une table ne représente point une originalité, mais une erreur, et de même l'instabilité d'un vase incapable de recevoir une fleur ou de contenir de l'eau.

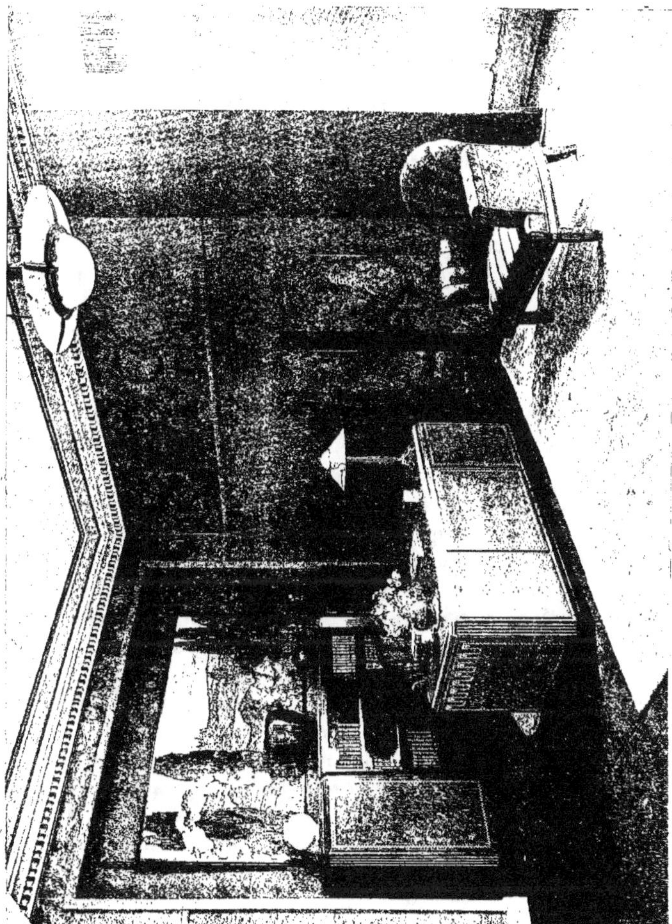

PAUL FOLLOT. — *Cabinet de travail.* (Édité par « Pomone ».) Meubles en palissandre, marquetés d'ébène, poirier, buis et étain.

Un meuble volant, lourdement conçu en fer forgé, accuse une contradiction.

L'esthétique ne vaut qu'en raison des services rendus.

Et le luminaire électrique, le téléphone, les perfectionnements du chauffage, etc., n'ont pas moins contribué à une ambiance caractéristique où les adaptations du passé apparaissent dépaysées ou choquantes.

Entendez chanter la couleur aux accents d'une lumière inconnue de nos pères ! Voyez combien notre propre geste a ordonné de formes qu'ils ignoraient aussi, sous l'empire de la trouvaille incessante ! La matière s'infléchira autrement qu'hier, c'est la norme. Elle s'ornera d'autre manière aussi puisqu'elle s'éclaire différemment.

Rien de plus misérable que l'étalage d'un mobilier en plein air ! Aucun luxe ne résiste à cette exposition crue; tous les déménagements révèlent ce pitoyable. Le jardin réclame des meubles de jardin, et, à l'intérieur, la lumière électrique violente nos coins et recoins au point qu'il serait fâcheux de méconnaître l'intérêt d'une judicieuse disposition constructive et ornementale où les reliefs ne seraient point conviés, avec l'ombre mystérieuse, à l'agrément de la forme.

En vérité, pour revenir à l'erreur des adaptations d'hier à aujourd'hui, la « salamandre »... Louis XV, l'ascenseur... Louis XIII, le radiateur... romain, complétés par la vision d'une Parisienne du XXe siècle assise dans une bergère... Louis XVI, confondent l'entendement !

Une peinture moderne sertie dans un cadre Renaissance n'étonne pas moins qu'un lustre appendu au plafond, — on ne sait par quel miracle ! — en plein milieu d'un ciel, ou que l'imitation, en porcelaine, d'une bougie coiffée d'une ampoule électrique ! Et, pareillement, une lampe de mosquée convertie à la lumière électrique et accrochée, pour comble ! sous quelque rosace Louis XIII, constitue un barbarisme auquel un violon de faïence (fût-elle de Nevers) et un plat incapable de rien contenir (genre Bernard Palissy) n'échappent pas, et point davantage

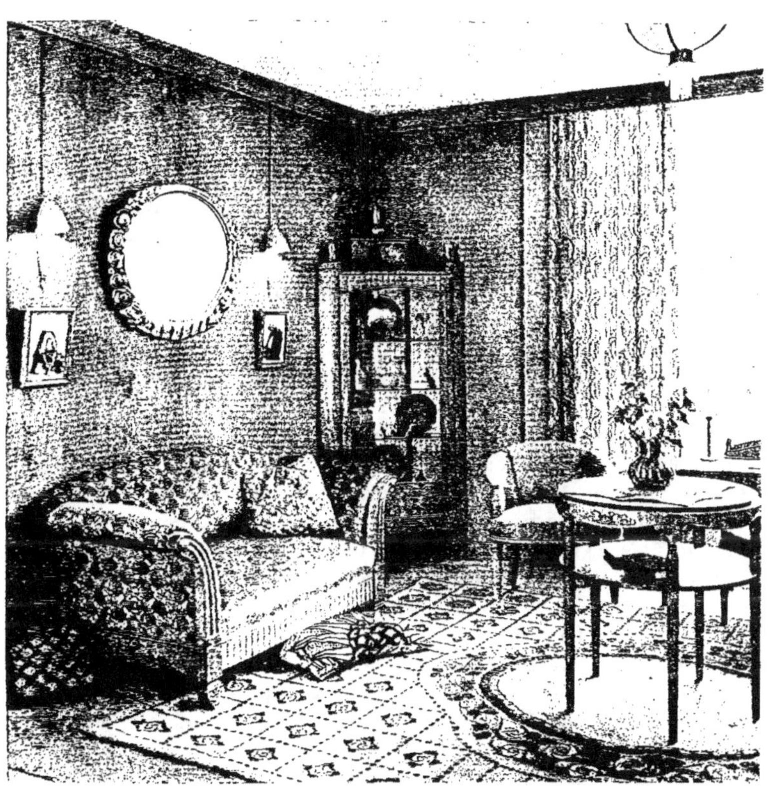

M. GALLEREY. — *Coin d'un salon.*

un paravent… ajouré (on en a vu en dentelle !) par où filtrent les courants d'air…

Si le progrès en art est inexistant, puisque les chefs-d'œuvre demeurent éternellement admirables, on n'en pourrait dire autant de la science dont les perfectionnements, ceux du machinisme entre autres, ne sauraient être dédaignés dans une société moderne. Or, ces progrès engendrent des techniques nouvelles; ils ont leur répercussion esthétique.

Ce n'est point l'abondance de la sculpture qui donne la forme, c'est l'équilibre d'une silhouette agréablement massée. La parure des placages, point davantage, ne réussira à faire sourire un corps maussade. Notre piano droit, — est-ce pour la raison que sa perfection instrumentale remonte déjà à nombre d'années? — en fournit la preuve. Aucune décoration n'a guère pu corriger sa ligne comme impérieusement laide. En revanche, la voiture automobile a rompu décidément avec le souvenir du cheval, longtemps inséparable de sa carrosserie.

La fonction crée l'organe et l'organe la forme, au point que l'avion ressemblera toujours davantage (en s'éloignant de l'oiseau comme l'automobile du cheval) à un fuselage dominé esthétiquement par un moteur, et n'y a-t-il point lieu d'estimer que le piano droit ne résiste à la forme que sous le joug impératif du clavier et de la table d'harmonie?

A la répercussion esthétique répond une autre différenciation en faveur du mobilier de notre temps : l'emploi des matériaux nouveaux.

Dans cet ordre d'idées, il faut enregistrer des modes de débiter le bois tel que le sciage en spirales, qui offre des déroulements précieux pour un placage d'une seule venue, sans joints ni assemblages, permettant des panneaux de 4 ou 5 mètres de largeur. Des bois exotiques, coloniaux, au surplus, dont nos meubles modernes ne sont pas moins friands que ceux du passé, des essences inédites, encore, ajoutent à un effet propre pour renforcer celui de la forme différenciée.

A ces apports neufs s'ajoute, dans l'ornementation, l'emploi de matières originalement associées : corne, céramique, cuir, galuchat,

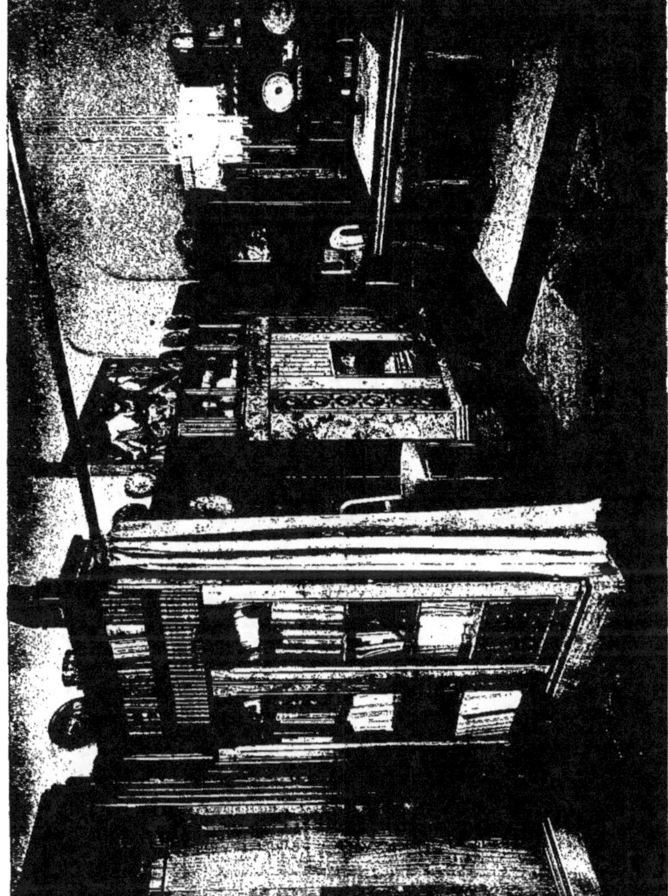

M. GALLEREY. — *Salle à manger-bibliothèque.*

faïence, bronze, etc., conviés au décor, enfin libéré des moulures grecques et de tout l'attirail d'une mythologie usée.

Même, la richesse du meuble moderne ne proviendra point exclusivement de la matière rare et de la parure luxueuse; le meuble moderne mettra quelque coquetterie à ennoblir, sinon à produire tout de go, un bois vulgaire. Des fibres communes seront injectées de couleur ou vernies, et leur artificieuse beauté offrira toujours une illusion supérieure au mensonge de la matière avilie pour le plaisir de flatter richement et à bas prix.

L'art moderne sait profiter de la rusticité comme du luxe; il recherche les contrastes à son profit, dans la sincérité des matériaux sollicités, et la nudité d'un bois de chêne aime à parader de sa technique robuste.

La flore et la faune aidant qui, sous l'ingéniosité de nos artisans affranchis du passé mais instruits par lui, forts de l'expérience d'hier respectueusement assimilée mais non point tyrannique, participent à une « stylisation » nouvelle.

Meubles peints à bon escient, — non plus peinturlurés comme au début, — meubles non plus symboliques ni « couleur d'âme », mais se réclamant de l'ébénisterie, au même titre que ceux du XVIIIe siècle, où le rouge, le vert, le gris, le blanc accompagnaient harmonieusement la technique du bois.

« ... Meubles de boudoir, secrétaires, coiffeuses, petits sièges aimables, raffinés, en bois des îles, amarante ou courbaril, ou bien laqués suivant la mode, bleu lapis, noir, rouge, chinois, qu'on veut jolis comme des bibelots ! »

Il faudrait dire encore l'ingéniosité de la fermeture du meuble moderne, dont les moulures parfois défendent le secret; le fonctionnement, souvent aussi imprévu que docile, de ces tiroirs et portes manœuvrés à l'aide d'anneaux et de boutons non moins agréables à la vue qu'à l'effort. « Un perceneige devient un gland de tiroir, une pensée sert à végétaliser une clef de vitrine... »

Quelle horreur du convenu, au surplus, dans ces plaques et entrées de serrures que la camelote, hier encore, prodiguait à tort et à travers, d'après l'exemple altéré dans la fonte ou l'estampage grossier !

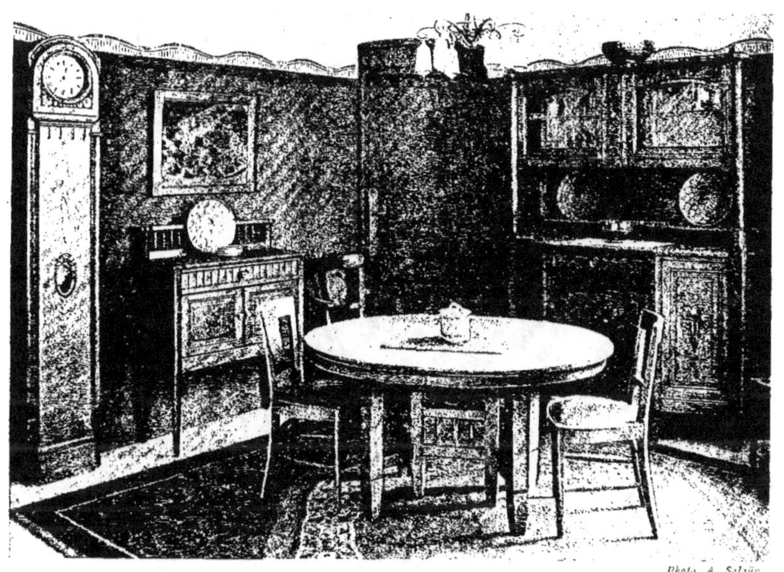

M. GALLEREY. — *Salle à manger.*

Quel sentiment ! Quelles intelligences différentes président maintenant à cette technique sous l'empire des mœurs qui nous agitent et nous commandent diversement !

Par la seule ligne, dans l'unique distribution des volumes et de leur équilibre, le meuble moderne a su rivaliser avec ses aînés, de forme et

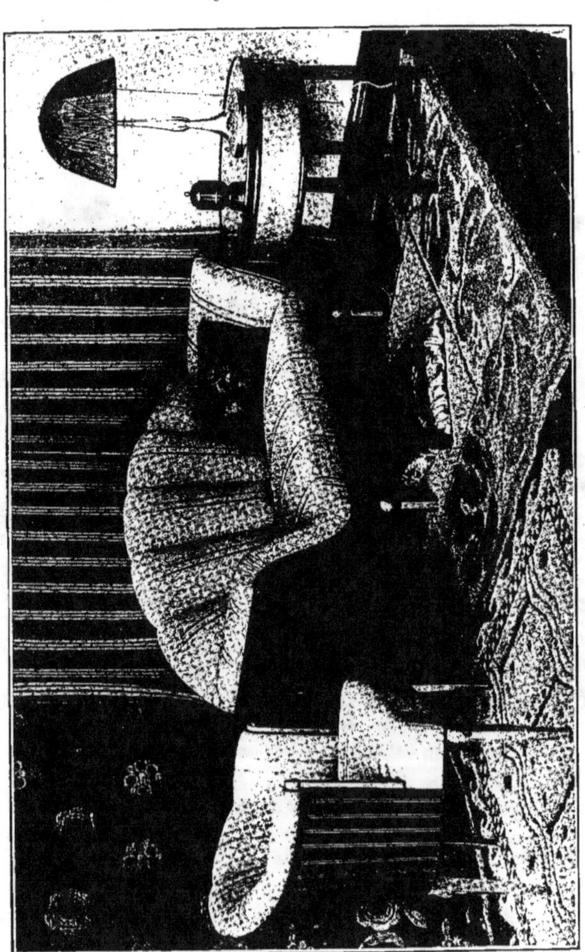

FERNAND NATHAN. — *Coin d'un salon.*

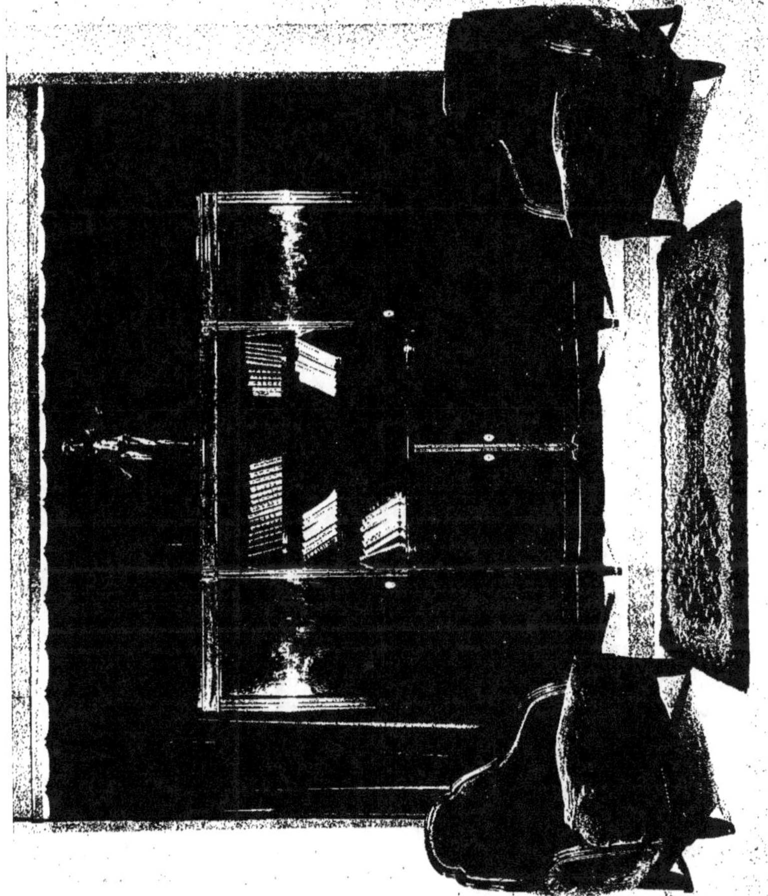

Photo. Rep.

P.-P. MONTAGNAC. — *Fauteuils-bergère et bibliothèque (palissandre).*

d'attrait. La preuve en est que, mêlé aux styles du passé, il se joint à leur beauté sans être disparate, parce qu'il a retrouvé la tradition noble dans la voie matérielle autant que dans la vertu artistique.

Aux modèles de la vie, stérilisés par la torture séculaire, il oppose la verve rafraîchie par la copie naturelle. L'artiste moderne est retourné boire à la source de l'inspiration tarie par l'effort humain, et sa jeunesse en beauté, au lieu de détonner dans un cercle de maturité vénérable, s'harmonise avec hier qu'elle ne diminue ni n'écrase, mais qu'elle vivifie.

C'est-à-dire que la foi sincère du présent exalte le pur génie d'autrefois, dont l'idéal fut le même que le nôtre, mais que les époques sans flamme ont maltraité parce qu'elles avaient perdu la tradition.

Maltraité, précisément, avec cette inconscience dont le bureau de M. de Vergennes, ministre de Louis XVI, donne typiquement la mesure. Ce bureau, moderne en son temps, qu'un récent ministre de la République eut le bon sens de reléguer au Louvre pour concevoir, ensuite, la fâcheuse idée de le remplacer... par une copie !

Mais là ne se bornèrent point les avatars de cette copie. On ne craignit pas de l'adapter, au mépris de ses proportions, à... l'échelle de ses différents titulaires dont les genoux marquèrent ainsi, tour à tour, au Ministère, la hausse et la baisse !

Sans commentaires..., mais, en revanche, il nous faut constater des initiatives officielles qui amendent les précédentes. C'est ainsi que nous devons à M. Léon Bérard, lorsqu'il fut sous-secrétaire d'État des Beaux-Arts, l'intérêt moderne du salon d'attente de la rue de Valois, et, d'autre part, le cabinet du Président du Conseil municipal de Paris est entièrement conçu au goût de notre temps. Je me garderais d'oublier, enfin, l'aménagement du Palais de Justice de Rennes, non moins « à la page » du progrès.

D'autres exemples suivent et suivront, sinon de la transformation totale, de la modification, du moins, de notre décor administratif autant que de celui de notre apparat. La réforme vient d'en haut, et la qualité esthétique des fêtes de la Victoire apporte déjà l'heureux présage d'une pompe originalement républicaine.

En vérité, le velours rouge à crépine d'or de nos estrades, le tapis vert et le cartonnier administrativement classiques ont fait leur temps.

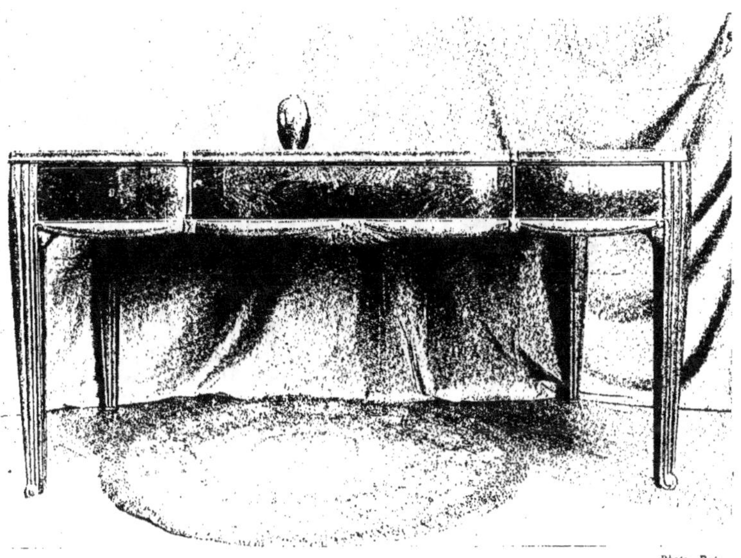

Photo. Rep.

P.-P. MONTAGNAC. — *Bureau en palissandre et Tapis au point noué.*

Ils appartiennent à un rond-de-cuir aussi caduc que celui que M. Georges Courteline se plut à nous représenter avec des manches de lustrine...

Et déjà, des roses éclosent dans le lycée morne d'antan, et déjà la cour enfantine chante à l'unisson d'une architecture fraîche. C'est la nature célébrée par un art jeune; c'est un rayon de soleil violant le muséecimetière; c'est la boutique de l'antiquaire dévastée par l'ouragan du génie nouveau; c'est Joseph Prud'homme enfin, bousculé parmi les fleurs artificielles qui hantent et son logis et son esprit paradoxal comme elles décorent, en tapisserie, ses pantoufles.

Le seul reproche à adresser au meuble moderne (comme à l'art appliqué tout entier) serait son individualisme. Mais déjà l'enseignement officiel

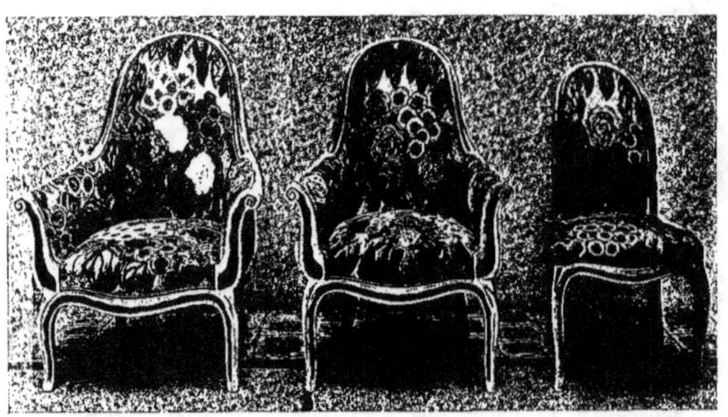

BENEDICTUS. — *Fauteuil, bergère et chaise* (bois laqué, réchampi d'argent, orné de tapisseries d'Aubusson; « Aux Fabriques d'Aubusson »).

remédie professionnellement à l'écueil de l'œuvre isolée, exclusive et rare.

L'École Boulle, entre autres, a récemment démontré l'excellence de ses directives dans la voie d'une expression déterminée par des lois esthétiques et techniques générales. De l'effort unanime (et non privé), vulgarisé, exécuté en série, naîtra le meuble sain et sincère que notre démocratie réclame.

Et pourtant, rien n'ébranle cette théorie de la vulgarisation mobilière comme l'exemple du passé ! Car le style partit de la cour, du château d'où rayonna le modèle rare, la précieuse beauté...

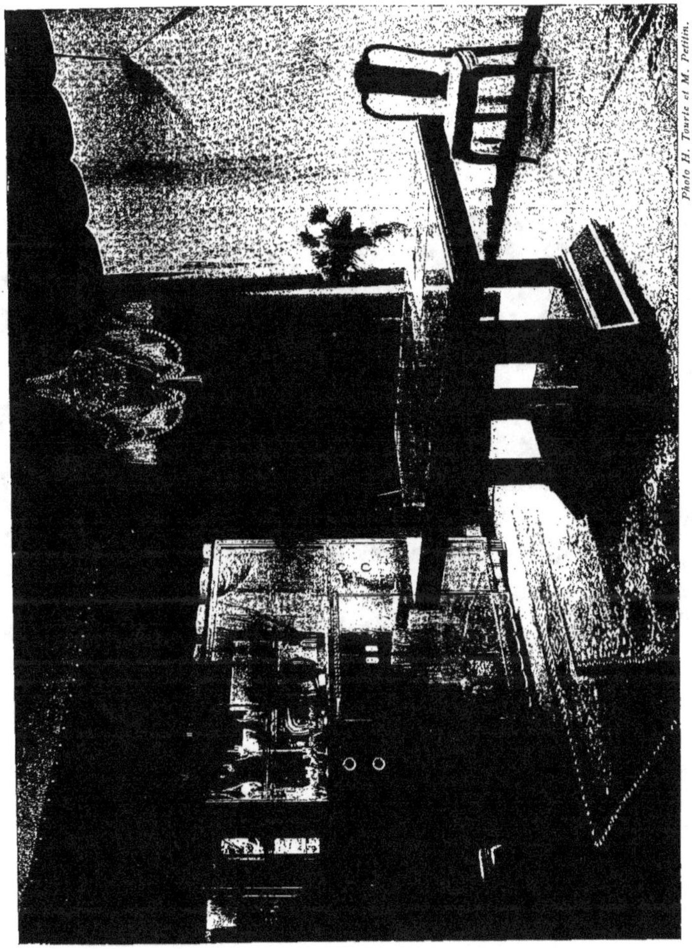

A. FRECHET. — *Salle à manger, palissandre et noyer; décor et bronzes de* **Paul Maclès** (E. Vérot, Éditeur).

Photo H. Tourte et M. Petitin.

Aujourd'hui, l'industrie du faubourg Saint-Antoine tend, elle-même, sous de courageux et avisés auspices, à renier son passé d'admiration rétrograde et traîtresse. Le Grand magasin, avec *Primavera* (atelier d'art précurseur, inauguré en 1913, au « Printemps », sous la direction de M. René Guilleré), *La Maîtrise* (aux « Galeries Lafayette »), *Pomone*

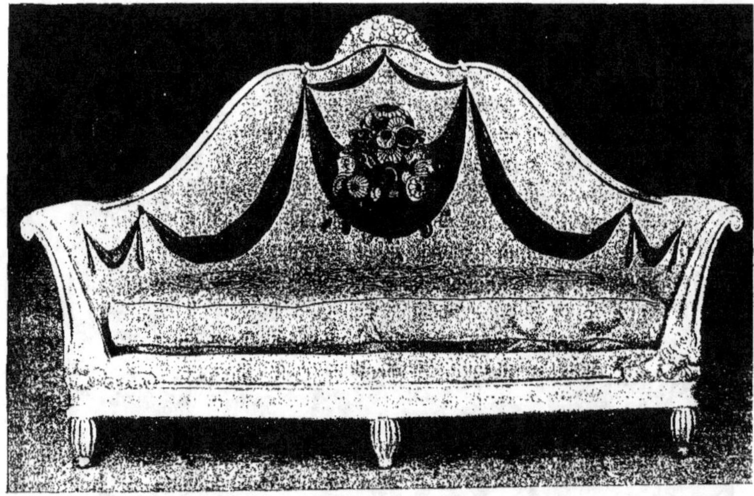

ERIC BAGGE. — *Canapé.*

(au « Bon Marché ») et le « *Studium-Louvre* », dans l'ordre de création, emboîte exemplairement le pas; il devait cette revanche à la masse longtemps contaminée, détournée par lui, économiquement, du vrai luxe, de la vérité. L'étalage, dans la rue, éclaire davantage sur l'art toujours en éveil que le musée où dorment les chefs-d'œuvre; on saisit, dès lors, l'importance de son rôle et de son enseignement.

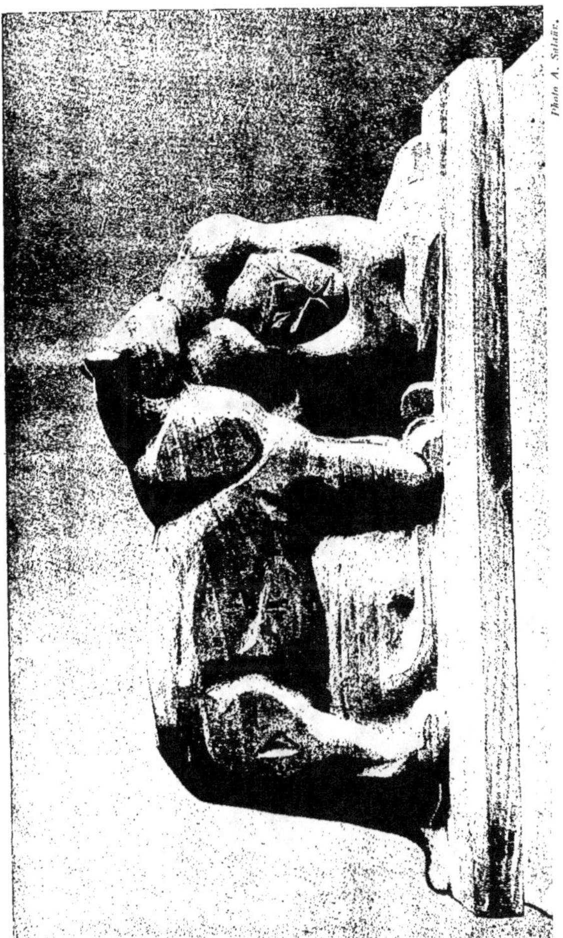

E. LE BOURGEOIS. — *Groupe de lions, bois sculpté.*

Photo A. Saladin.

Il importe enfin, sui-
vant la forte pensée du
comte de Laborde, que
« l'art donne la main à
l'industrie, non pas
comme à une esclave
qu'on relève de sa déché-
ance, mais comme à
l'épouse qu'on est fier
d'avoir à ses côtés. »

Mais, que voici donc,
pour finir, un mauvais
son de cloche ! Écoutons
plutôt M. Francis Jour-
dain : « Il ne s'agit plus
aujourd'hui de meubler

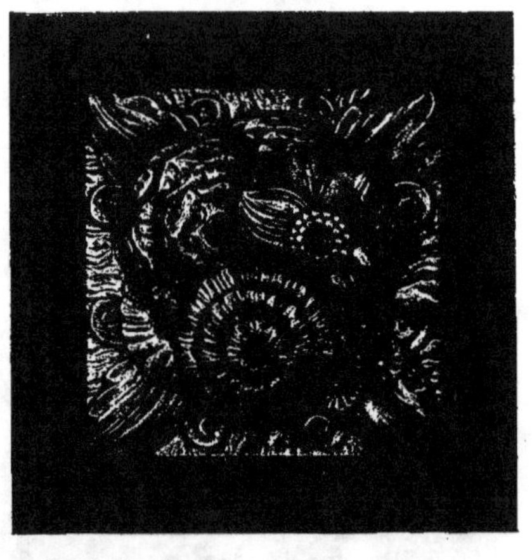

CH. HAIRON. — *Panneau en bois sculpté et doré.*

le logis mais de le démeu-
bler. Les mobiliers à
destination spéciale ne
sont qu'un pis aller...
l'ameublement de de-
main ne comportera ni
buffets, ni armoires, qui
l'encombraient sans rai-
son, ni cheminées, de
venues inutiles, et que
les architectes conti-
nuent à prévoir, au point
d'en construire de faus-
ses...

D'ailleurs, la concep-
tion du lit de nos pères

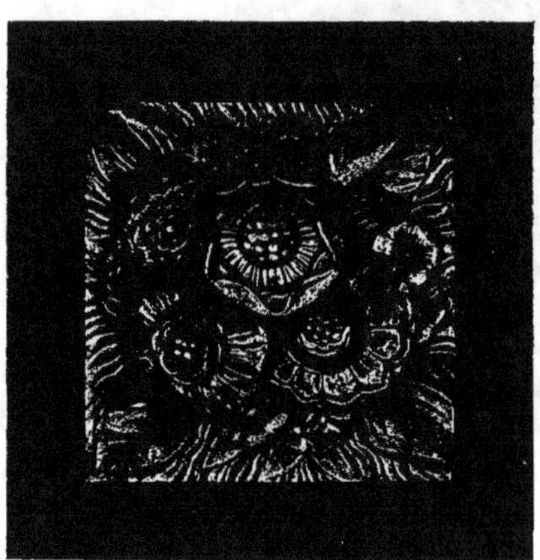

CH. HAIRON. — *Panneau en bois sculpté et doré.*

déjà fait faillite, |tandis que la cheminée persévère, en dépit du radiateur,
tout comme les appareils d'éclairage au gaz hantent encore la forme, sinon

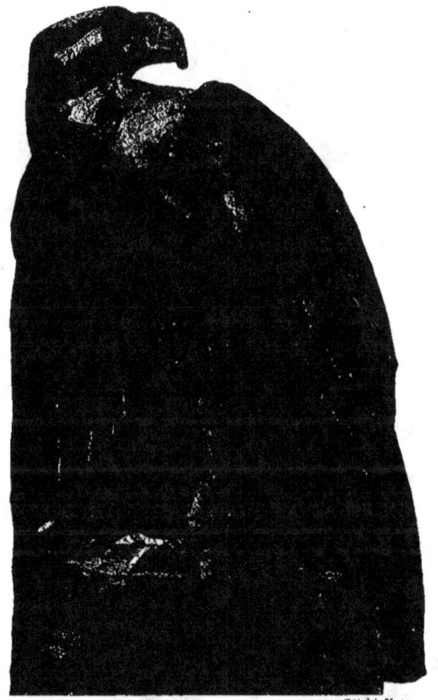

Cliché Holz

RAYMOND BIGOT. — *Aigle royal*, chêne sculpté.

la disposition de notre luminaire électrique et nous avons vu que,
longtemps, la carrosserie de la voiture automobile ne put s'affranchir

de l'idée du cheval.

Quant à la disparition de nos meubles ancestraux, voici qui eût sans doute laissé Goethe indifférent. « J'en userai peu ou pas du tout, disait un jour le poète en montrant un fauteuil qu'on lui avait acheté. Je m'assieds toujours sur ma vieille chaise de bois à laquelle j'ai

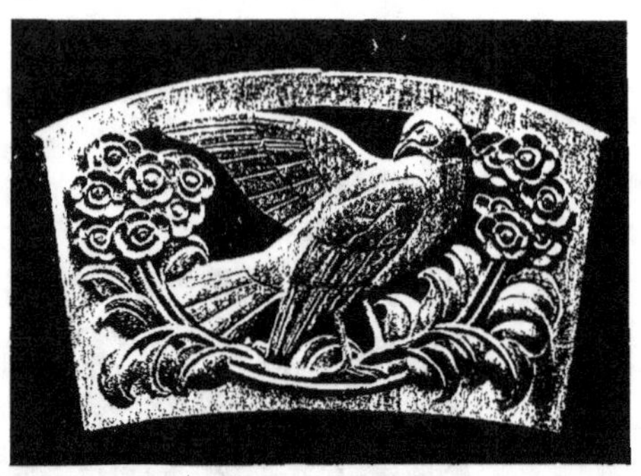

RAYMOND BIGOT. — *Dossier de chaise, en bois de merisier sculpté.*
(Appartient à M. Déchelette).

fait ajouter, depuis quelques semaines seulement, un dossier pour appuyer ma tête. Un entourage de meubles commodes et artistement travaillés arrête court ma pensée et me plonge dans un état de bien-être passif. Si l'on n'y a été habitué dès sa jeunesse, les appartements somptueux et les ameublements de luxe ne conviennent qu'aux gens qui n'ont et ne se soucient d'avoir aucune idée... »

Sans adopter, toutefois entièrement, les prophéties de M. F.

RAYMOND BIGOT. — *Dossier de chaise, en bois de merisier sculpté.*
(Appartient à M. Déchelette).

Jourdain, et en contradiction formelle avec l'auteur de *Faust*, il nous faut avouer que le goût moderne pour la simplicité, pour les larges baies et les surfaces nues, présage bien des sacrifices. Déjà le tableau a disparu de la muraille ou du panneau, déjà un ascenseur desservant chaque pièce d'un hôtel s'est substitué, — plutôt exceptionnellement encore, — à l'escalier, et l'on peut présumer, pour le moins, que le progrès ou le

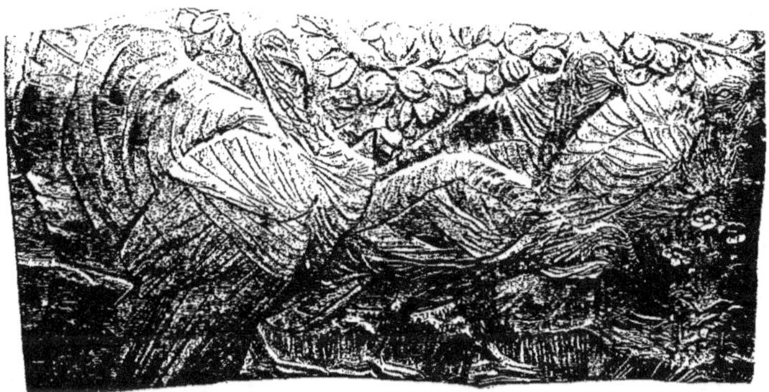

RAYMOND BIGOT. — *Cortège de dindons*, bas-relief noyer sculpté.

caprice nous prépare des meubles inédits (les inventions et découvertes du téléphone, du phonographe, de la T. S. F. réclament aujourd'hui des dispositifs, une présentation et un aménagement qui s'imposent à l'architecture comme au meuble), tandis qu'il supprimera ou transformera nombre de commodités mobilières que notre heure juge indispensables.

En attendant, MM. J. Ruhlmann, L. Süe et A. Mare, Clément Mère, L. Jallot, Francis Jourdain, Maurice Dufrène, Paul Follot, M. Gallerey, P. Selmersheim, H. Rapin, F. Nathan, A. Groult, P. Montagnac, Dominique, Pierre Chareau, René Joubert, P. Huillard, Benedictus, René

Prou, A. Fréchet, Eric Bagge, Djo-Bourgeois, Mesdames Chauchet-Guilleré et Renaudot, s'imposent parmi nos meilleurs « meubliers » modernes, dans le sillon des précurseurs comme E. Gallé, Bellery-Desfontaines, E. Gaillard, H. Guimard, L. Sorel, Th. Lambert, Plumet, etc. La richesse d'un ameublement de Ruhlmann côtoyant, sans lui nuire, la simplicité de celui d'un Gallerey ; la ligne architecturale passant toujours avant l'agrément ornemental (à l'avantage de l'étude architecturale sur celle du peintre), la grâce du décor et sa ressource ne donnant jamais le change à la pureté de la forme.

Deux mots maintenant sur la sculpture sur bois moderne.

M. E. Le Bourgeois, dont le nom fait autorité en cette matière, notamment, a préconisé les avantages de l'outillage mécanique dans les arts appliqués d'aujourd'hui, et l'emploi de la machine pour le travail du bois : « ...la machine tournera avec nous ou sans nous. Si elle tourne sans nous, nous aurons failli au programme moderne... »

Et, partant de cette conception guidée par un talent et un goût remarquables, M. Le Bourgeois a réussi une expression singulièrement personnelle, une synthèse décorative des plus caractéristiques. « Que voyons-nous quand nous examinons une belle sculpture ? Une succession de plans en profondeur réunis par des surfaces intermédiaires. Ces surfaces ne peuvent être que planes, convexes ou concaves, autrement dit, *chanfreins, arrondis* ou *gouges.* » L'excellent artiste, dans une conférence duquel nous empruntons, en arrive ainsi à une définition de la méthode de travail qu'il présente à ses auditeurs, définition peut-être tendancieuse mais, en tout cas, parfaitement descriptive de sa propre élocution de sculpteur sur bois : *superposition de plans réunis par un chanfrein, un arrondi ou une gouge.*

Après avoir admiré avec étonnement la naïveté vraie, la sincérité, l'expression sans archaïsme d'un sculpteur de nos jours, — M. Le Bourgeois en l'occurrence, — retrouvant les raffinements d'un bon imagier d'il y a six ou sept siècles, M. Gabriel Mourey énumère dans l'œuvre de l'artiste « ... cette série de poteaux : le chat qui fait le gros dos, la cigogne, le singe, l'enfant emmaillotté, dont la plus grande partie a été exécutée au tour afin de laisser, par plus de simplification dans l'ensemble, tout l'intérêt au visage même du bambin, et aussi, — ce qui montre l'ingéniosité technique de M. Le Bourgeois, — comme une indication de ce qu'il serait possible de réaliser en utilisant dans la sculpture sur bois l'emploi du tour et de la toupie... » (ART ET DÉCORATION.)

Sans dépendre d'une formule, l'art de M. E. Le Bourgeois, solidement établi dans la masse, d'après le caractère du modèle, spirituellement conçu par volumes et équilibré par grands plans, a, semble-t-il, dirigé la décoration comme la statuaire décorative sur bois (sur ivoire et sur pierre) vers son point de réalisation moderne la plus typique. Il suffira de se reporter à nos gravures pour approfondir cette manière dans le sillon de laquelle l'artiste a fait école.

M. Ch. Hairon, notamment, s'avère un disciple distingué du maître auquel nous juxtaposerons, pour la science et l'art du bois différemment affrontés, M. Raymond Bigot. Dans l'ivoire comme dans la corne, la nacre et la pierre, à travers naturellement des techniques connexes ou différentes, l'élan est donné de ce parti d'épannelage ornemental, qui porte la marque de notre époque en donnant satisfaction à l'œil autant qu'aux besoins de l'accessoire, à l'art comme à l'industrie.

Nous laisserons maintenant la parole à des œuvres. Elles sont éloquentes et marquées au coin de notre race.

La pureté du goût dans le charme de l'invention, la solidité inséparable de la légèreté, la caresse des yeux jointe à la flatterie de la main chantent, à l'unisson, la gratitude du confort basé sur l'orgueil de la matière. Vertus héritées d'un passé dont notre sol embaume essentiellement et sur lesquelles nous aurons l'occasion de revenir au cours de notre travail.

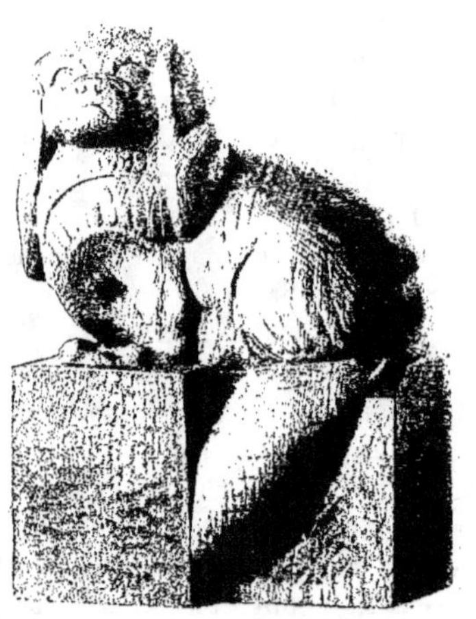

E. LE BOURGEOIS. — *Chien pekinois*, bois sculpté.
(Appartient à M. J. Rouché).

LE FER FORGÉ,
LE MÉTAL REPOUSSÉ ET CISELÉ,
LA FONTE ET L'ÉTAIN

CHAPITRE II

Le Fer forgé, le Métal repoussé et ciselé, la Fonte et l'Étain.

Le noble métal forgé devait être ressuscité par l'art moderne, au nom toujours de la matière franche. Car la fonte de fer, trop longtemps, déshonora la ferronnerie, du moins lorsque la fonte de fer prétendit à imiter les véritables chefs-d'œuvre, rampes, balcons, grilles et clôtures, impostes, etc., que le passé nous laissa, battus par le marteau sur l'enclume, étirés, tordus au feu par l'homme de l'art. Ce sont ces pastiches que l'industrie a répandus et dont la banalité des époques décadentes a gratifié nos immeubles à loyer, marquant l'impersonnalité de cette architecture qui, depuis le second Empire jusqu'à nos jours de réaction, a sévi.

Et ce furent les styles classiques, du roman au gothique, qui, hier encore, prétendirent s'adapter décorativement aux XIXe et XXe siècles pour la commodité de l'exécution en série offerte par des catalogues industriels aussi peu dispendieux que largement et rapidement inspirateurs.

On n'y regarda point non plus de si près lorsque des balcons ventrus du XVIIIe siècle surmontèrent des consoles de la même époque, en plein XIXe siècle ! Et pourtant, si la robe de Manon nécessitait un évasement de la grille du balcon correspondant à son ampleur, cet évasement n'a point de raison d'être à l'heure de nos jupes plates. Mais qu'importe, la substitution de la fonte au fer forgé ne s'accorde-t-elle point harmonieusement avec cette irrationalité ? Cette même irrationalité qui conseilla fâcheusement de reproduire, à plat, dans une rampe, par exemple, les arabesques spéciales à une grille délicieusement contournée, et tant d'autres inconcevables appropriations !

Est-ce à dire que nous répudions la fonte en tant que matière ? Non point, et ses destinations judicieuses ne sauraient davantage être rejetées. Aussi bien nous n'exaltons pas le fer forgé pour décrier la fonte, les deux matières présentant une qualité en propre, sur laquelle on ne saurait cependant se méprendre. La fonte économiquement s'opposant au fer forgé coûteux pour un but différent, dont le choix relève de l'intelligence constructive.

Car nul ne niera, après la beauté des chenets et des plaques de cheminées de la Renaissance, l'intérêt des ouvrages de fonte d'un Baltard, à l'église Saint-Augustin, de Paris, au milieu du XIXe siècle, ceux des Halles centrales, du même artiste, et de la Bibliothèque Sainte-Geneviève, par Labrouste.

Mais encore ne fallait-il point, tandis que les progrès de l'utilisation s'étendaient grâce à ces maîtres, demeurer fidèle à des modèles ornementaux désuets. Et cependant on piétina. Le gréco-romain ressassé fut moulé et remoulé, et le moyen âge avec la Renaissance prétendirent, jusqu'à nos jours, accaparer la forme. En dépit même des inventions modernes, on vit, par exemple, la fonte reproduire un lampadaire électrique Louis XIII... et une « salamandre » Louis XV ! Un ascenseur ne se fit point faute de s'entourer d'une galerie de style Louis XIV, alors qu'un radiateur se parait, sans rire, des grâces décoratives romaines...

Si encore cet anachronisme décoratif avait le courage de sa matière,

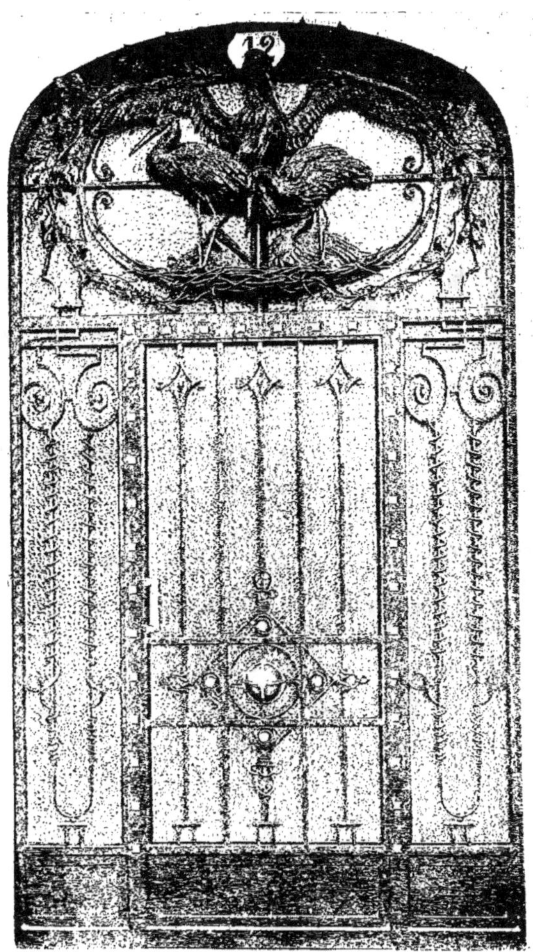

EMILE ROBERT. — *Porte en fer forgé (Deglane arch.).*

mais il prétend jouer au fer forgé ! On va jusqu'à imiter le martèlement du marteau sur la fonte !

Ce goût pour le *toc*, c'est-à-dire pour la matière fallacieuse, cet artifice

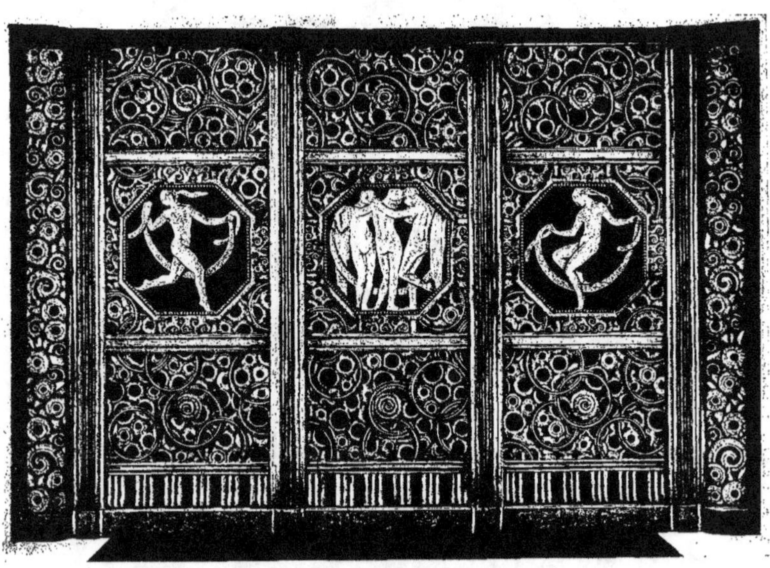

EDGAR BRANDT. — *L'Age d'or*, fer forgé, médaillons en bronze ciselé.

de la beauté doit donc être rejeté, et la fonte, pourvu qu'elle soit franchement utilisée et conformément aux services qu'elle doit exactement rendre, vaut par sa vertu propre lorsque, au surplus, elle s'avantage du décor qui sied au progrès qu'elle sert.

La technique de la fonte nécessite des masses, des portées que l'orne-

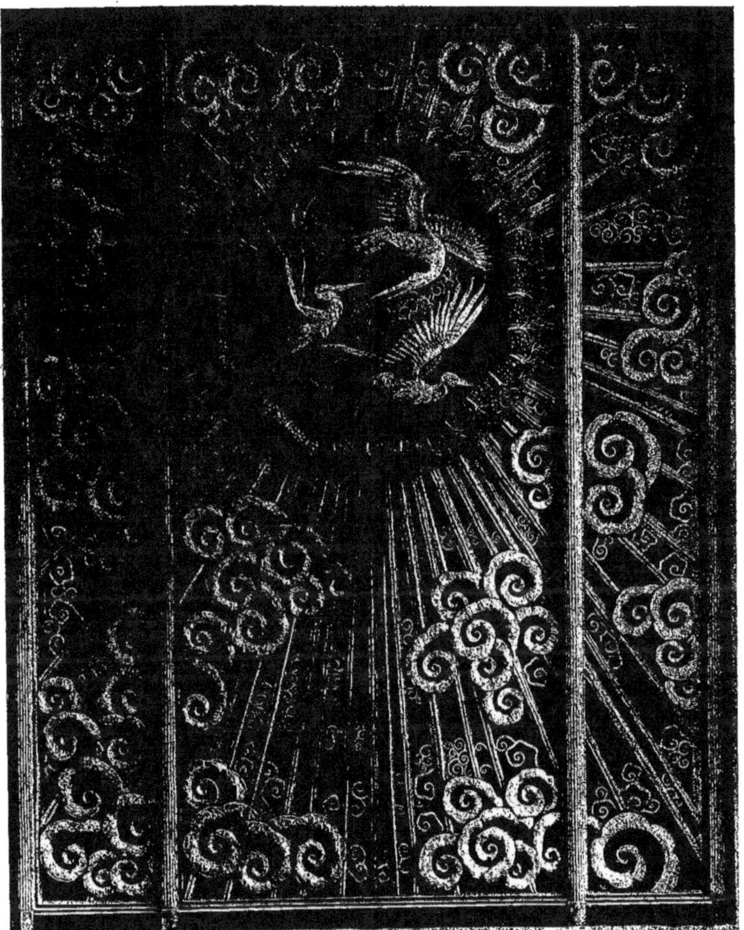

Photo. F. Harand.

EDGAR BRANDT. — *Les Cigognes d'Alsace*, porte en fer forgé.

5

mentation doit suivre et observer, soit en soutien, soit en renforcement. Il importe que les parties d'une colonne, d'un arc, aient du corps pour offrir autant de facilité que de solidité au démoulage. Très cassante, la fonte dédaigne les gracilités ornementales qui risquent, au surplus, de n'être pas prises au sérieux par le moule. Trop de profils exténuent sa matière, vivant, au contraire, de larges volumes nettement indiqués par des pleins.

A notre époque moderne, des architectes comme M. Hector Guimard (les entrées du métropolitain, à Paris, 1900), comme M. Adolphe Dervaux (pour les grilles, garde-corps, rampes, etc., des gares de Biarritz et de Rouen) se sont exprimés en fonte avec un souci exact de cette matière parfaitement employée. Et, avant eux, il faut encore citer parmi les meilleurs praticiens de la fonte, après André qui, tout au début du XIXᵉ siècle, propagea avec mérite la fonte industrielle, A. et L. Magne (chapiteaux des marchés de la Chapelle et de l'Ave-Maria, à Paris, ce dernier condamné à disparaître).

Un ultime regard, enfin, sur les candélabres du pont de la Concorde, sur les grilles des maisons de la place de l'Étoile (en fer et fonte) achève l'intérêt d'une vision rationnelle qui, de nos jours, s'apparente singulièrement au ciment armé, pour le moulage. Toutefois, qu'il s'agisse de fonte ou de ciment armé, la franchise de ces matériaux accusera seule leur attrait avec le choix judicieux de leur utilisation, d'ailleurs respectivement différente. Et puis, les délicatesses réservées à la fonte moulée, jouant même, misérablement, le bronze, ne sauraient se comparer, — du moins quant à présent, — au moulage rudimentaire du ciment armé qui ne se substitue encore qu'au bois, au fer... et à la pierre.

Mais combien il est regrettable que nos artistes n'aient point encore été tentés d'améliorer ces bornes-fontaines, ces postes-avertisseurs d'incendie, ces kiosques en fonte qui déshonorent plus ou moins nos rues ! Et d'autre part, une similaire indigence s'avère dans ces ponts, dans ces poteaux télégraphiques en ciment armé, qui gagneraient tant

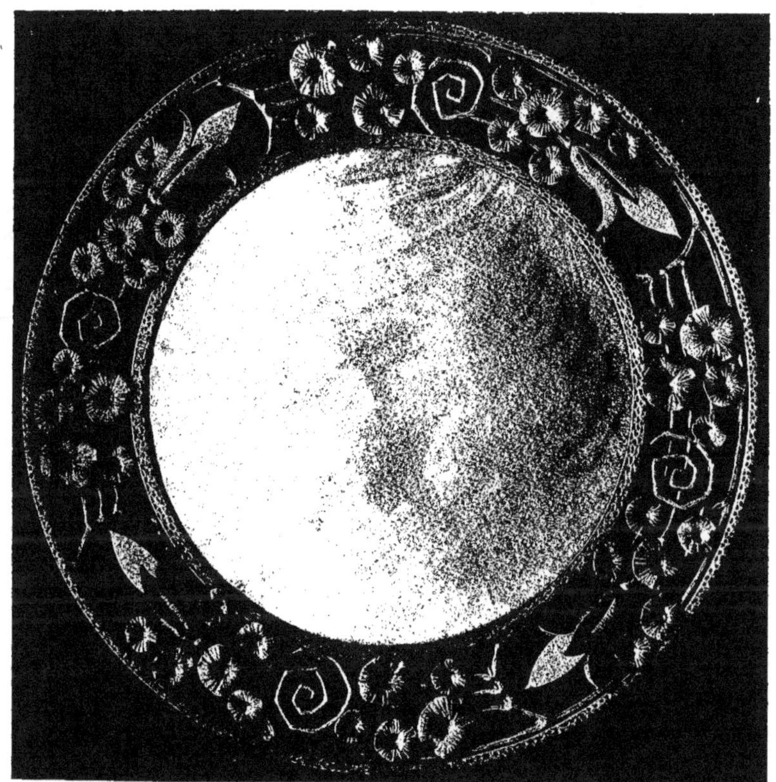

Photo. Bernès, Marouteau et Cⁱᵉ.

A.-G. SZABO. — *Dessous d'un plafonnier, fer forgé.*

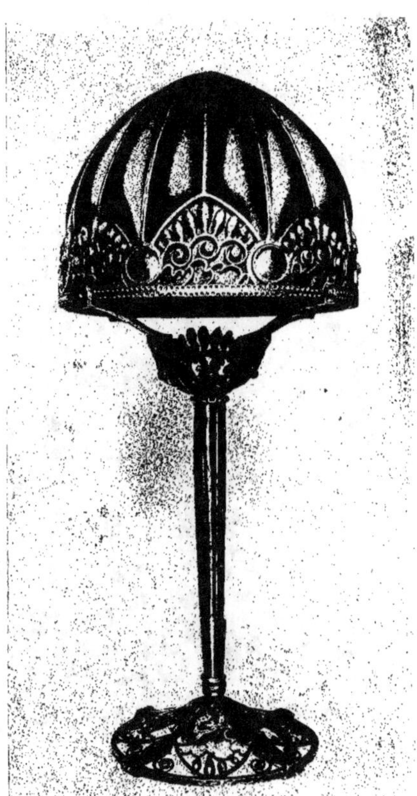

Photo. H. Desboutin.

RAYMOND SUBES. — *Lampe,* en fer forgé.

à voir leur matière rehaussée par l'art, cet art étant lui-même adapté aux ciels, aux sites différents.

En revanche, le fer forgé, la matière noble, initiatrice de la fabrication industrielle que nous venons de parcourir (et dont il serait injuste de ne point reconnaître certains efforts de modèles modernes encore que trop souvent stabilisés à l'art de 1900) connaît aujourd'hui la faveur des artistes retournés aux chefs-d'œuvre précurseurs qu'ils égalèrent. Les Émile Robert, les Edgar Brandt, les Szabo, les Richard Desvallières, les Raymond Subes, les Marcel, Édouard et Charles Schenck sont les dignes émules des ferronniers splendides qui conçurent le fameux puits d'Anvers (attribué à Quentin Metzys), les grilles du château de Maisons-Laffitte, maintenant au Louvre, celles du château de Versailles, du Palais de Justice de Paris, du Peyrou, à Montpellier, de Saint-Ouen, à Rouen, par Flambard, de la place Stanislas, à Nancy, dues à Lamour (XVIIIe siècle).

Avec le fer forgé, nous remontons donc à la source de cette beauté artistique véritable dont la fonte n'était qu'une altération, que l'artifice économique et industriel.

Battu au marteau sur l'enclume, le fer, rougi au feu, dressé, dégauchi, ajusté et assemblé, est dirigé vers des dessins robustes qui se soudent à la forge ; la soudure autogène demeurant un moyen facile, un procédé mécanique auquel le digne ferronnier se doit, en principe, de ne point avoir recours, « n'ayant en vue, comme l'a fort bien dit M. Rougemont, que l'élaboration d'œuvres harmonieuses, pleines de vie, de de vérité et beauté, réalisées à la sueur de son front et par l'effort de ses bras ».

Toutefois, de même que nous

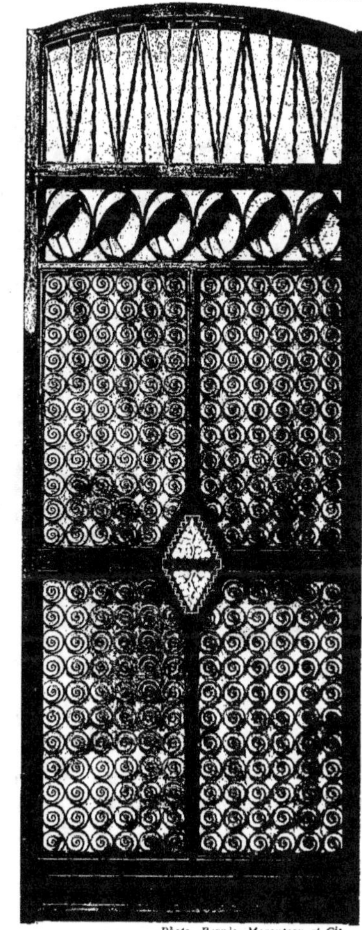

Photo. Bernès, Marouteau et Cie
A.-G. SZABO — *Porte, en fer forgé.*

nous sommes rallié à un machinisme bien dirigé, à propos du meuble (et nous avons vu aussi M. E. Le Bourgeois préconiser avec d'autres praticiens

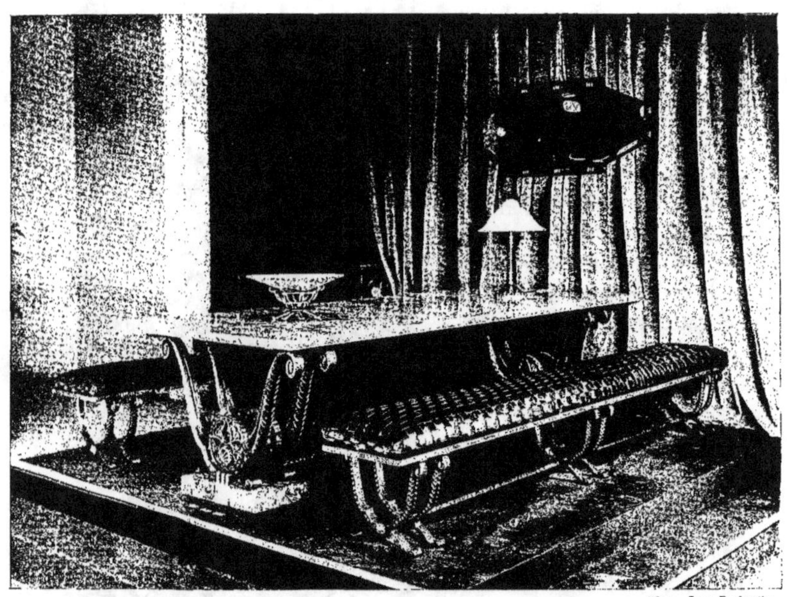

Photo. Jean Desboutin.

RAYMOND SUBES. — *Table de salle à manger, banquettes, lampe, cadre de miroir, en fer forgé.*

qui suivront, l'outillage mécanique moderne) ne peut-on tolérer aujourd'hui le moyen de la soudure autogène, à la rigueur de certain progrès ?

S'il n'est pas niable que la grandeur d'un art comporte en quelque sorte l'effort — sans quoi l'héroïsme de la course de Marathon serait diminué, dans la mémoire, par l'aisance du même résultat atteint par

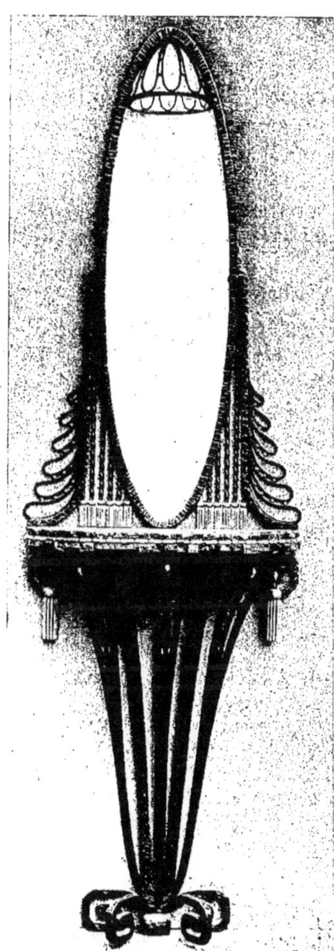

MARCEL SCHENCK. — *Console-glace,*
en fer forgé et argenté.

une voiture automobile — on doit admettre les facilités de technique non préjudiciables à l'effet. Néanmoins, l'emploi du chalumeau oxy-acétylénique qui, dans bien des cas, permet la suppression du rivetage, convient davantage à la soudure du cuivre, en ses fantaisies décoratives plus souples que celles du fer, contraint, lui, à des unions plus cohérentes, plus noblement classiques, si l'on peut dire.

La tôle, repoussée au marteau, se joint au fer pour représenter des fleurs, des reliefs, etc., sur la rigidité du fer, en contraste. On la découpe, on l'ajoure ; elle participe avec légèreté à la composition, faisant spirituellement corps avec elle, en s'efforçant — dans son caprice facilité par la minceur de sa matière harmonieusement en opposition avec la rigidité relative du fer — de ne point accrocher.

Mais quel dommage qu'en place de la tôle on n'ait point utilisé le cuivre ! Nos chefs-d'œuvre du XVIIIe siècle eussent été ainsi sauvegardés ! Voyez la décrépitude constante des incomparables grilles de la place Stanislas, à Nancy, quant à la tôle qu'elles employèrent, d'une désagrégation si rapide ! Nous retrouverons le souci « de ne point accrocher » lorsque nous parlerons du bijou, et, pour revenir à la ferronnerie, soulignons au passage quelques-uns de ses autres devoirs : l'observation des points et surfaces de résistance, la solidité et la stabilité, autant que la juste répartition des volumes et des masses. Le détail décoratif — la ferronnerie n'est point une dentelle — ne jouant point un rôle purement ornemental, ne figurant point inutilement à la partie basse de l'œuvre pour recueillir essentiellement la boue ou la poussière, par exemple ; l'intérêt ornemental, au surplus, cessant dans les endroits où l'œil ne doit point s'attacher, lorsque, aussi, la grâce risque de faire double emploi avec la force ou la stricte utilité de soutien.

Et puis il faut envisager l'œuvre de ferronnerie suivant ses diverses expositions, à l'intérieur ou à l'extérieur, ou selon ses différences d'appropriation. Les épaisseurs de la matière, revêtue ou non d'une couche de couleur, étant bien calculées. Car la préoccupation d'éviter, autant

que possible, les méfaits de l'oxyde, impitoyable aux parties exposées à
l'humidité, s'ajoute au problème du dessin et de la composition décora-

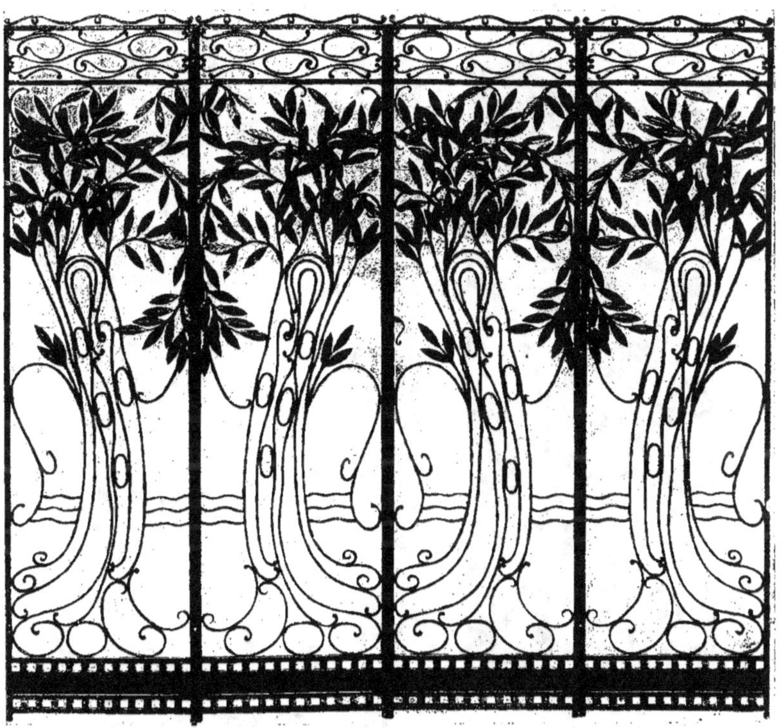

CHARLES SCHENCK. — *Grille d'intérieur, fer forgé.*

tive, avec le calcul des jeux de la lumière sur la nuance du métal, comme

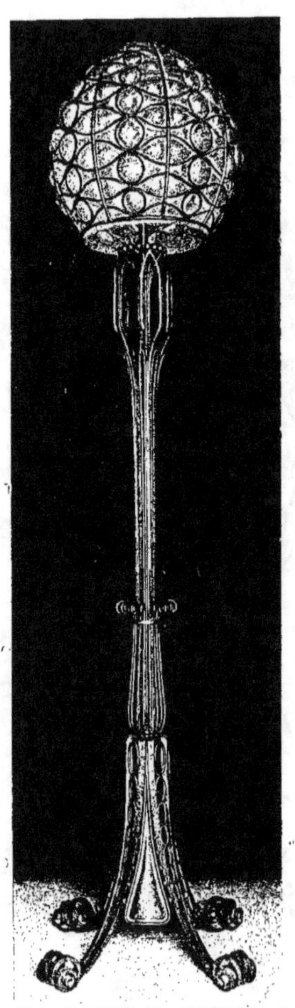

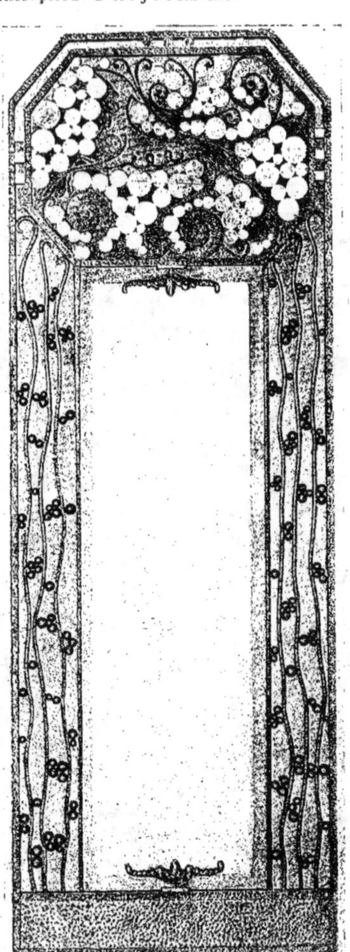

MARCEL SCHENCK. — *Lampadaire*
en fer forgé, *abat-jour* en verre soufflé dépoli.

CHARLES SCHENCK. — *Porte d'intérieur*,
fer forgé, cuivre doré et glace.

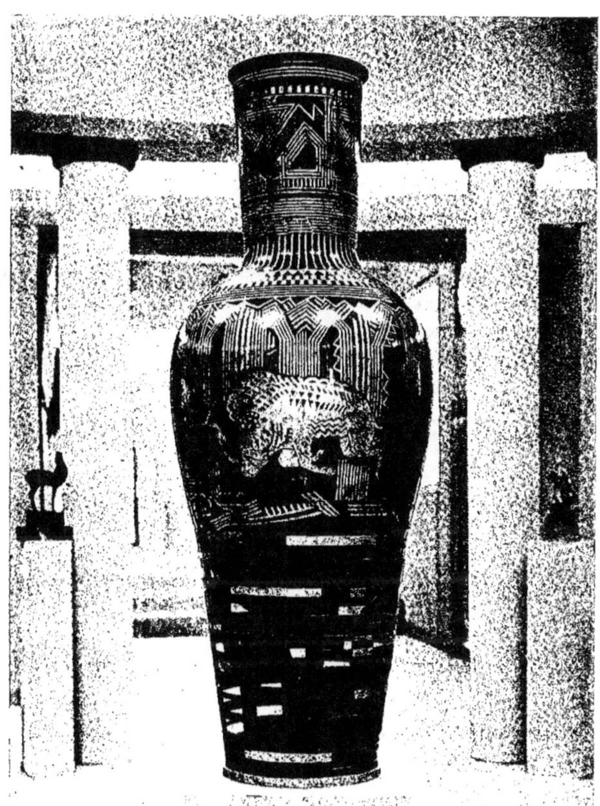

JEAN DUNAND. — *Grand vase*, en métal et laque.

parfois la nécessité de dissimuler (ou la coquetterie d'accuser) les tenons à goupilles ou à mortaises et autres moyens d'assemblage.

D'ailleurs, la destination commande toujours à la matière, et, si de vastes consoles fixes peuvent s'accommoder du fer forgé — plus harmonieusement recouvertes, cependant, d'un plateau de marbre que d'un plateau de bois — la logique est plutôt déconcertée par la vision d'une table mobile reposant sur une pesante armature de fer, d'un fauteuil en fer !

Tout réside dans la mesure d'expression, et, par exemple, l'appareil de serrurerie s'avère non moins irrationnel, lorsqu'il écrase la grâce d'une délicieuse panetière provençale.

Certes, sous le Grand roi, les tables en fer ne manquaient pas, mais la massiveté était alors à l'ordre du jour. Tout confinait au monument, même les tables en bois, vastes, surdorées et encombrées de sculptures ou de mosaïque (sur le plateau), si peu portatives, non moins que les fauteuils, en rapport avec cette ampleur générale du meuble, du motif décoratif, de l'homme même ; ce surhomme que coiffait une ample perruque pour rehausser sa façade tout comme le dôme couronnait l'édifice d'architecture.

Et puis, à cette époque grandiloquente, les pièces de l'appartement étaient immenses comme le geste, et les meubles n'y apparaissaient pas disproportionnés. Remarquez qu'au xviiie siècle tout se rapetissa, en revanche, de l'homme au meuble, conformément aux appartements réduits. Plus de tables en métal, la multiplication des petits meubles voués à la coquetterie sous la légèreté du geste restreint et précieux les mit en fuite.

L'intérêt des bijoux en fer forgé nous semble ensuite, à propos de la coquetterie et de la légèreté, très discutable.

« ... Il existe donc, avons-nous écrit par ailleurs (1), des métaux

---

(1) *L'Art de reconnaître les Bijoux anciens*, même auteur, même éditeur.

utilisés en bijouterie pour le seul agrément de l'art. Les bijoux en fer forgé sont de ceux-là. Bijoux mâles, nés logiquement sur la ruine des métaux précieux, aux heures de pénurie financière ou d'exigence guer-

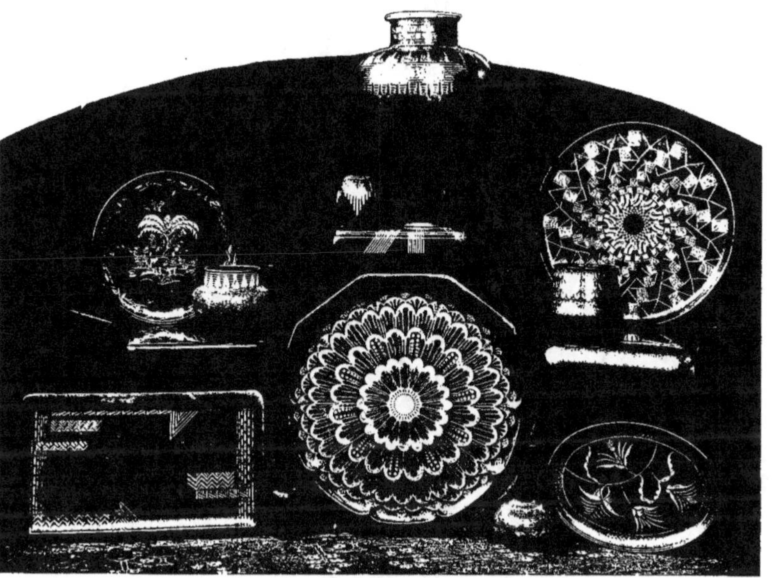

JEAN DUNAND. — *Métal repoussé, incrusté et ciselé.*

rière comme sous Louis XV; bijoux de détresse plutôt, que nos jours de renaissance, par caprice, ne dédaignent point, et qui laissent bien loin derrière eux l'anneau distinctif des chevaliers sous la Rome primitive, et tant d'autres ingrédients décoratifs élémentaires empruntés, à travers les âges, à la robuste matière convertie de bon gré

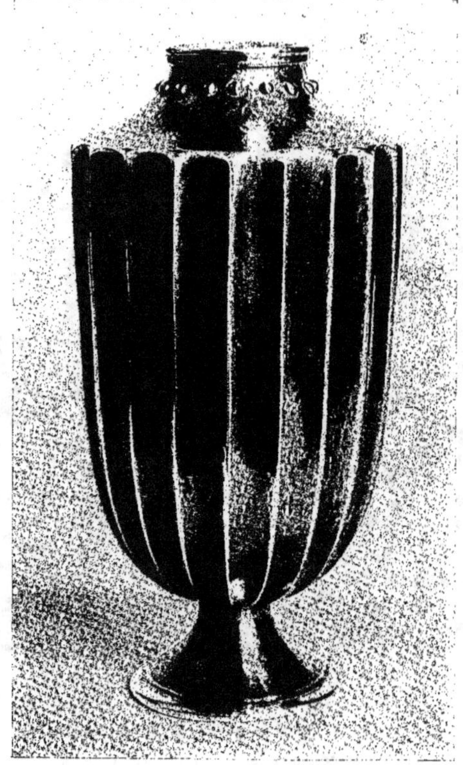

E. MONOD-HERZEN. — *Urne en argent et points d'or,*
métal battu et repoussé.

ou de force, entre le marteau et l'enclume, à des souplesses nouvelles... »

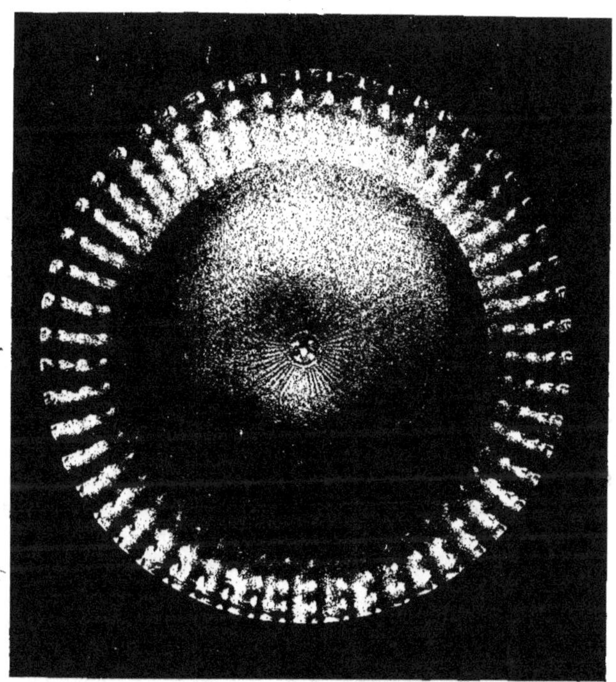

E. MONOD-HERZEN. — *Plat en argent battu, repoussé et ciselé.*

Mais les bijoux en fer forgé, même éclairés par une pierre chantante,
s'adressent-ils réellement à la grâce, lorsque la mode ne se mêle point

de les décréter ? La vision d'un métal assujetti, contraint à sourire alors qu'il est destiné à la force, n'est-elle point choquante ? Son contact rude sur la chair d'une main, d'un bras féminin, ne vous semble-t-il pas une humiliation de la matière en même temps qu'une contradiction ? Lorsque les Françaises, sous Napoléon Ier, eurent un instant le goût, ironiquement pour leur parure, des bijoux en « fonte de Berlin » parce que le roi de Prusse, après Iéna, avait gratifié de bagues, de broches et bracelets réalisés en cette matière toutes les dames de sa cour, afin de les remercier de l'abandon patriotique de leurs diamants, il s'agissait d'un hommage patriotique qui rejoint, dans notre pensée, les fameuses bagues d'aluminium ciselées par nos Poilus, pendant la Grande guerre.

Qu'importe le métal alors, vis-à-vis du symbole ! Mais le bijou moderne en fer forgé, en dehors de son originalité, ne nous convainc point, à vrai dire, sans une excuse.

Aussi bien, en ce qui concerne le luminaire et pour poursuivre notre chapitre de la ferronnerie, ce serait une erreur que de ne point accompagner le fer d'éléments d'irradiation indispensables à la *vie* de la lumière. Le verre, la corne doivent s'associer au métal rude, pour un lustre notamment, parce qu'ils libèrent la lumière dans son rayonnement.

Non moins erronée nous apparaît l'application d'une monture en fer forgé donnée à une coupe de cristal. Lorsque M. René Lalique, par fantaisie de dilettante, conçut, avec Émile Robert, une porte de wagon présidentiel, en cristal moulé, on ne s'inclina guère devant le résultat d'une porte éclairant à la manière d'une fenêtre dans la matière rigide.

Laissons, comme l'a dit le poète, le verre *gémir* et l'airain *résister*, chacun de son côté, en principe. Car cela est encore question de proportion, puisqu'une grande pièce de verrerie ne saurait choquer sur une tige en ferronnerie, étant donné que celle-ci justifie sa force. Des énormes cariatides soutiennent ridiculement un balcon minuscule, et l'esprit de

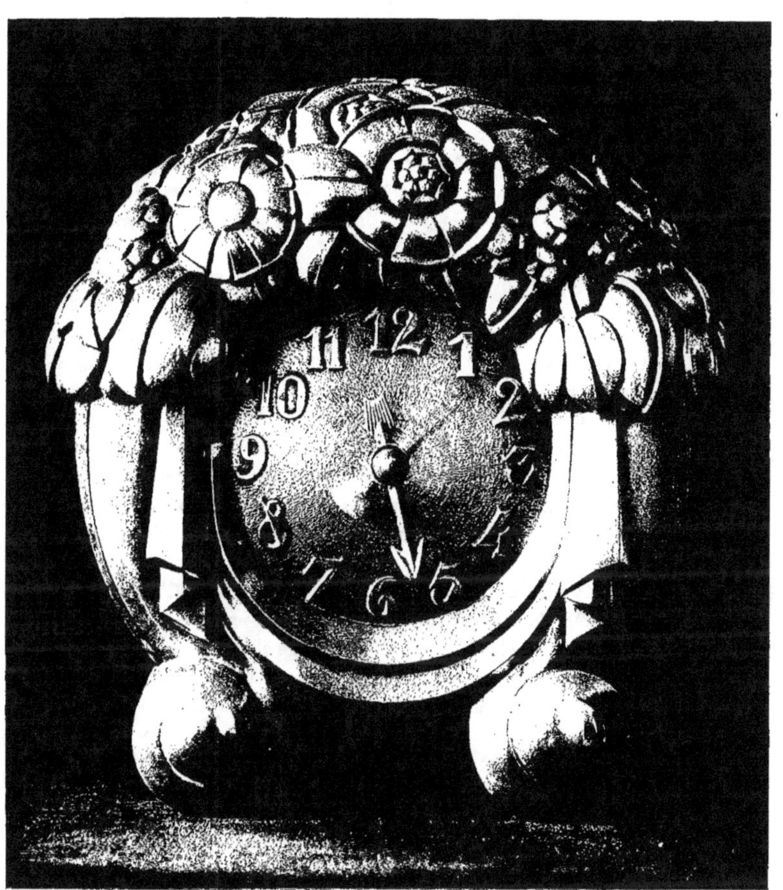

L. SÜE et A. MARE. — *Pendule*, en bronze. (Éditée par la « Compagnie des Arts français ».)

6

la proportion, de même que l'équivalence des matières accouplées, joue un rôle impérieux dans la présentation. La couleur, pareillement. Le métal précieux, non seulement parce qu'il est mince mais aussi parce qu'il est précieux, accompagne encore parfaitement le cristal, matière de choix et sensible. L'or et l'argent, par leur couleur aussi, voire l'étain lunaire, agissent dans cette communion favorable et riche. Le plus léger des feuillages découpés dans la tôle la plus déliée réussirait moins.

Pourtant la solide texture céramique d'un grès répond mieux à la robustesse du fer que la fragilité du verre; le marbre aussi. La matité, d'autre part, s'accordant de préférence avec l'opacité, à défaut du contraste cherché — mais rationnellement à l'échelle des différents objets — de l'opacité avec la transparence, de la force avec la grâce, de la couleur violente avec la couleur douce.

La qualité et la quantité de lumière à épandre demeurant essentiellement à la base de cette combinaison de forme et de matériaux, parce que servir les besoins de la destination doit être la préoccupation dominante de l'artiste avec la sobriété des moyens employés pour y réussir.

Un autre souci, enfin, réside en l'obéissance au progrès. C'est une sottise en effet, nous l'avons dit, que de coiffer d'ampoules électriques des bougies... en porcelaine ! Un appareil d'éclairage électrique doit convenir en propre à ce mode de lumière moderne. Il faut qu'une torchère éclairant à l'électricité, dépouille entièrement son caractère antique, de même que la voiture automobile de nos jours s'est affranchie, dans sa forme, du souvenir du cheval.

Avant de quitter la ferronnerie en tant que beauté adaptée judicieusement, car nous n'avons point ici à franchir le domaine de la technique, nous découperons dans un excellent article de M. Adolphe Dervaux sur *la Fonte et ses applications industrielles* (LES ARTS FRANÇAIS) quelques anathèmes vengeurs du pastiche autant que de l'appropriation erronée au XXᵉ siècle : « ... un balustre (en silhouette seulement et à jour) de la période Henri IV, une banquette pour tribune de champ

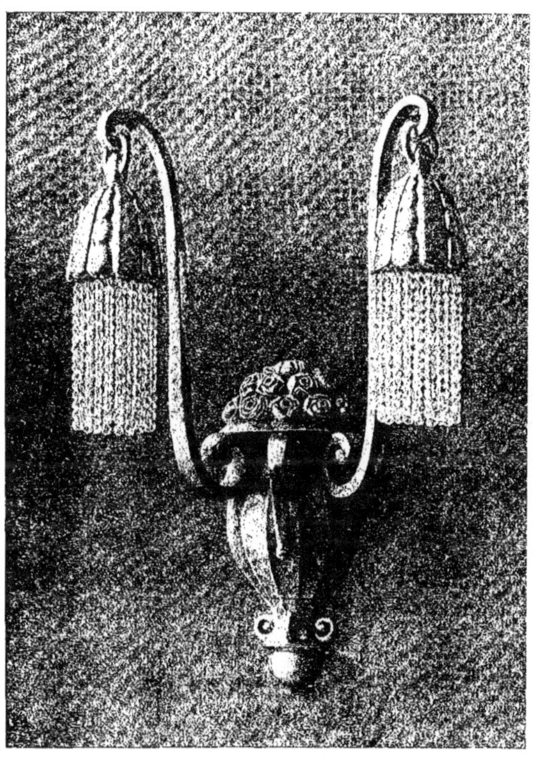

FERNAND NATHAN. — *Applique, en bronze argenté.*

de courses Louis XII, un entourage de tombeau gothique, un chemin de croix roman, un lit pompéien, un porte-parapluies égyptien, une table de jardin cypriote, une fontaine Wallace thébaine...

« ... Il ne faut pas revêtir la fonte de peinture afin de la déguiser en marbre, en acajou, etc... » « ... On vend dans les bonnes maisons, des épis de toits et des faîtières découpées imitant le plomb, avec crochets et bannières du XIVe siècle, ou encore imitant la terre cuite avec pigeons, matous et clochetons normands. C'est une extension un peu cruelle de la dinanderie imitation.

« Il existe dans le commerce des « sujets » dénommés : *gerbes à roseaux, sujets pour cascades, chemins de croix, lutrins...* qui sont de parfaits pastiches de plomberie, d'ébénisterie ou de marbrerie — une fois peints... »

C'est là le martyrologe du goût, de la matière desservie ou avilie, économiquement illusoire et transfigurée, qu'il s'agisse de la fonte, de la dinanderie ou du fer forgé, et le symbole d'une belle grille en fer forgé dissimulant la hideur d'un radiateur en fonte orné de cannelures... romano-grecques vient à point célébrer, en les résumant, la sincérité et la hiérarchie des matières que nous allons quitter.

Nous aborderons donc le métal repoussé et ciselé qui s'ajoute cependant, pour la qualité du travail au marteau, à l'expression précédente. Il va s'agir ici du repoussage de l'acier et du cuivre tout autant que de l'or et de l'argent. La matière s'amenuise ; elle devient aussi d'une malléabilité que le fer ignore, et convient à des buts différents : vases, plats, bols, gobelets, etc. Le calvaire de l'art du métal repoussé (nous continuerons à le gravir, au chapitre de l'orfèvrerie) est l'*estampage* ou repoussage mécanique obtenu industriellement, au moyen de presses et de matrices. C'est le procédé machinal de la fonte opposé au fer forgé réalisé, le marteau à la main, sur l'enclume, qui réhabilite aussi bien l'orfèvrerie, l'armurerie, la dinanderie, la serrurerie, que la chaudronnerie, etc., expressions dont s'honorèrent les maîtres artisans du passé avant une industrialisation forcenée.

La description des diverses opérations de l'*emboutissage* (qui a pour but de faire prendre à une feuille de métal une forme convexe d'un côté et concave de l'autre à l'aide d'un marteau de bois qui l'enfonce sur une forme en bois également creuse), du *recuit* (qui ramène le métal *écroui*, c'est-à-dire refroidi, à la malléabilité), jusqu'au travail au marteau d'acier sur la *bigorne* qui accuse la forme et de l'action de la *résingle* dont les vibrations à l'intérieur déterminent à l'extérieur, des reliefs, la description, dis-je, de ces diverses opérations que termine la ciselure, échappe à notre étude.

Le domaine de cette technique d'expérience, hardie et minutieuse, aussi laborieuse que volontaire, s'étend entre les mains de l'artiste, à perte de vue, et nos images se contenteront d'exprimer la beauté d'un résultat que les Jean Dunand, que les E. et Louis Capon, que les E. Monod-Herzen, Carrel, Bigard, Cl. Linossier, Jean Serrière, après Brateau, Husson, F. Scheidecker et Bonvallet entre autres, ont illustré et remis en faveur de nos jours.

A côté des riches matières repoussées et ciselées en argent, voire en or, voici des vases de cuivre, en acier, en plomb, promus à la richesse; voici un acier incrusté d'or au marteau; voici un cuivre incrusté d'argent, voici des cuivres jaune et rouge, associés, autant d'œuvres d'art dans la force du terme la plus séante : celle de l'utilité flattée et embellie. On n'en finirait point enfin de célébrer les grâces différentes dérivées encore du métal, mais cette fois fondu et ciselé, du bronze (où M. A. Hébrard se distingua en tant que fondeur d'art) à l'étain. Les alliages d'étain et de cuivre constituant les bronzes comme le plomb et l'étain les expressions plastiques de l'étain d'art.

Les noms de Brateau, de Jean Baffier, de Desbois, de A. Charpentier, notamment, dignes émules d'un François Briot, sous la Renaissance, sont inséparables de cette matière qui, grâce à eux, revint égaler l'or et l'argent au profit de la richesse desquels elle avait été autrefois sacrifiée.

Du vase au flambeau, de la coupe à la statuette (le buste de Watteau, au jardin du Luxembourg, a même été fondu en étain), du moindre pot jusqu'au plus élégant des surtouts, en passant par la plaquette et le médaillon, la verve de ces maîtres s'est exercée en vue de l'étain que leur talent restitua noblement.

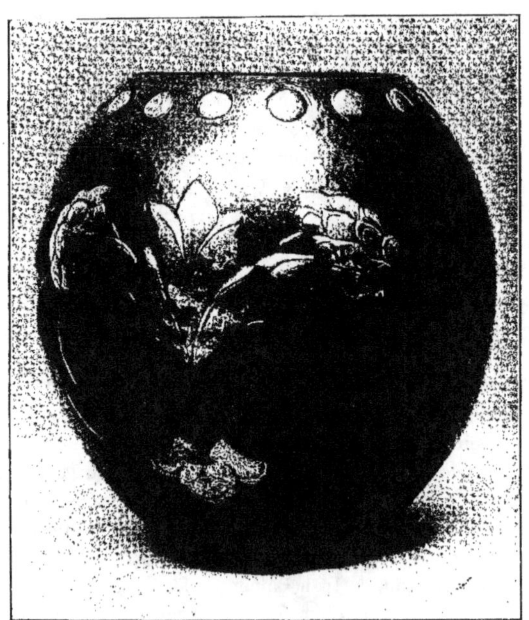

JEAN SERRIÈRE. — *Vase*, argent et cuivre martelés.

LA CÉRAMIQUE, LA VERRERIE, LE VITRAIL, LA MOSAÏQUE

CHAPITRE III

La Céramique, la Verrerie, le Vitrail, la Mosaïque.

La céramique moderne a retrouvé les expressions les plus fières d'antan qu'elle rénova, lorsqu'elle n'innova point, dans un sentiment personnel de la forme et de la couleur. Après des tâtonnements où les artisans se cherchèrent, et après les erreurs d'une réalisation plutôt agressive d'un « modern style » réactif, les lois impérieuses de la forme subordonnée à la destination, montrèrent le chemin de la raison et de la réelle beauté dans la tradition heureusement récupérée.

« Avec un vieux pot, le sage, disait Socrate, possède l'univers. »

Aussi bien, la matière qui commande et inspire l'exécution fut soigneusement écoutée et consultée par nos céramistes, mis en garde d'autre part contre le bibelot inutile, contre le vase que nous avons dit, incapable de contenir de l'eau ou de supporter une fleur, contre le plat dans lequel on ne peut rien mettre, genre Bernard Palissy.

« Un vase, estime l'éminent céramiste A. Delaherche (1), c'est quelque

---

(1) Malgré que l'œuvre capital du maître se soit attaché à la renaissance des grès émaillés et flammés, cuits et colorés au grand feu, nous avons cru devoir donner ici des images d'après ses porcelaines, au décor gravé, moins connues.

chose d'expressif, de vivant. Un vase dirige une fleur, retient une masse de feuillage, supporte un arbuste. Et c'est l'idée de direction, de resser-

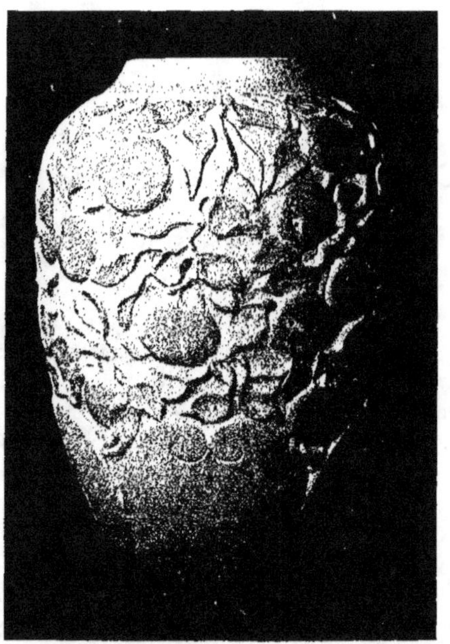

Coll. D.Imas.

A. DELAHERCHE. — *Porcelaine au grand feu, émail ivoire.*

rement, de soutien, qui poussera le potier à allonger le col de l'un, à resserrer l'ouverture de l'autre, et dans le troisième, à exprimer l'effort par des séries de courbes et de ressauts. »

On suit ainsi, sur le tour, actionné par le pied de l'artiste, l'argile malléable et fraîche qui, sous ses doigts, obéit docilement, conformément à une pensée directrice. La pâte, d'accord ainsi avec le cerveau créateur,

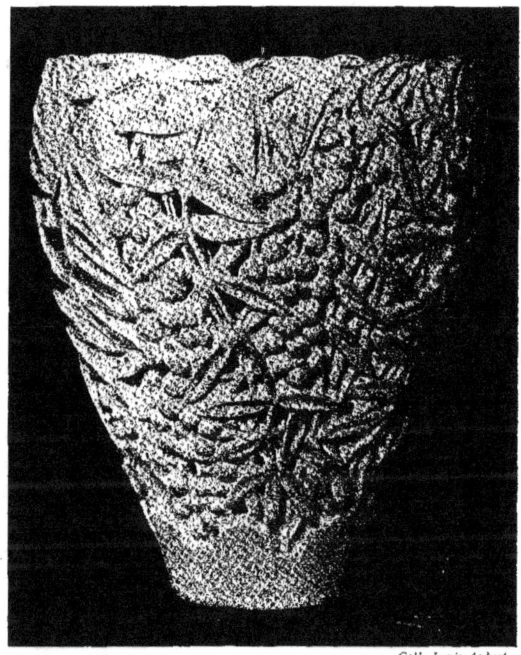

Coll. Louis Aubert.

A. DELAHERCHE. — *Porcelaine au grand feu,* émail blanc translucide.

s'allonge, s'abaisse et s'évase, s'étranglant aussi, tandis que naissent des creux et des bosses. Avant que le potier n'ait réussi définitivement son rêve, combien naquirent de formes à travers ces tâtonnements sur la terre qui valse éperdument entre ses doigts fiévreux !

M. A. Delaherche dira encore non moins judicieusement, « que telle coupe légère et menue devra être tournée en porcelaine claire et translucide, et tel cache-pot robuste pétri dans le grès solide et opaque ». Sans compter que si la matière concourt à l'expression de l'idée, elle sera aussi choisie en vue de son utilité. Une fontaine en céramique, destinée à l'extérieur, devant être susceptible de supporter les rigueurs de l'hiver comme les assauts de l'humidité, et un plat à cuire, celles du feu. Une assiette se rayant sous le couteau donne encore une fâcheuse idée du choix de sa couverte, et il n'apparaît pas qu'en dehors du marli de cette assiette, le décor peint, aperçu en transparence sous quelque potage dont il dénature la couleur, soit judicieusement conçu. On a l'air plutôt de boire du poison que du vin dans un gobelet de cristal vert, et le motif en relief qui accroche la sauce, n'est pas moins déplaisant. Le souci de l'échelle dans une forme ordonne aussi la qualité des reliefs, des creux et des profils; d'où une recherche des volumes adaptée à la dimension avec celle d'un décor approprié. Car la lumière agit sur un vase comme sur une statue, et la perspective pareillement, dont les déformations doivent être calculées suivant la place plus ou moins élevée, plus ou moins éloignée, qu'occupera ce vase, selon encore l'architecture qu'il servira ou le fond sur lequel il se détachera. L'échelle et la perspective, vis-à-vis de la création d'une pièce de céramique, sont donc aussi tyranniques de la forme que la destination et l'effet, dans l'utilité satisfaite.

C'est ce même sentiment de la mesure (et du choix de la matière) qui fit, par exemple, que l'on exécuta, à Sèvres, des œuvres spécialement conçues en vue du biscuit et à l'échelle de cette matière délicate au lieu d'avoir recours à des réductions de statues en marbre ou en bronze.

Toujours le jugement intervient-il de la forme et de la proportion avec l'architecture. Le pichet dont l'eau jaillit mal du goulot ou bien s'écoule au long de la panse, le broc mal équilibré ou dont l'anse épouse mal la main, s'il ne la gêne ou ne la blesse avec des ornements intem-

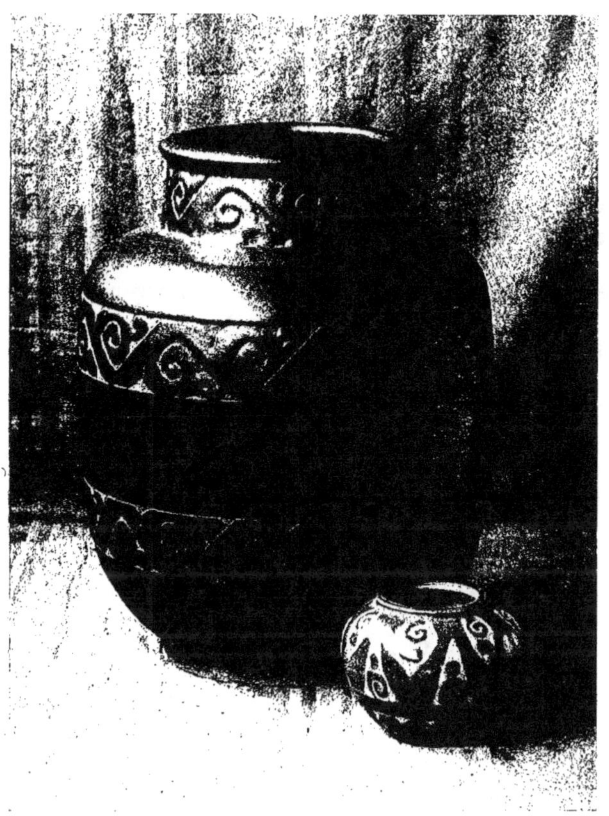

ÉMILE LENOBLE. — *Vases* (céramique.

pestifs, le verre où l'on ne peut boire sans répandre son contenu, rejoignent dans l'erreur cette jolie salière condamnée par M. G. Auriol, si elle faillit, par son incommodité, à son rôle initial qui est de contenir du sel.

Le poids aussi a son importance dans la forme, avec la solidité. La stabilité d'un cache-pot, d'un grand vase, implique une large base dont se dispense un cornet à fleurs, aux flancs moins forts parce qu'ils supportent moins de résistance qu'une importante pièce à contenance d'eau supérieure. Et puis, le récipient d'utilité courante ne peut être lourd au maniement de la main, alors que l'objet d'un usage relativement portatif pèsera sans trop d'inconvénient.

Autant de subtilités dont l'inobservance, portée au pire, nous remémore l'inconcevable création d'un violon en faïence de Nevers, ou d'un livre en faïence de Quimper pour le seul plaisir du bibelot d'étagère qui va rejoindre, dans l'insanité, les vases sans fond, dits décoratifs (pour les absoudre?) et déjà cités, en compagnie de certaine gourde... en porcelaine offerte au généralissime Joffre, pendant la grande guerre.

Vous souvient-il de la mésaventure qui survint à un admirable mousquet du XVIIe siècle échoué, sans doute à la suite d'un naufrage, entre les mains d'un Chinois? Le fils du Ciel, ignorant l'usage de cette arme, l'avait tout simplement coulée en bronze, d'une seule pièce! Et M. Louis Bonnier, de qui nous tenons l'anecdote, flétrissait *l'objet de vitrine* au nom de cette même stupidité que tout le XIXe siècle, et malheureusement une partie du XXe, avait commise, englobant dans sa juste critique, les canons surdorés et ciselés, incapables de servir, la visière des casques dans l'impossibilité de s'abaisser; tout un matériel de parade, enfin, digne de l'étagère inintelligente.

L'art moderne revient d'autre part, au respect de la matière après sa dégradation en vulgaires similis. C'est ainsi que l'art moderne a répudié les agglomérés jouant le marbre aussi mal que l'albâtre et le stuc, le granit et la pierre. L'ère du « toc » a pris fin qui nous valut ces « zincs d'art » représentant, avec le plomb doré, l'économie ou l'illusion déplorable du bronze, à la façon du carton-pâte vis-à-vis de la sculpture sur bois'

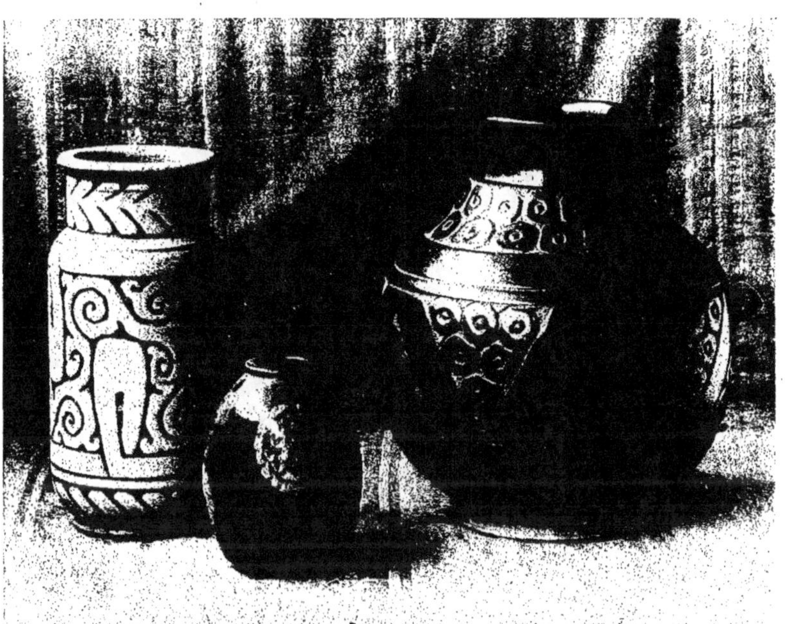

ÉMILE LENOBLE. — *Vases (céramique*.

Et le similior et autres doublés ou titres X prétendent, non moins fallacieusement, à la vertu de l'or !

Après avoir mis en garde contre les formes sèches et raides, réservées plutôt à la tôlerie et à la ferblanterie et contre lesquelles la céramique, assez riche par elle-même, doit se défendre ainsi que de la sécheresse du bronze ou de la délicatesse de l'argent, pour les profils, M. Félix Massoul poursuit sa leçon compétente.

« ... Un galbe chargé de moulures et recouvert d'un vernis peut donner l'aspect du bois peint ou de l'ivoire tourné; les faïences de Saint-Porchaire, si prisées des collectionneurs, ont précisément cet aspect. Néanmoins, les pièces sortant de cet atelier sont mises aux places d'honneur et vendues à des prix fabuleux : ce qui prouve que les collectionneurs ne sont pas toujours des gens de goût... »

La tradition reprise de la matière noble s'harmonise dans l'expression esthétique d'aujourd'hui avec le retour à la technique loyale. Voici pourquoi la Céramique se déshonore si, par exemple, un pot en porcelaine se pare des atours qui appartiennent en propre à un grès flammé.

« Pourquoi vouloir que le grès ressemble à de la porcelaine et pourquoi vouloir imiter la porcelaine avec du grès? nous écrivit un jour Jean Baffier. Le grès est grossier lorsqu'il est travaillé à contresens de sa nature pour une destination qui lui est contraire, mais se porte toujours bien lorsqu'on l'adapte avec discernement. Ainsi de même pour la porcelaine, et autres matières, quand elles sont judicieusement choisies, selon notre beau sens de notre grande doctrine gallo-franque qui exprime que tout doit être dans l'ordre et la mesure... »

Nous avons vu la forme répondre exactement à la destination, nous aborderons maintenant l'action non moins impérative du décor sur la forme.

Tout d'abord reparaît ici le souci de l'échelle. Le décor céramique doit être propre à la matière, et le plus beau sujet de tableau ne saurait s'adapter tout de go sur un vase. Le ridicule d'un paysage peint en perspective au fond d'une assiette n'est égalé que par celui d'un tableau transposé sur la panse d'un vase et ainsi déformé.

Il faut que l'ornement d'un vase fasse corps avec sa forme et le grain du grès, de la porcelaine ou de la faïence qui le constituent. La proportion du décor appropriée à la dimension condamne l'envol léger de

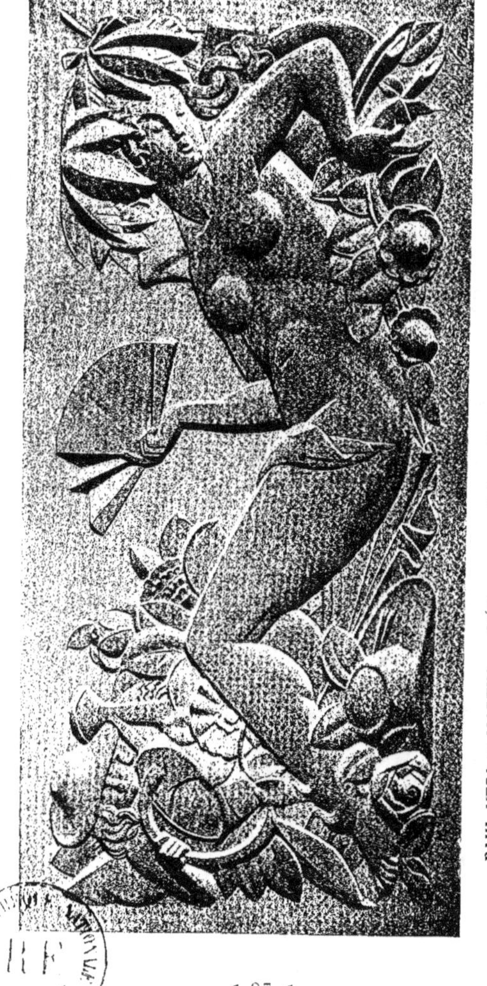

PAUL VERA et MARTIN. — *L'Été, panneau sculpté par Martin et exécuté en faïence blanche, d'après Paul Vera.*
(Edité par la « Compagnie des Arts français »).

papillons sur un grand vase à qui, au surplus, des émaux graciles conviennent mal. La forme différente ne s'accommode point davantage d'une couleur uniforme qu'elle ne s'habille, au petit bonheur, de cristallisations ou de couvertes.

Et puis, il importe de se bien pénétrer du principe qui consiste à dessiner des modèles soit en vue du tour, soit en vue de l'estampage. Il y a les deux pratiques, différemment commandées par la matière et l'effet.

« ... C'est l'étude des porcelaines de la Chine et du Japon, écrit, d'autre part, Lucien Magne, qui nous a ramenés au sentiment juste de la valeur d'une forme et des moyens de la décorer. On a reconnu que la terre, comme toute autre matière, doit se décorer par elle-même, que la forme d'un vase, résultant du tournage et du moulage, doit se suffire à elle-même, sans le secours d'armatures de métal... »

Henri Rivière a dit que jamais un vase tarabiscoté, d'une ligne trop contournée, surchargée d'anses et d'ornements en reliefs n'est facilement décorable. La forme, ainsi, se défend-elle, avec un caprice qui seul n'échappe pas à l'homme de l'art, depuis le tour jusqu'au pinceau qui décore, et M. Henri Nicolle a parfaitement indiqué « qu'un bon potier doit savoir analyser la terre qu'il emploie, c'est-à-dire être chimiste; pétrir et modeler sa pâte, c'est-à-dire être sculpteur; composer la forme de son œuvre, c'est-à-dire être architecte; la décorer, c'est-à-dire être peintre; la mettre au feu, c'est-à-dire être fournier ou verrier. »

Sous l'empire de ces diverses intelligences, la forme naît à travers des balancements de couleur et des équilibres de volumes qui ne sont point fatalement symétriques et, c'est l'art qui sacre la matière choisie, davantage que la valeur intrinsèque de cette matière.

Le goût est dans la mesure, la force de l'expression dans des réalisations équilibrées et non dans des productions hâtives ou désordonnées, exécutées *en série*, par exemple.

Il nous a été donné de voir une poterie d'art, moderne quant à la

forme, d'ailleurs souvent agréable, qui s'adornait, pour le décor, de
fragments empruntés à la célèbre tapisserie de Bayeux !... Ce non-sens
d'un autre ordre s'ajoute aux précédents, car il n'est point judicieux
de créer aujourd'hui du nouveau décoré avec de l'ancien. Et il n'est
point davantage cohérent d'ornementer tapageusement une pièce de
céramique modeste. La sobriété s'accordant généralement avec la forme

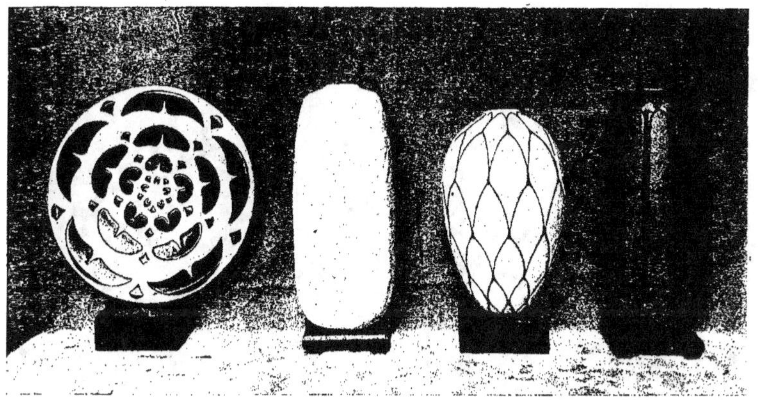

RAOUL LACHENAL. · · *Plat et vases (céramique).*

simple ; une exécution calme suffisant à traduire cette sérénité reposante,
réclamée autant par l'œil que par la main, de l'écorce rude à l'épiderme
lisse, du ton violent à la nuance passée.

La beauté encore, ne résultant point d'un obstacle d'exécution,
sans quoi les difficultés d'érection de l'obélisque de la place de la Concorde, à Paris, ajouteraient à sa qualité esthétique !

La nudité réalise parfois même le vœu le plus cher de certaines
matières qui veulent ainsi apparaître dans tout leur éclat et leur plus
pur intérêt.

C'est le cas du grès dont la céramique moderne a remis à jour la matière pure, la cuisson suffisant à sa teneur décorative; cette cuisson savante où intervient le jeu des oxydes, agissant à la fois comme vapeur métallique et comme vitrification, jusqu'à la fusion d'où résultent des coulées inégales, aux nuances différentes, tout une splendeur guidée par l'art.

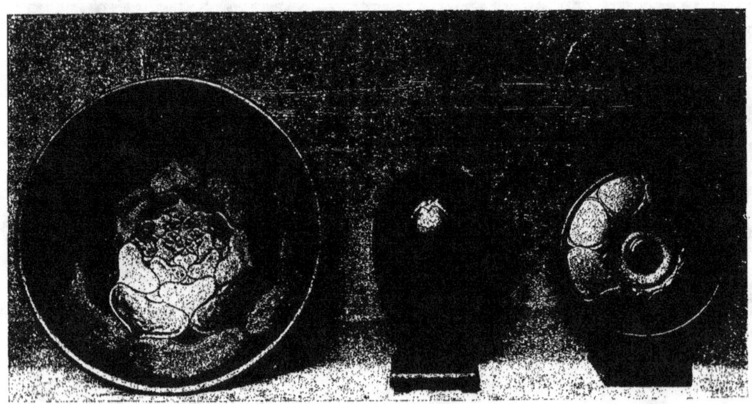

RAOUL LACHENAL. — *Plat, vase, bonbonnière* (céramique).

Certes, les grès coréens, chinois et japonais, dont l'origine est aussi lointaine que l'expression céramique même, ces flammés, ces craquelés et givrés, ressemblent étrangement à ceux de nos modernes artisans, mais c'est là le signe de notre renaissance qui rafraîchit son inspiration aux sources altières du passé.

Quant à la porcelaine flammée, elle n'atteindra pas moins d'éclat que le grès, dès les essais d'un Chaplet, « transformée en matière précieuse par la dissemblance des effets dus à des combinaisons de cuisson, à des courants d'oxygène faisant passer le rouge de cuivre par le violet, par le bleu, le vert, le lilas, en des nuances chatoyantes, voltigeantes... » Émile Gallé, toujours à l'avant-garde de l'invention, aussi bien dans le meuble que dans la céramique, la verrerie, etc., inaugura en 1889 une faïence non moins rutilante et féerique, dont les caractéristiques révélatrices ont été ainsi indiquées : « ... La mise en valeur constante

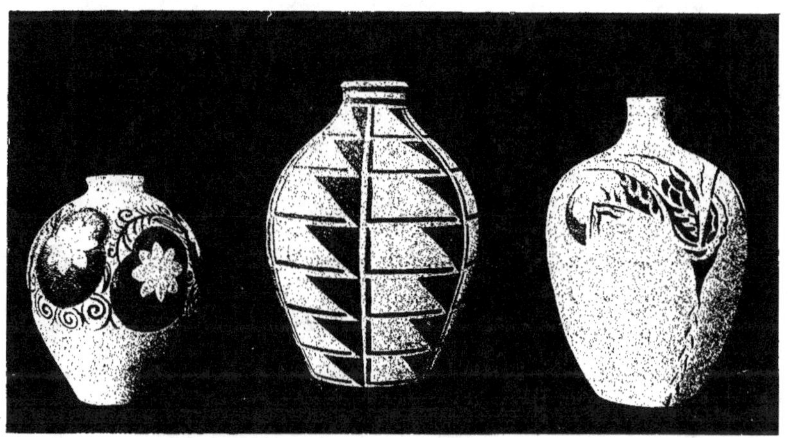

LES BLESSÉS DE L'ATELIER LACHENAL. — *Vases* (céramique).

de l'émail « stannifère », la superposition d'émaux d'opacités inégales, le rapprochement de tons sobres et discrets, parfois le contraste du raffiné avec le brutal, puis l'application de la gravure à la terre molle ou sèche. »

Du côté de la forme enfin, s'il était malaisé de créer après l'éloquence quasi définitive des Grecs et des Étrusques, il faut apprécier la qualité du tour moderne qui, par les voies de l'antiquité, en suivant les traditions de l'exemple, s'est quand même frayé un chemin inédit. Il importait de façonner le cerveau de l'artisan potier-tourneur en lui guidant la main, en lui cachant la vue du bazar où fatalement échouèrent les produits d'une concurrence aussi effrénée que déloyale, à l'aide de subterfuges déplorables. Et ce fut à cette tâche que se consacrèrent de véritables artistes revenus à la loyauté de l'art et à la probité du métier, et ce furent de véritables artistes qui, montrant l'exemple, s'installèrent au tour et conçurent, en personne, le décor de leurs pots.

Aux chefs-d'œuvre anonymes, de l'urne à l'amphore, du rhyton au canope, ont ainsi succédé des pièces signées, et ce n'est pas par immodestie que le moindre pot de la plus simple apparence se présente aujourd'hui à l'amateur sous le nom de son créateur, mais par honnêteté professionnelle. Une garantie s'attachant à une griffe, en réaction contre le coupable artifice de la banalité courante et irresponsable.

Une autre raison justifia la signature de l'homme de l'art revenu au goût de la terre qui donne la forme et au décor qui la pare de lumière, c'est la pièce unique ou d'exception. Le potier moderne modèle en propre son « enfant »; l'argile porte la trace de ses doigts, et la simplicité de la forme qu'il conduit, nettement appropriée au tournage de la terre et à ses accrochages, prépare ainsi, par l'heureux contraste de plans sobres, parallèles, la coulée rutilante des émaux, la richesse des colorations de grand feu qui habilleront richement la porcelaine et le grès. Parure toujours différente, d'une rareté d'expression sans cesse originale et charmante, puisque, sous l'action du feu oxydant ou réducteur, au gré de la main qui conduit et de l'œil qui surveille (à moins que n'intervienne aussi le bienheureux hasard qu'il faut encore aider), la cuisson opère des miracles de reflets et de flammés.

D'où la naissance de la pièce unique, parce qu'impossible à réussir identiquement une seconde fois, d'où la personnalité d'une expression, le style, qu'une technique d'artiste, inséparable d'une « cuisine » chimique (1) variant les recettes au gré des diverses matières, garde en principe secrète.

D'où, enfin, la logique pour le potier, de signer son œuvre comme le

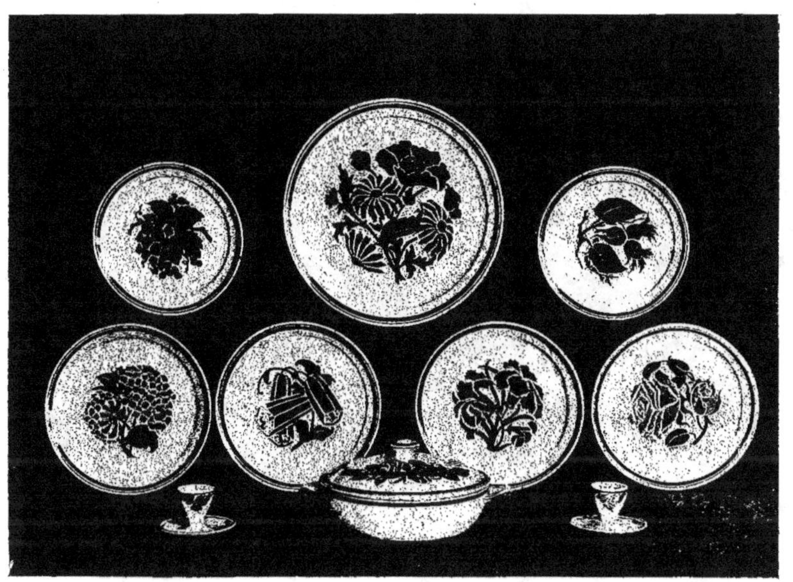

MARCEL GOUPY. — *Service en faïence* (Geo. Rouard, Éditeur).

(1) Pourtant, M. L. Auclair, qui devait devenir le préparateur de Jean Carriès, a rappelé que, dès son arrivée à Saint-Amand-en-Puisaye, à l'atelier du maître sculpteur-céramiste, celui-ci lui avait dit, à peu près : « Ici, pas de produits chimiques épatants (*sic*), pas de matière avec des noms en *ique* et en *ate*, ces gens-là (et il désignait sa superbe collection de vieux Chine, Coréens et Japons) ne connaissaient pas notre chimie, ça ne les a pas empêchés de faire des merveilles. Aussi, pas de produits chimiques compliqués, et surtout pas d'alcalis, ni de produits donnant du vitreux, je n'en veux pas voir ici. Je laisse cela aux copains (*sic*) de Paris. Vous ferez comme les Japonais et les autres, vous travaillerez avec les terres et les produits du pays, avec les roches naturelles; je ne vous permets que le cuivre parce qu'il m'a donné des résultats supérieurs ».

peintre signe son tableau. Mais nous nous garderons, de même que précédemment, d'aborder la technique de la céramique dont nous nous sommes borné à indiquer les subtilités d'ordre esthétique, pour imposer au lecteur toujours plus de respect à l'égard de ses manifestations, toujours davantage de compétence aussi, en faveur du discernement exact — qu'il exalte — de la beauté.

Il nous reste à évoquer les diverses matières céramiques, porcelaine

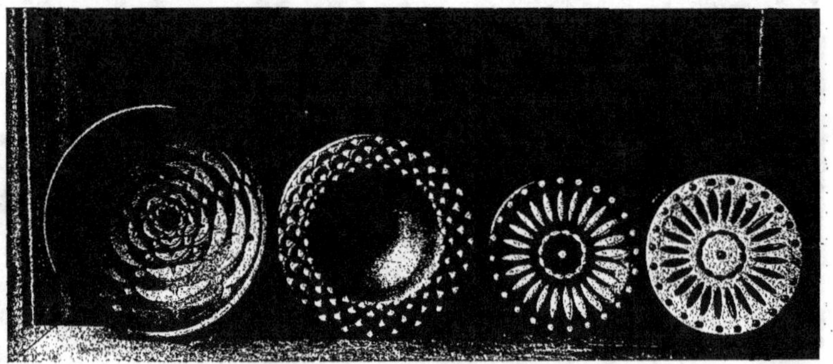

RAOUL LACHENAL. — *Plats* (céramique).

(relevant du moulage), terre et grès (modelés à la main); chacune d'elles commandant un décor spécial. La faïence (terre vernissée ou émaillée) s'offrant si volontiers aux couleurs de la palette, tandis que la porcelaine ne les agrée pas toutes, du moins en dehors de l'emploi des émaux au feu de moufle, alors que, suivant la température du four, elle reçoit des colorations variables au gré de couvertes préparées avec des oxydes; le grès enfin, voué aux truculentes couvertes transparentes et colorées, aux profondeurs troublantes des larmes de gemmes.

Au surplus, les terres cuites, les poteries lustrées, les différences de porcelaine, dure ou tendre, sont autant de ressources à ajouter aux précédentes, pour d'autres résultats et destinations avec le biscuit dédié à la statuette, ou bien, à la façon d'un Taxile Doat, le grès s'associant à la porcelaine en vue de séduisants contrastes de luisant et de mat.

L'adaptation de la céramique à l'architecture (ressuscitée de la Chaldée et de la Perse) constitue encore un élément considérable de sa parure

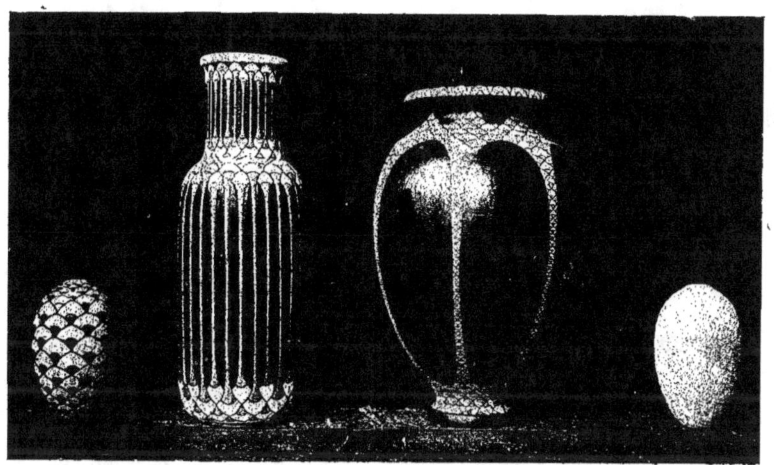

RAOUL LACHENAL. — *Vases* (céramique).

originale, et il convient de ne pas passer sous silence la curiosité et l'intérêt dans la beauté, des revêtements donnés au bâtiment, avec ces mêmes goût et mesure qui animent, en les variant, les matières uniformes de la brique et du ciment armé employés ou non concurremment avec le fer.

La faïence et le grès, les terres cuites au grand feu et incrustées, les briques et carreaux émaillés prodiguant leurs ressources diverses au constructeur, en vue d'une physionomie qui tend à devenir la caractéristique de notre époque. Dans cet ordre d'expression, les carreaux et carrelages qu'un Pierre Roche ou qu'un Drésa orna, sont à citer.

C'est inutilement, croyons-nous, que nous enregistrerons enfin, à l'actif de notre rénovation, son mépris pour certain artifice de décor, tel que la décalcomanie appliquée à la porcelaine (tournée, moulée, coulée).

Nos artisans modernes condamnent, en principe, les pratiques machinales, malgré que, tout acquis au progrès qui n'attente point à la noblesse de l'œuvre, ils concèdent à certains procédés de rapidité et de simplification manuelle, à la condition formelle, cependant, que le goût soit toujours à la base de cette fabrication bien dirigée dont la loyauté d'être reconnaissable ajoute à l'intérêt.

Auquel cas, le procédé de la décalcomanie, notamment, se réhabiliterait, sous réserve, encore, de sa qualité.

Toutefois, ces pratiques machinales concernent l'industrie, et nous terminerons cet exposé en donnant, après le nom des artistes céramistes précurseurs comme E. Chaplet, J. Carriès, ceux des A. Delaherche, M. Cazin, Dammouse, Dalpeyrat, Méthey, des Edmond, Raoul et J.-J. Lachenal (ce dernier, directeur de la firme patriotique : « Les Blessés de l'atelier céramique Lachenal », A. Bigot, E. Moreau-Nélaton, Massoul, Lenoble, Decœur, Avenard, J. Mayodon, René Buthaud, etc., qui ont rendu à la matière sa noblesse avilie et égalé, dans la maîtrise retrouvée, les plus célèbres potiers de tous les temps.

La Verrerie. — La technique de la verrerie, que les Égyptiens, les Phéniciens, les Grecs avaient supérieurement exaltée, a rencontré, en nos artistes modernes, de dignes émules. On peut même dire qu'aujourd'hui nous avons rejoint l'habileté des Vénitiens dans le travail de cette matière, à la fois si fragile et si malléable, dont la transparence, qui rivalise avec la fluidité aérienne, possède la vertu de s'embuer, de s'iriser, de se colorer ou de se fleurir, lorsqu'elle n'est point invitée, de même qu'un lac, au réfléchissement.

La charmante pratique du verre, retrouvée, poursuivie, par nos jours fertiles en créations heureuses, a, d'autre part, accru sa beauté que l'on sut diriger, adapter à des voies inédites d'utilité. Nulle matière ne convient davantage à contenir du liquide, tant le cristal agrée le rubis

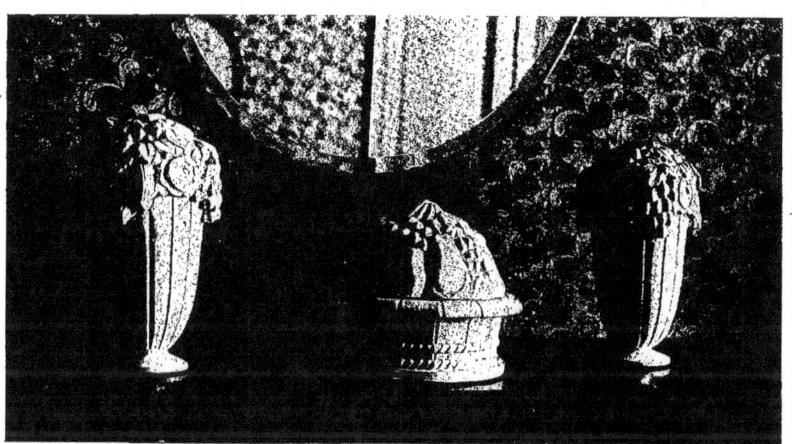

L. SUE et A. MARE. — *Corbeille et vases, céramique,* (Edités par la « Compagnie des Arts. Français »).

d'un vin de France, à moins qu'il ne goûte la subtilité de se fondre avec la limpidité même de l'eau. Et puis, la lumière ne saurait vivre avec plus de joie que dans le verre, cette lumière qu'elle dispense et qu'elle sert avec tant de générosité ! Sans compter enfin, que le verre répond aux caprices les plus complexes de la forme et des besoins ; qu'il s'adresse à la coquetterie, à la futilité ou bien à la nécessité stricte.

Par le truchement des pâtes tendres dont l'élément vitreux consti-

tutif s'accorde avec les pâtes de verre non transparentes mais translucides, l'art de la verrerie touche à celui de la céramique duquel néanmoins il se différencie, en raison de sa fragilité et de sa diaphanéité qui

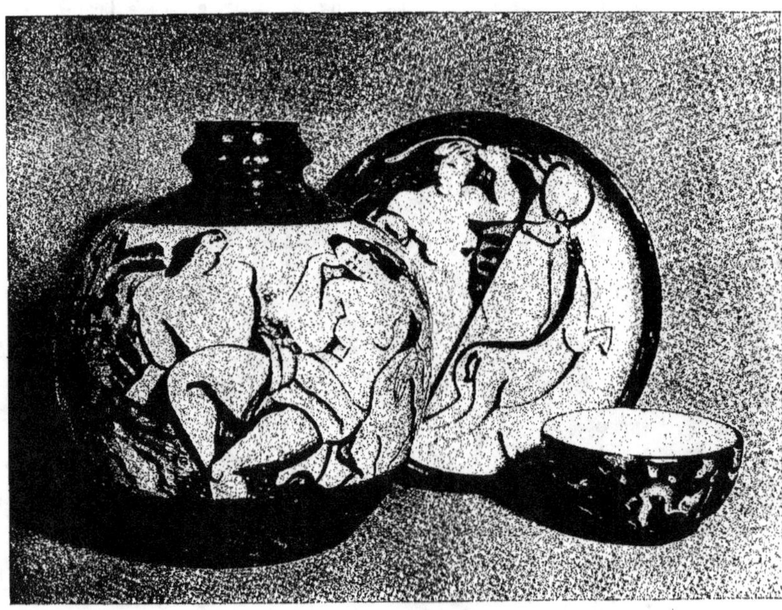

PRIMAVERA. — *(Vase, plat, coupe [céramique], édités par).*

la vouent à des gracilités, à des élégances ainsi qu'à des destinations
spéciales.

Comme la matière toujours commande, l'artiste devait profiter de
la ductilité extraordinaire de celle-ci, et, même, il en profita audacieusement comme s'il désirait que la vue de son œuvre fût d'autant charmée

qu'au toucher on envisageât avec émoi qu'elle ne se brise !
Mais ici veillait la technique du verrier et, si la matière d'autre part,

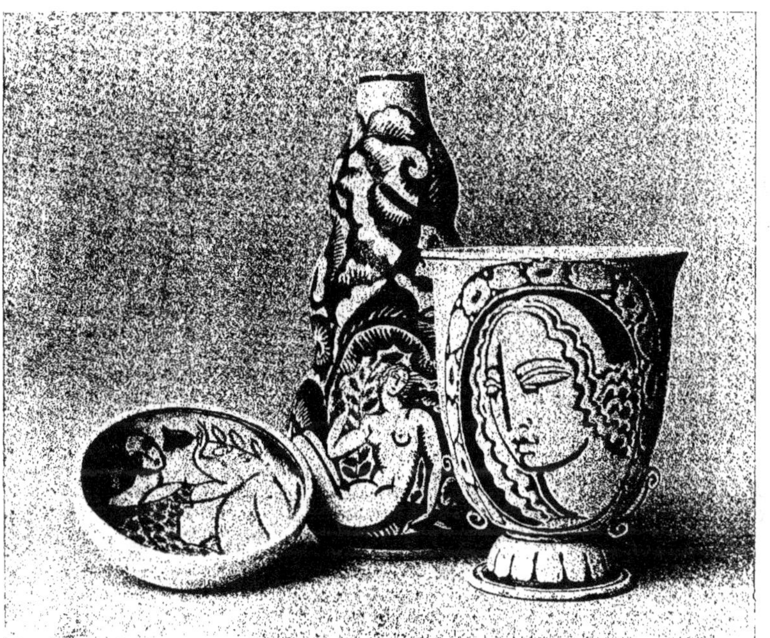

RENÉ BUTHAUD. — *Coupe et vases (céramique).*

toujours inspire, elle ne lui conseille jamais de faillir au métier. Voici
pourquoi votre émoi est vain, car notre artiste s'attacha soigneusement
à choisir des pleins et des déliés en rapport avec des solidités d'appui
qui relèvent de sa science. Et la fusée de ce cornet en cristal, et cette

carafe si fluette, cette coupe impalpable, sont construits pour leur utilité. Ils ont l'air frêle qu'ils doivent avoir puisqu'ils sont conçus en verre, mais ils possèdent toute la robustesse possible.

Deux mots de technique élémentaire sont nécessaires, maintenant, pour creuser le fossé qui sépare le travail de la terre de celui du verre.

Fondu dans des creusets, le verre est travaillé soit à l'état pâteux, par soufflage et moulage (le moulage combiné aussi avec le soufflage), soit à l'état fluide par coulage, enfin, mais en dehors de ce qui nous intéresse, par taille.

C'est au moyen du soufflage que le verrier détermine la formation de la petite boule sphérique ou cylindrique qui, au bout des opérations du tournage et de la soudure à chaud, résoudra les plus délicates expressions de la gobeleterie par exemple, et, en ce qui concerne les surfaces non à révolution, le moulage intervient, mais avec des délicatesses moindres que celles données par le soufflage et le façonnage à la main, au bout de la canne du moins.

Il ne s'agit plus ici, en effet, de conduire l'argile du potier sur le tour, avec les doigts, mais d'une matière ramollie au feu qui, présentée à l'extrémité d'une canne creuse, tenue de la main droite et posée sur un banc, est roulée de la main gauche pour être façonnée à l'aide de pincettes, de ciseaux, de compas, etc.

L'absence, particulière à constater, d'outillage mécanique, en matière de verrerie, multiplie les tours de main, leur expérience, leur adresse, et nous voulons nous en tenir ici à une indication sommaire et générale. D'autant que les verres filés, filigranés, à craquelures, doublés pour la gravure, marquetés, incrustés à chaud, émaillés, opalisés, colorés à l'aide d'oxydes métalliques fumés, dévitrifiés, etc., nous échappent, en dehors de l'esthétique, à travers des manipulations multiples qui sont souvent, sinon des secrets, du moins tout une science aride, aggravée de la pratique des cordons, anses et autres soudures ainsi que des divers procédés de la taille et de la gravure.

Nous avons parlé, lors du fer forgé, de l'association plutôt fâcheuse du verre et du fer. La fragilité d'une coupe de verre s'offensant presque d'une monture de fer. A moins que la robustesse d'un grès ne soit parallèle

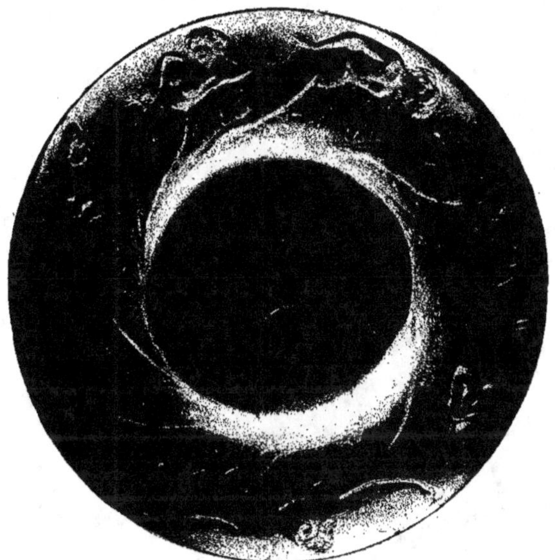

RENE LALIQUE. — *Grande coupe (verre).*

à celle du métal, il apparaît, en effet, que la matière fragile ne lui convient point, en principe. Au surplus, nous avons indiqué les raisons de logique pour lesquelles la lumière d'un lustre, par exemple, s'irradie mal, isolée dans la ferronnerie, alors que la corne, le verre et toutes matières transparentes ou translucides s'accommodent volontiers entre elles. Pour d'autres raisons, puisque la lumière n'est point essentiellement en jeu, l'adaptation de bas-reliefs moulés en verre, à la décoration d'une

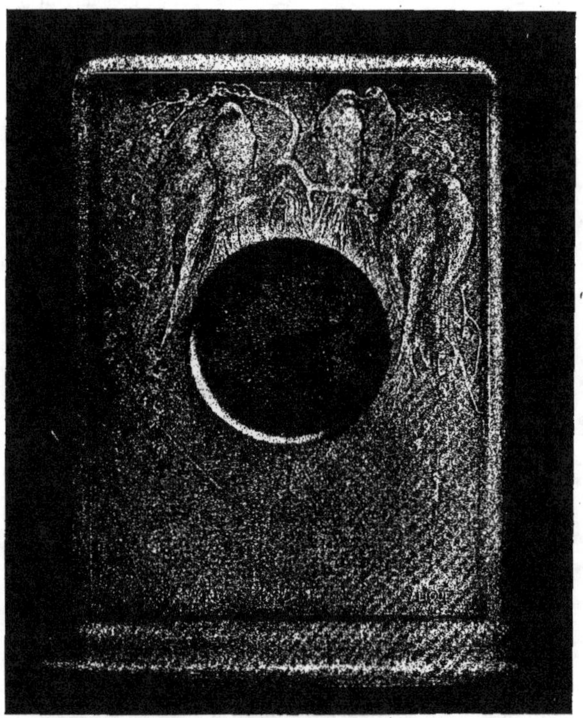

RENÉ LALIQUE. — *Pendulette* (verre).

grille en fer, fut-elle signée René Lalique et Émile Robert (nous l'avons précédemment critiquée), ne nous donne qu'une satisfaction de curiosité sur laquelle nous ne reviendrons que pour en souligner la fragilité peu rassurante à l'égard des heurts fatalement réservés à une grille transformée en vitrage !

Mais passons... cette œuvre d'art est conservée dans un musée, aux Arts Décoratifs.

Notre xviiie siècle ne se fut jamais risqué à orner de plaques de porcelaine des chaises et autres meubles volants, il réserva cette riche décoration à des consoles et à des cabinets.

En revanche, dans une buire, dans un calice ou dans quelque autre pièce d'orfèvrerie, le verre cloisonné, des émaux translucides semblent en judicieuse situation, étant donné que la richesse ne messied jamais à l'objet rare, éloigné de la fatigue.

Aussi bien, pour parler une dernière fois de la grille de Émile Robert et de M. R. Lalique, la matière du verre, non utilisée en propre puisqu'elle n'est point transparente et que sa translucidité n'offre aucun intérêt en dehors du

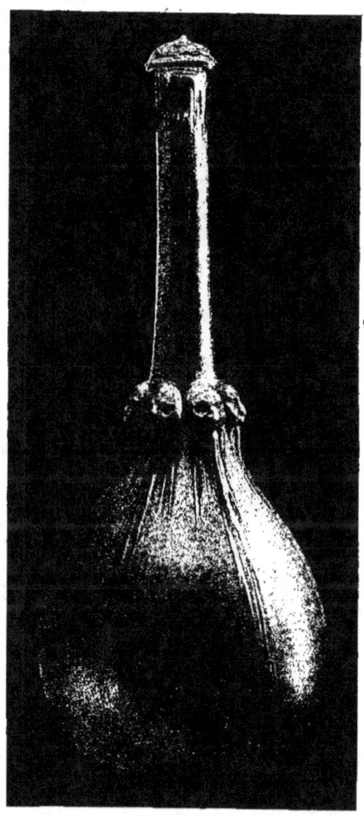

RENÉ LALIQUE. — *Carafe* (verre).

contraste, cherché ou non, de la fragilité et de la force, nous
étonne plutôt qu'elle ne nous charme. Il en est de même de tant
de vases dont la gravure des verres à plusieurs couches, dont les reflets

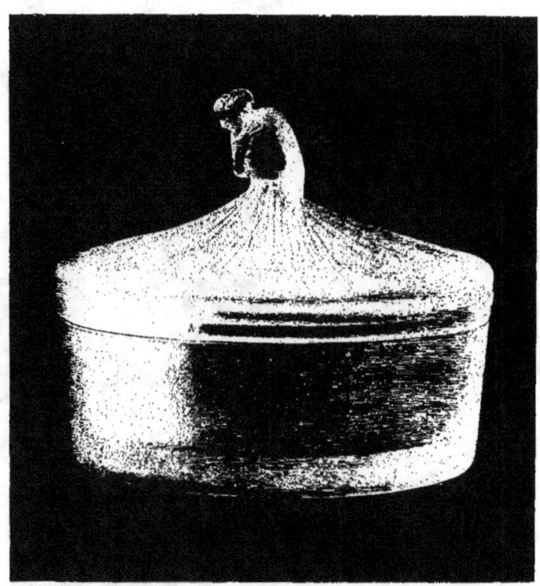

RENÉ LALIQUE. — *Boîte à poudre* (verre).

et les décors, exagérément prodigués, réalisent une opacité singulière.
Les lustres renversés, d'où la lumière sourd à peine, ne sont pas moins
une erreur ; il ne faut pas confondre la lumière discrète avec les ténèbres,
fussent-elles obtenues par les moyens les plus subtils !

L'aberration d'un vitrail aux verres opaques ou bien obstruant un beau paysage, s'ajoute aux précédentes, avec un miroir où l'on ne peut se mirer, tant la gravure prétend, décorativement, empiéter sur le verre...

Une exception peut être faite néanmoins en faveur de la laque associée au fer, dans un paravent par exemple, parce que la délicatesse de la laque n'est point cassante et que le fer lui offre le contraste, l'armure de son cadre.

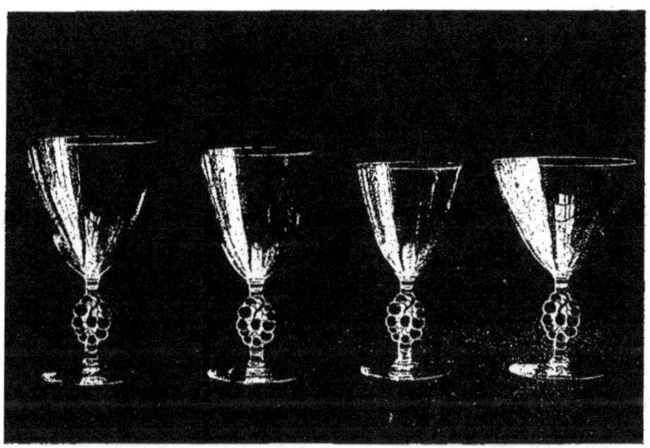

RENÉ LALIQUE. — *Service de table.*

Ce besoin de contraste, précisément, ne motive-t-il pas la double maîtrise d'un Jean Dunand sacrifiant aussi heureusement à la matière câline de la laque qu'à la rudesse du métal? Se reposant de l'effort dans la grâce?

Mais c'est contre les hérésies que l'artiste moderne, le verrier en l'occurrence, s'est élevé; il a soigneusement écarté l'originalité intempestive et, s'il a pu parfois se tromper, son audace du moins s'est-elle affirmée toujours digne d'être discutée. D'autre part, le verrier moderne, s'il a sacrifié fatalement à la pièce rare, s'est appliqué aussi, avec succès, à varier la beauté de l'objet usuel. Tâche la plus malaisée qu'il fût, à travers l'expérience inventive des siècles ! Il n'empêche que, dans le service de table notamment, il a réussi des formes, décorées ou non, d'une personnalité qui n'exclut jamais l'essentielle commodité.

L'appareillage électrique, la lumière nouvelle guettait d'autre part l'ingéniosité du verrier moderne qui sait non seulement jouer avec elle, mais encore la dispenser, sobre ou violente, avec un caprice et un art supérieurs. Vases, surtouts lumineux, prodiguant au ras de la table leurs rayons caressants en accord avec ceux qui tombent du lustre ; corbeilles et fruits éclairant juste assez pour contribuer au luxe de l'argenterie, à la blancheur d'une nappe.

Candélabres, girandoles, lustres à cristaux, où les crosses de plumes et les aigrettes, où les fleurs et les fruits, parmi tant d'autres motifs inspirateurs, dirigent, en bouquets ou en guirlandes, le ruissellement de la lumière ; toutes les corolles données en modèle aux ampoules ; les tons les plus chatoyants mêlés aux harmonies les plus rutilantes ; les ingéniosités réunies, de la clarté diffuse au rayonnement intense, qui nuancent les jeux divers de la transparence, autant de problèmes réussis par nos décorateurs modernes, qu'ils s'appellent Georges Chevalier, Th. Lambert, Süe et Mare, Dufrène, etc.

La lumière ainsi, dont nos intérieurs sont dotés, spirituellement présentée et apprivoisée dans le luxe des écrans, donne à l'atmosphère vibrante de nos jours sa caractéristique la plus troublante. Il n'est pas jusqu'aux lois de la sculpture sur verre, pratiquée chez les anciens, que notre modernisme n'exhume, et ce sera le triomphe de la pâte de verre, dans la statuaire avec H. Cros, et dans l'art appliqué avec A. Dammouse et M. F. Décorchemont.

Mais, avant de poursuivre l'énumération des artistes-verriers attachés aujourd'hui à l'expression qui nous occupe, il nous apparaît juste de remonter aux devanciers.

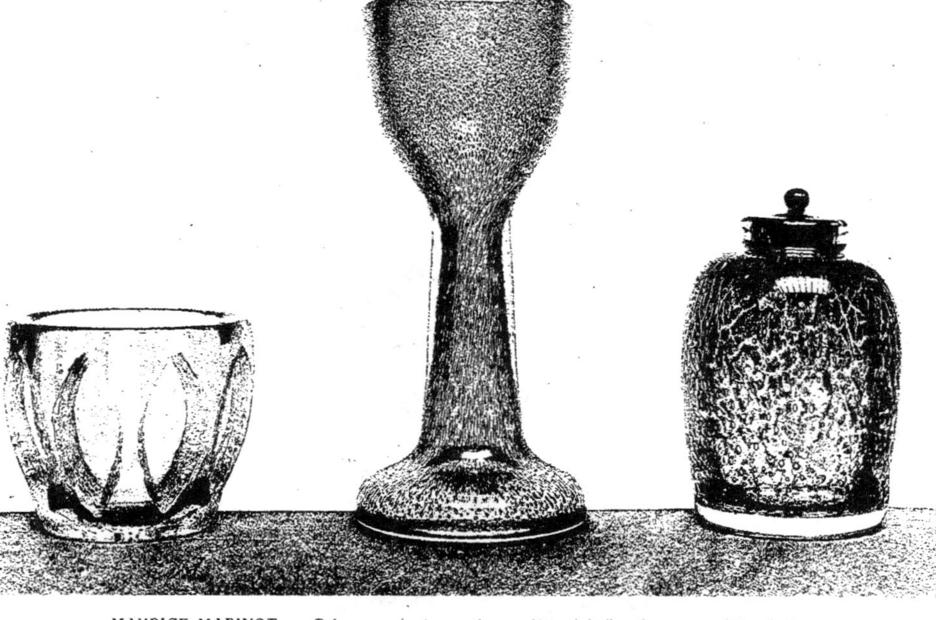

MAURICE MARINOT. — Bol, verre gravé ; grand verre bistre à bielles ; flacon verre bistre doré

Avant M. René Lalique : Émile Gallé.

« ... Dans l'industrie verrière, écrivent MM. G.-Roger Sandoz et
Jean Guiffrey, à propos de l'Exposition universelle de 1889, notre supériorité est sans conteste. C'est en vain que Venise reproduit ses anciens
modèles de vases à dauphins et ses coupes bleuâtres ou rosées, et que

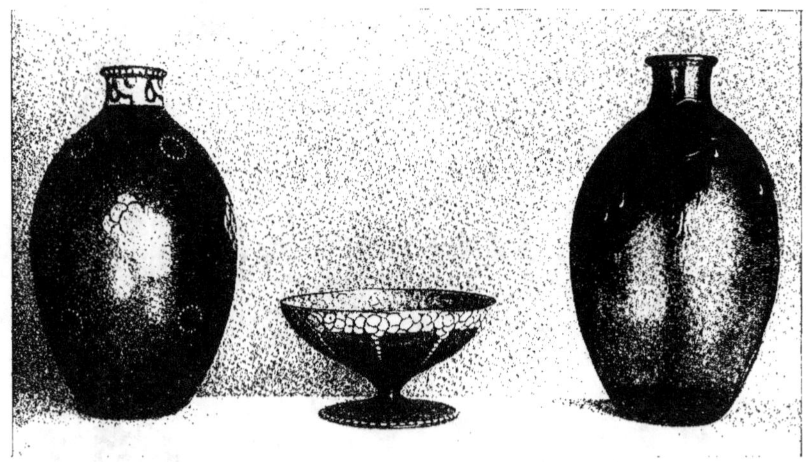

MARCEL GOUPY. — *Verreries émaillées* (Geo. Rouard, Editeur).

les manufactures de Bohême continuent à écouler leurs cristaux sem-
blables et connus. Rousseau-Léveillé a compris l'art du verrier; sans
surcharger, comme d'autres, son cristal de motifs d'or, et sans le bigarrer
au hasard, sans exiger qu'il joue le rôle du marbre, ni qu'il déguise l'aspect du laqué, de la porcelaine ou du bronze, il veut que le cristal suffise
à sa propre décoration ». Il sait « le jasper sous l'action localisée des
oxydes ou tresser un réseau d'étincelantes craquelures par une projection

d'eau froide entre deux feux ». Il excelle dans les saillies inattendues, les reliefs énergiques, les volutes capricieuses et fermes.

Mais c'est Emile Gallé qui reste ici le maître, et c'est à lui que notre verrerie doit son nouveau renom. Comme un alchimiste, il « métamorphose en pierres dures la substance vitreuse. Il sait façonner à son gré des sardoines, des onyx, simuler les fêlures des quartz, l'ambre cendré, le tachetage de l'écaille; puis l'envie l'aiguillonne d'emprisonner dans

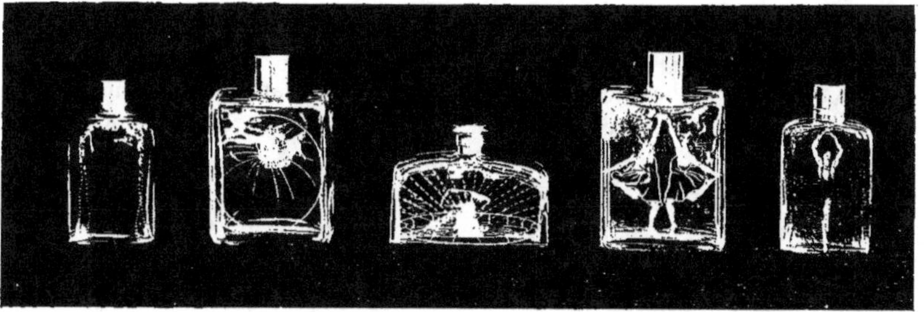

Mme CLESS-BROTHIER. -- *Flacons*, en verre gravé et émaillé (Édités par Louis Vuitton).

le cristal, le fuyant, l'insaisissable : la vapeur des nuages, le suintement des buées, l'écho assourdi des reflets, les fumées ondoyantes, les clartés lunaires ». E.-M. de Voguë l'appelle non sans raison « un Japonais né à Nancy »... « Quant aux plantes dont nous avions fini par faire une ornementation conventionnelle, il leur a rendu une personnalité, un langage, il a retrouvé les lois mystérieuses de leurs attitudes...; tout le monde des vivants y passe, les oiseaux, les poissons, les insectes, et des hommes aussi, des figures et des corps d'aujourd'hui... Après l'exacte réalité, ce sont des recompositions spirituelles, des larves d'êtres qui pourraient exister, qui luttent tragiquement pour arriver à la clarté de la vie, dans les demi-ténèbres de ses verres fumés... »

Et cependant tant d'originalité « s'accompagne d'un respect constant des lois d'appropriation, la forme ne cesse jamais de demeurer en rapport avec la convenance, et de la forme émane le décor ». Autant de lyrisme ne s'est point aujourd'hui démenti; Émile Gallé a seulement passé son flambeau à M. René Lalique qui entretient la flamme et la maintient dans tout son éclat. Les propres trouvailles de M. R. Lalique prolongent aussi notre émoi dans le sillon lumineux où, après Rousseau-Léveillé et A. Daum, autres devanciers fameux, les œuvres de MM. Habert-Dys et Henri Hamm, apportent encore leur irradiation.

Et, tandis que M. R. Lalique inspire les parfums en les enclosant dans des flacons souvent aussi délicats que des fleurs, modelant la pâte de verre avec une légèreté aérienne, alors que Gallé, en accumulant trop de beautés décoratives, contredit souvent à la diaphanéité, au détriment aussi de la simplicité de la forme et de son objet, MM. Marinot, Bonvallet, Marcel Goupy, Jean Luce, Manzana-Pissaro, Mme Cless-Brothier, Georges Chevalier, notamment, prodiguent simplement la féerie des émaux, — que MM. Porcheron et L. Jouhaud réservent à leurs coffrets et plaquettes, — à leurs verres à boire, flacons, vases et bonbonnières. Dans ces dernières œuvres, il ne s'agit plus de disputer au verre la préciosité du bijou, ni de poursuivre la voie du bibelot étonnant qu'un Brateau, qu'un Thesmar, restaurateur de l'émail translucide, ou un E. Feuillâtre avaient prodigieusement tracée, mais de décorer simplement du verre avec des éléments naturels, en laissant dominer l'éloquence essentielle de sa transparence ou de sa translucidité. Après le tour de force, il était bon que le but pratique fût servi, et dès lors, affranchie du bibelot, de la pièce unique, du chef-d'œuvre de laboratoire, souvent, la verrerie a trouvé sa métamorphose la plus séduisante, ainsi que nous avons essayé de le démontrer. Quant à l'art de l'émailleur, il serait regrettable qu'il s'inspire, décorativement, du geste de l'actualité. Il semble que notre modernisme doit s'attacher plutôt au rafraîchissement de la technique qu'à celui d'un décor dont le style, susceptible de dater, nuirait au sentiment et à la logique de sa pérennité matérielle.

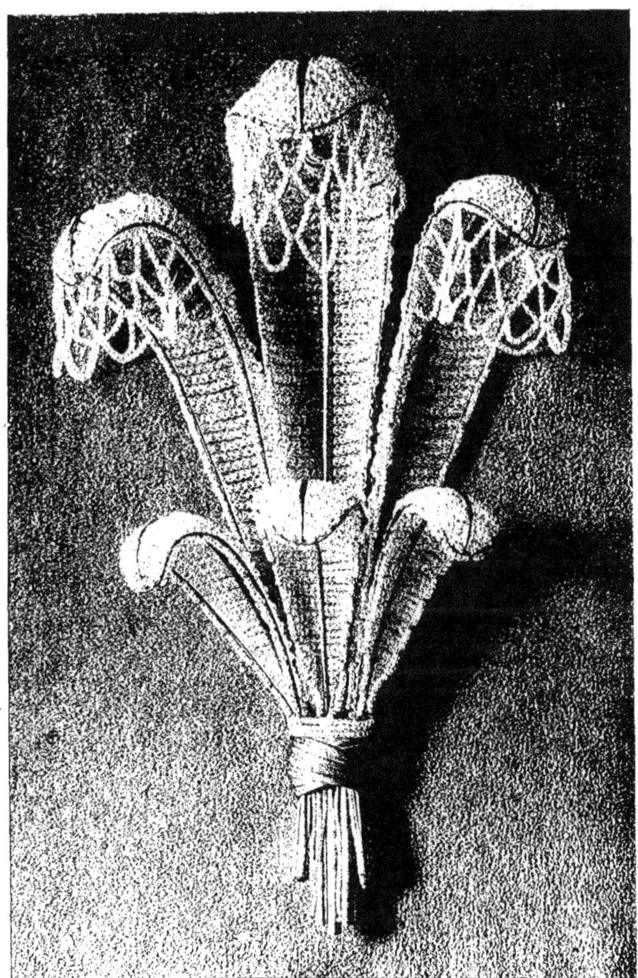

L. SUE et A MARE. — Applique en perles (Éditée par la « Compagnie des Arts Français »).

LE VITRAIL. — « L'éclat magique des vitraux, a dit E. Grasset, ne ressemble à rien d'autre, et ne saurait être remplacé par quoi que ce soit » parce que le vitrail tient des gemmes, par la vision transparente et fulgurante, alors qu'un tableau n'offre qu'une image opaque dont l'effet n'agit que par les contrastes d'une lumière figurée. La tapisserie, d'autre part, malgré son rapport avec le vitrail (moins le prestige de la lumière !), qui use de sobriétés, de « stylisations » parallèles, se sépare du tableau autant que le vitrail. En un mot, il faut, aux deux pratiques, un *carton* différent nécessité par les deux techniques diverses.

Pour nous en tenir à notre objet, Viollet-le-Duc a conté l'impression qu'il ressentit, dans son enfance, au spectacle de la rose méridionale de la cathédrale de Notre-Dame. La cathédrale était tendue de noir, et, les regards du futur architecte s'étant fixés sur les vitraux de la rose, irradiée de soleil, en même temps que les orgues se faisaient entendre, il lui sembla que c'était la rose qui chantait ! Dans son imagination, tels panneaux produisaient des sons graves, tels autres des sons aigus.

Cette illusion est typique. La féerie mouvante de la couleur, sous l'action des rayons lumineux, crée cette sensation auditive de la gamme musicale des différents tons. Voilà l'art spécial du vitrail.

On s'est logiquement élevé contre la prévention du vitrail théoriquement voué au seul édifice religieux, immobilisé dans l'église mystérieuse où le soleil ne hante que filtré et au travers d'un sujet sacré. Pourquoi, s'étonne E. Grasset, le vitrail ne contribue-t-il pas à orner toutes nos grandes salles publiques de pas-perdus, de gares, de concerts, de mairies et de beaucoup d'autres édifices où le public est obligé d'attendre passivement ?

Car le vitrail est l'art démocratique par excellence. Au contraire du tableau enfermé, visible à la fois de l'intérieur et de l'extérieur le vitrail récrée également les gens de la rue et ceux de la maison.

Certes, des essais ont été tentés avec succès dans des gares belges et allemandes, mais l'emploi ne s'est guère étendu, et les habitations

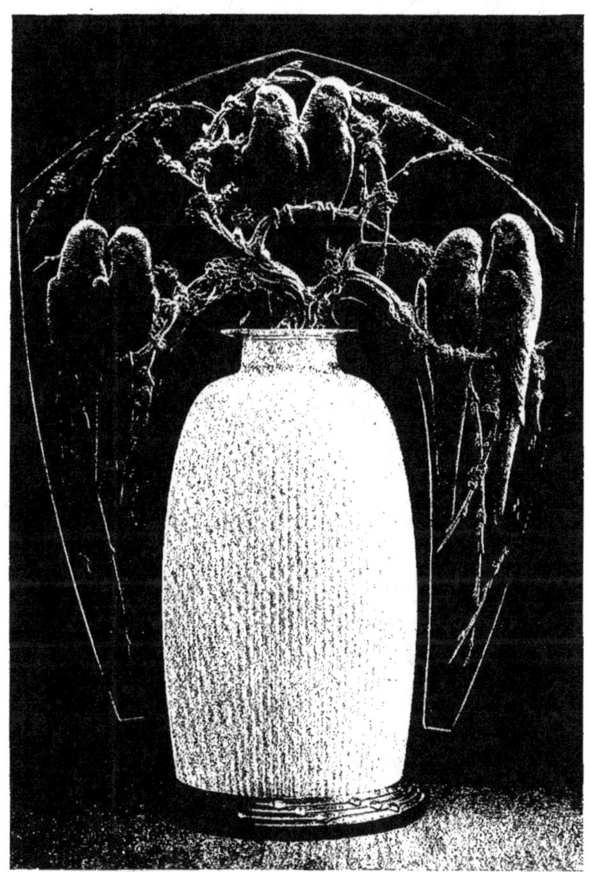

RENÉ LALIQUE. — *Grande lampe-veilleuse, «* Perruches *».*

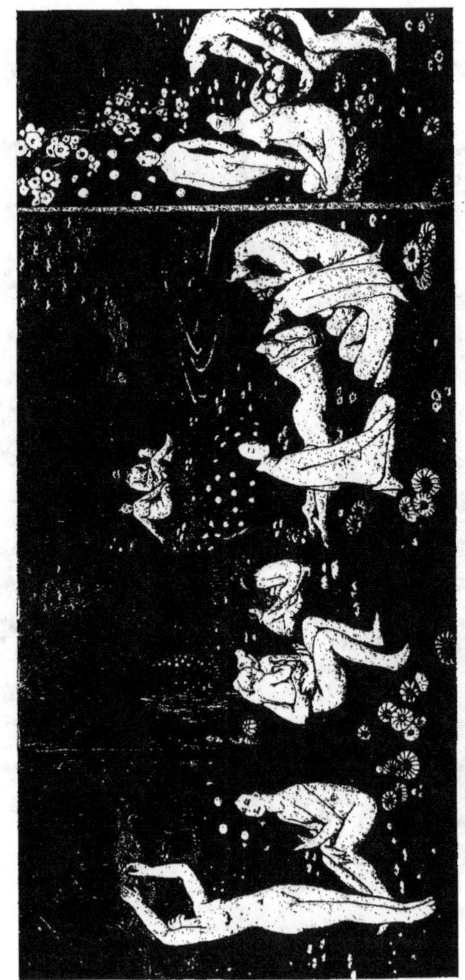

PORCHERON. — *L'Âge d'Or*, émaux pour un coffret, fragment, (harmonie : bleu, vert et or).

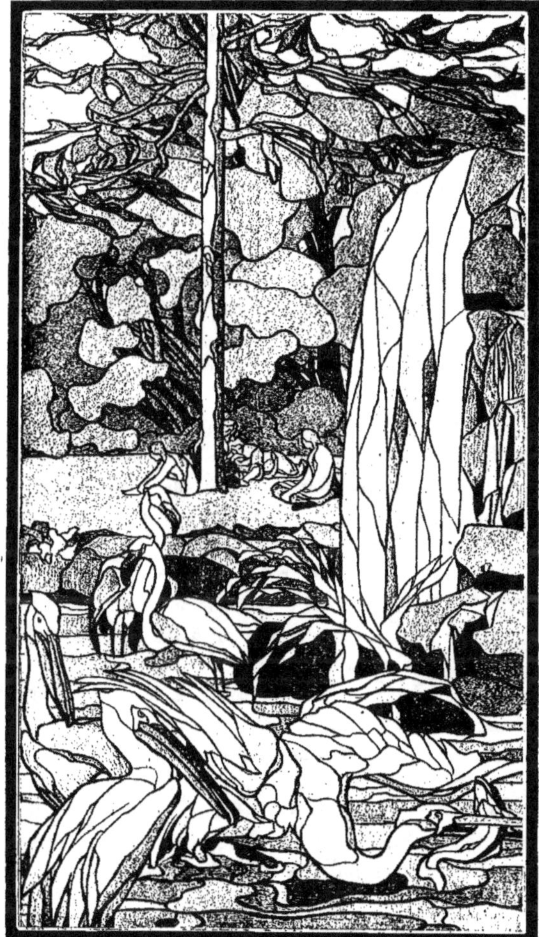

AUGUSTE MATISSE. — *Vitrail* (Hôtel de Ville de Paris).

particulières en usent plutôt avec modération. Cela tiendrait-il, par hasard, à l'idée religieuse inséparable du vitrail? Faut-il donc que le vitrail soit condamné à masquer une cour maussade ou tout autre point de vue sans intérêt? Fort heureux encore, lorsque le vitrail n'est point malencontreusement appelé à cacher un beau paysage !

Mais, l'art moderne a rompu avec la convention et, c'est par le sujet affranchi du dogme mystique qu'il prétend sortir de l'exclusive cathédrale pour la décoration profane. Toujours davantage, la ressource opulente des verres de couleur sourit à la demeure moderne, et la technique même du vitrail a réagi de nos jours contre l'altération, en remontant à la vertu des verres antiques.

On est retourné à l'audace des couleurs après leur affadissement et, pour ce qui concerne particulièrement le décor de l'habitation privée, les verres opalisés, dits « dichroïques », qui jouissent de la double propriété, aux ressources les plus étendues, de prodiguer richement la lumière blanche « sans obscurcir l'intérieur de la maison ni risquer de fausser les tons des étoffes », s'adressent exactement à elle.

« ... On comprend, précise Lucien Magne *(Décor sur verre)*, que l'opalisation ait suggéré aux peintres verriers modernes l'idée d'utiliser le verre à la fois comme matière translucide et comme matière réfléchissant la lumière. On pouvait éviter ainsi l'aspect grisâtre que prend à l'extérieur le vitrail dans son réseau de plomb. »

Et, cette double destination du vitrail, à deux faces, l'une pour le jour, par réflexion, l'autre par transparence, conduisit les novateurs à des moulages sur verre dits « américains » (1), parce que l'Américain Louis Tiffany, avait eu l'idée (vers 1900) de ces « irisations opalines ou mates, de ces colorations fuyantes simulant le frisson ocellé d'un plumage de paon, les nuages en fuite ou le reflet des eaux argentées » et qu'il employa les mêmes procédés pour le vitrail et obtint « une opu-

---

(1) E. Grasset, cependant, a signalé que les verres américains avaient été inventés par deux ouvriers français de Baccarat fixés à Brooklyn.

lence de coloris que rehaussaient encore les plissements et les froisse-
ments de la pâte. Le dessin s'exprimant et se figurant par les sertis-
sures du plomb ou les accidents de la pâte... »

Néanmoins, cette présentation nouvelle tendait à substituer à l'intérêt essentiel de la matière, une curiosité parasitaire, malgré qu'il faille,

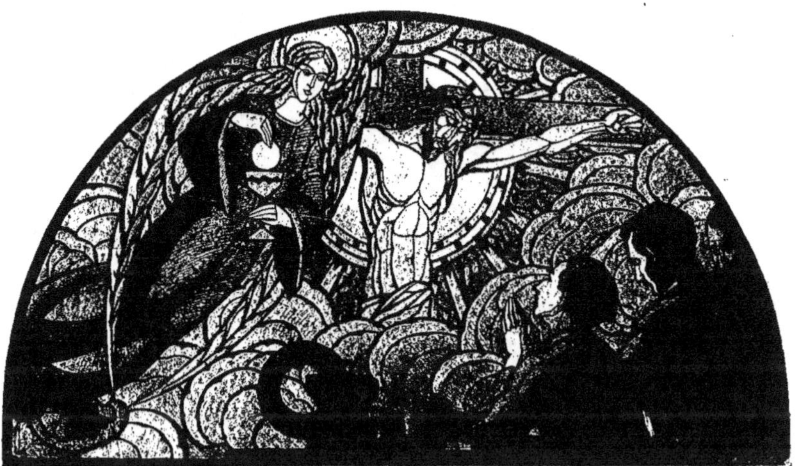

Photo. Bernès, Marouteau et Cie.

JACQUES GRUBER. — *Vitrail.*

en dépit de quelques défauts d'ordre pratique, retenir certains de ses
apports de luminosité en vue d'adaptations spéciales et fantaisistes.

Passe encore pour les objets destinés à l'intérieur, les écrans notamment, et les lustres (le vitrail s'harmonise parfaitement avec la ferronnerie) qui varient leur effet diurne sous la lumière artificielle ou à la
faveur d'un foyer ardent, mais, la conception idéale du vitrail, en dehors
des jeux du ciel, semble bien avoir atteint ici son maximum d'expression logique.

Nous savons d'ailleurs combien l'art moderne hait l'artifice de la matière ainsi que sa non rigoureuse adaptation, le faux vitrail fut donc naturellement l'objet de toutes ses rigueurs. Depuis la basse vitrauphanie, en passant même par un subterfuge d'ordre plus artistique qui consistait à user d'émaux, et les couleurs vitrifiables à chaud (voire de vernis à froid) répandues sur le verre et juxtaposées sans le secours du plomb, ou avec du papier simulant le plomb, jusqu'aux vernis décolorés qui prétendirent à l'aide de peignes appropriés, aux stries, au vermiculé et autres décors diaphanes exprimés par le verre cuit, l'ostracisme artistique moderne s'exerça légitimement, se rencontrant d'ailleurs, avec le strict bon goût dans la vérité.

Mais nous reviendrons à l'art après la grimace.

La technique du vitrail répond à des lois formelles. Nous avons dit la nécessité d'un carton spécial, c'est-à-dire d'un dessin envisageant à l'avance l'agrément harmonieux des verres de couleur en transparence, une mosaïque de verres colorés dont l'extrême importance doit être soulignée « indépendamment de toute signification figurée ».

La maquette en couleur succède donc au carton, avant d'aborder la réalisation du vitrail. Elle doit calculer, en même temps que les diverses aptitudes du verre à être traversé par la lumière et la manière dont elle le fait briller, les contrastes favorables des couleurs pour s'exalter entre elles, et la solidité des portées du verre qui sera découpé pour être enchâssé dans du plomb. D'autre part, l'échelle des personnages, ou du sujet quel qu'il soit, devra l'inquiéter vis-à-vis de son emplacement dans l'édifice, en tenant compte qu'une couleur perd de son intensité en transparence, suivant aussi la distance à laquelle elle figure. Au surplus, E. Grasset estimait que les verres à vitraux dont l'industrie moderne, disait-il, prise la régularité au-dessus de tout, sont inférieurs comme vivacité de ton aux verres irréguliers, et il a notamment pris pour exemple de cette opinion, la supériorité du verre rouge des XIIe et XIIIe siècles sur les verres uniformes. Le choix du verre

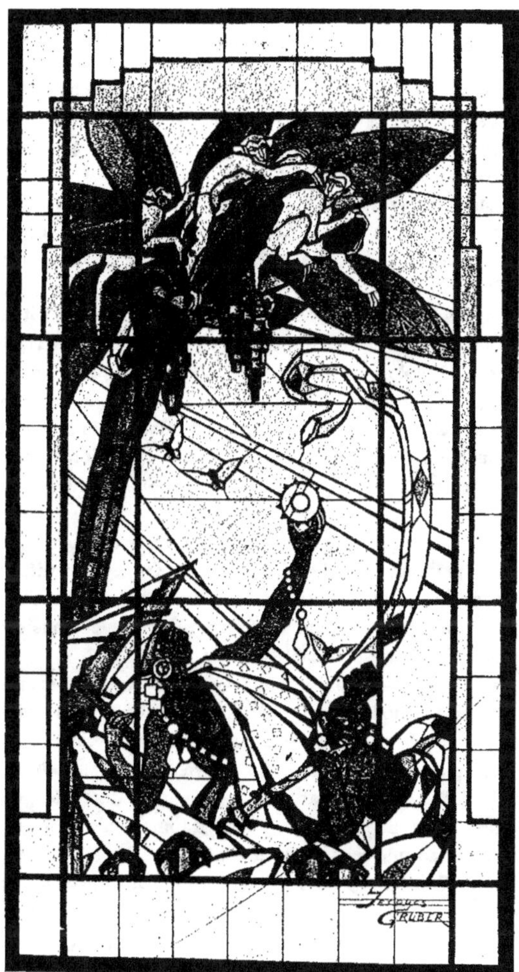

JACQUES GRUBER. — *L'Exotisme*, vitrail.

s'augmente donc d'une difficulté d'appréciation et de choix, et le carton faillirait, par surcroît, s'il ne prévoyait le découpage des pièces de verre conformément à l'harmonie de son dessin dont le trait peut être plus ou moins heureusement divisé et raccordé.

En notant très sommairement les opérations techniques qui suivent, nous voyons ensuite le carton découpé en autant de morceaux que les couleurs en nécessitent, et puis le découpage du verre de couleur à l'aide des morceaux du carton, dits *calibres*.

Nous avons dit que l'artiste verrier moderne (nous citerons, plus près de nous, de notables exceptions) était retourné aux verres antiques, c'est-à-dire à l'emploi de *verres colorés dans la masse* (dans toute leur épaisseur) (1). Ces verres irréguliers, que Grasset jugeait supérieurs à ceux qui sont peints (verre *plaqué*, coloré seulement à la surface). Le verre plaqué, sous l'action de l'acide fluorhydrique, se décolore, devenant ainsi plus ou moins transparent, suivant la gamme des tons, du sombre au clair.

Ce n'est que lorsque l'assemblage des verres est terminé que l'artiste reproduit au pinceau, avec des émaux dits *grisailles*, les traits et modelés du carton, et, après cuisson, les verres alors provisoirement réunis, sont mis en plomb (enchâssés), puis enfin disposés en place dans des ferrures qui assurent la solidité des panneaux du vitrail.

De nos jours, il faut rendre hommage à la beauté des vitraux inspirés de l'art décoratif moderne et conçus non seulement suivant la fière technique du passé à laquelle la noblesse de notre expression se devait de recourir, mais encore selon des moyens originaux. Aux côtés de E. Grasset, MM. Albert Besnard, H.-L. Magne et Marcel Magne, Georges Desvallières, Pierre Selmersheim, Henri Rapin, Toulouse-Lautrec, Maurice Denis, ont affirmé leur maîtrise ainsi que MM. A. Matisse, Jacques Gruber, Louis Barillet et Francis Chigot, soit comme peintres de cartons,

---

(1) Le rouge seul à notre époque, ne se fait pas autrement que plaqué.

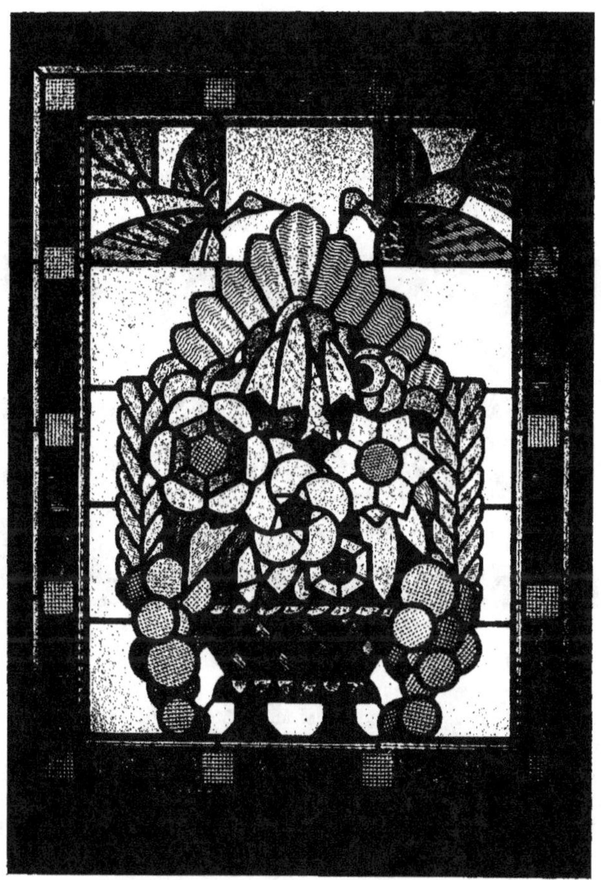

LOUIS BARILLET. — *Vitrail.*

soit comme peintres et verriers, avec un F. Gaudin, parmi tant d'autres excellents industriels exécutants.

Caractéristiques modernes originales : Judicieusement, M. Auguste Matisse utilisera de grandes surfaces de verre simple coloré, se suffisant de leur richesse qui n'emprunte ni à la peinture ni à la vitrification, ces dégénérescences. Il prétend et prouve que le peintre-verrier « abîme » le verre, réclamant ainsi sa suppression.

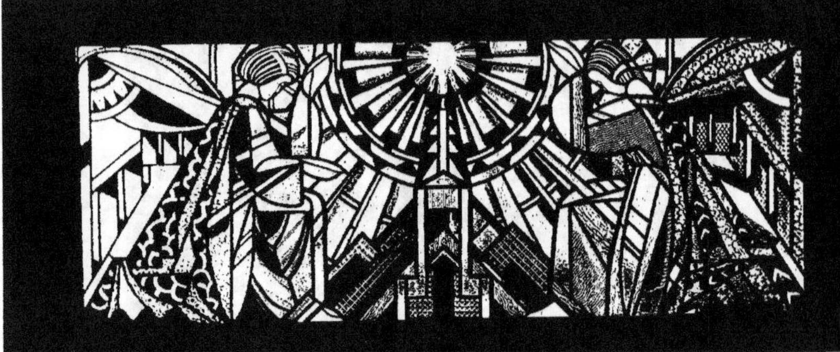

LOUIS BARILLET. — *Vitrail.*

Les anciens employaient des petits verres parce qu'ils n'en connaissaient point d'autres, voici pourquoi M. A. Matisse use des grand verres en vue d'effets nouveaux.

M. Jacques Gruber, lui, demande aux verres taillés et superposés, à des cabochons, leur miracle inédit, puissant et hardi. Quant à M. Louis Barillet (assisté de ses collaborateurs MM. J. Le Chevallier et Th. Hansen), il tire des verres imprimés un parti non moins neuf, ainsi que M. Francis Chigot, avec des verres américains notamment.

La mosaïque. — L'art de la mosaïque succède naturellement à celui du verre, en solidarité avec la substance vitreuse. Mais il n'apparaît pas que la peinture, à l'aide de pierres, de morceaux de verre ou d'émail

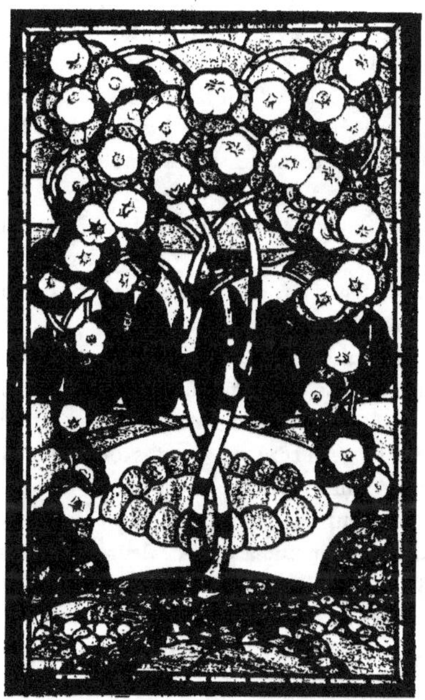

FRANCIS CHIGOT. — *L'Arbre en fleurs*, vitrail.

diversement colorés, ait été appréciée à sa valeur par le décorateur moderne, si toutefois l'hygiéniste, qui double l'architecte d'aujourd'hui, ne s'était adressé à cette matière pour sa propreté facile à entretenir...

L'intérêt artistique de la mosaïque, dont la couleur suffit à la forme en donnant par soi-même le relief; la mosaïque qui épouse la ligne, se fondant avec elle sans jamais indiquer des décrochements où la pureté de la ligne s'altérerait; la mosaïque porterait-elle tout le poids de sa beauté séculaire redoutable à rénover, depuis l'art byzantin? Aussi bien, la mosaïque partage-t-elle, avec le vitrail, la responsabilité de son adaptation quasi-restrictive à l'édifice religieux? Cette classification décorative de la mosaïque et du vitrail inséparables du caractère divin, contredit, en vérité, à la logique comme à l'audace de nos créations présentes.

Toujours est-il que, dans ses rares applications à l'esthétique, la matière qui nous occupe, en dépit de sa résistance aux intempéries, si favorable malgré l'attrait de sa luminosité solide qui incarne le tableau incrusté dans le mur, s'en est tenue principalement à l'ornementation intérieure, et encore plutôt à des dessins d'ordre commercial bornés au vestibule et au dallage.

Point de vasques ni de fontaines; point de piscines ni de façades en plein air. A quand l'essor de la mosaïque civile, descendue de son socle consacré et vulgarisée dans le décor de la vie domestique?

Sans parler de la garniture des voûtes de l'avant-foyer de l'Opéra, témoin du premier renouveau de la mosaïque séculaire, non plus que du tombeau de Pasteur, au Panthéon, dont les superbes cartons de L.-O. Merson, n'arrivent point à être de leur temps (non plus que ceux de E. Grasset, d'une tenue moderne particulièrement remarquable, pour une église récente de Briare; les premiers figurant dans une architecture singulièrement romano-byzantine, les seconds s'apparentant non moins illogiquement à un style du XIIIᵉ siècle), en taisant le hideux monument Rougevin, à l'École des Beaux-Arts de Paris, et sans insister sur les décorations, encore mosaïquées, du musée du Luxembourg (façade sur le Jardin), — si près et si loin de nous, — nous ne voyons guère à citer que les remarquables œuvres, harmonisées avec l'architecture, d'un Lucien Magne.

Les églises de Bougival, de Nantilly, à Saumur (sans oublier la basilique du Sacré-Cœur, de Paris), témoignent d'un emploi de la mosaïque aussi judicieusement technique qu'artistique. Au surplus, Lucien Magne restaura là l'incrustation de la mosaïque dans le marbre, récupérant ainsi à l'effet, une mâle richesse. A quand l'extension de cette ressource des émaux associés au marbre, en réaction contre la technique incomprise de la mosaïque actuelle ! Ces émaux enclos dans le marbre comme à Ravenne où des ouvriers grecs, de même qu'à Venise, dispensaient au revêtement une si robuste magnificence ! Ces émaux incarnés au marbre qui exprimaient les valeurs sombres tandis que le marbre chantait les valeurs claires ! A Ravenne, la pénétration des ors dans la couleur réalisant la force et, à Venise, le parti des arabesques sur des fonds d'or, figurant la grâce !

Et, cette opulence décorative se rencontre sur une plage à la mode, ultra-moderne, à Deauville, avec un essai tout récent de cabines et de piscine en ciment embelli par des mosaïques, des plus réussis.

Face à la mer, la matière indélébile, de toute la vigueur de sa couleur chantante, défie l'air salin et les embruns, s'harmonisant en somme avec le caprice des saisons, sans défaillir ni au froid ni à la chaleur.

Néanmoins, la mosaïque, ressortissant plutôt encore à l'architecture ornementale qu'à la peinture, n'est point sortie aujourd'hui, autant qu'il serait désirable, de sa torpeur, et, curieusement en revanche, on constate la résurrection mieux accueillie, de la fresque antique.

M. A. Bourdelle, statuaire moderne émérite, fresquiste occasionnel, mais artiste toujours captivant, M. Marcel Lenoir, peintre rénovateur des plus lointaines pratiques de décor, ont été notamment, sollicités par l'architecture actuelle avec un succès que la mosaïque n'a point encore rencontré, sans doute aussi parce qu'elle faillissait au somptueux métier du passé.

Du ciment à la pierre, il n'y a qu'un pas, mais il nous entraînerait hors les limites de notre cadre. Et pourtant, comment ne pas saluer au passage les chapiteaux du Sacré-Cœur, par exemple, où M. Pierre Séguin, décorateur-ornemaniste, a renouvelé avec un talent si sensible la technique de la pierre détaillée en beauté !

En cette fin s'inscrit aussi l'intérêt des bas-reliefs en pierre peinte et des applications céramiques. Soit que le grès alterne avec la brique et la brique vernie avec la brique mate, aux diverses couleurs, encore ; soit que des carreaux céramiques de couleurs (comme pour la frise extérieure du Grand Palais) avantagent la sculpture en manière de peinture.

Il semble que nous devons, toujours plus, aux matériaux de remplacement, comme le ciment vis-à-vis de la pierre auguste, le sourire des accessoires rédempteurs.

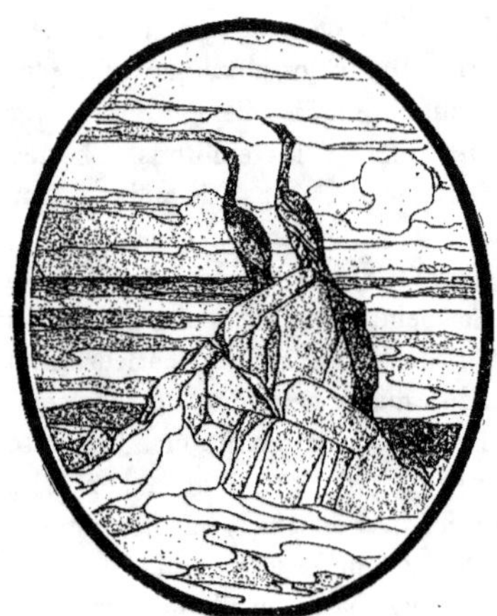

AUGUSTE MATISSE. — *Les Cormorans*, vitrail.

LA DENTELLE, LA BRODERIE, DAMAS ET DAMASSÉS, LAMPAS, VELOURS, SOIE; LA ROBE, ETC.

CHAPITRE IV

La Dentelle, la Broderie, les Tissus; la Robe, etc.

LA DENTELLE. — Les diverses matières utilisées par l'art offrent une texture différemment inspiratrice pour des buts d'utilité variables, qui vont de la robustesse à la solidité, jusqu'à la fragilité, la rigidité et la souplesse. Entre les mains de l'artiste, les diverses matières parlent non seulement d'utilité, mais aussi d'idéal et de frivolité.

La dentelle et la broderie relèvent de cette dernière catégorie que la Mode, impératrice du Goût, a néanmoins ordonnée nécessaire, à l'instigation de la coquetterie chargée de flatter la grâce féminine avec des atours essentiels.

L'art dit « appliqué » ne saurait davantage se désintéresser de la toilette, ornement vivant d'ordre esthétique, que du tableau « utile », non plus « de chevalet » mais « décoratif », convié comme tel à accompagner l'architecture intérieure.

Le Tableau, que d'ailleurs rejettent les murs nus de l'habitation moderne, se tourne aujourd'hui vers les réalisations pratiques de la tapisserie, du vitrail, et, si notre heure est particulièrement sévère à l'égard du pur Tableau, il ne s'ensuit point que le génie du peintre, de même que celui du statuaire non objectivement voué à des réalisations

pratiques (sculpture et décoration du bâtiment), doive être méconnu !
Fort heureusement, le chef-d'œuvre réconcilie l'art dans le beau, d'où
qu'il vienne, sans souci des classifications théoriques riches en enthou-
siasmes comme en ostracismes suivant la mode. Il fut un temps où des
illustrateurs de génie connurent le mépris des peintres, même médiocres;
il fut un temps où il y avait excessivement des arts *mineurs*, la roue
tourne aujourd'hui. C'est la vengeance d'hier, jusqu'à ce qu'une mise
au point équitable intervienne, qui ne perdra jamais de vue le désintéressement comme la qualité d'idéal et de fiertép e l'œuvre.

Ces considérations ne nous éloignent point de notre objet, elles équi-
librent, au contraire, le contraste de la gravité avec la légèreté de la
matière que nous allons célébrer.

Nous avons vu Quentin Metzys délasser son génie en donnant le
dessin d'une garniture de puits en ferronnerie, et nous allons voir des
artistes encore, secouer la passivité des dessinateurs de dentelle proprement dits.

Des créateurs de modèles nouveaux s'imposaient pour rompre avec la
morne copie des poncifs. La dentelle (de même que la broderie) ne devait
guère se renouveler que par le dessin.

Il importait, d'autre part, de lutter contre un machinisme mal dirigé
ou fallacieux qui tendait à rabaisser la qualité de ces réseaux, délicats
jusqu'à l'impalpabilité, qu'il fallait encore remettre en vogue à force de
beauté.

Il en est de la dentelle et de la broderie comme du bijou. Égales au
bijou devant la préciosité, à cause du talent des fées qui s'y emploient
avec cette longue patience qui tient du génie, ces matières offrent le
double attrait de s'adapter autant à la toilette féminine... et sacerdotale,
qu'au décor d'ameublement. Et, dans ce dernier cas, la dentelle troque
contre la solidité, sa ténuité, adoptant encore, pour satisfaire au service
de la lingerie domestique, des expressions de résistance intermédiaires.

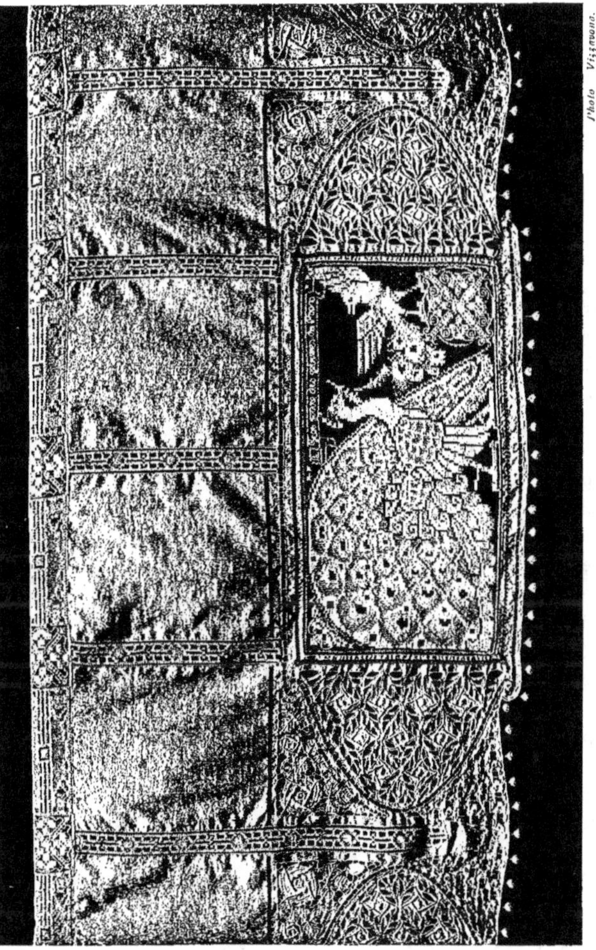

J. COUDYSER. — Bandeau en dentelle.

De même que le vitrail et la tapisserie, la dentelle réclame un dessin spécial. La technique toujours commande.

M. Auguste Lefébure, à propos de notre objet, a précisé de la sorte les devoirs associés de l'art, du métier et du but : « ... La décoration et la technique doivent être toujours d'accord avec la destination. Une dentelle pour lingerie sera légère et floue, d'une sobriété voulue et cherchée ; une dentelle pour robe peut comporter toutes les fantaisies, atteindre toutes les richesses, à condition de ne pas être confondue avec une dentelle pour ameublement ou pour église. Encore n'oublions pas que la dentelle est toujours un ornement d'accompagnement, qui souligne, qui met en valeur et qui est destinée à maints objets souvent imprévus... »

Effectivement, l'éventail notamment, se rencontre harmonieusement dans l'impalpabilité avec la dentelle ; il l'orne à ravir, et l'on peut dire que tous les décors et formes gracieux la sollicitent comme complément, avec le mystère, soit que la dentelle tamise la lumière ou exalte le secret. Il s'ensuit que le symbole hante la technique de la dentelle, en accusant les difficultés de la bien réussir.

Du côté du dessin, il faut que le respect de l'échelle et du relief soit nettement envisagé. Les ajours étant balancés avec les masses, dans une composition aussi raisonnée pour l'effet qu'au point de vue de la solidité des réseaux et des points. Un dessin spécial convenant à chaque point ; la destination de la dentelle, à la lingerie ou à l'ameublement devant, pour ce qui concerne cette dernière, envisager une exécution permettant de la laver, de la blanchir, de la repasser et de l'apprêter souvent.

« Une dentelle destinée à être portée froncée ne se dessinera pas comme une dentelle qui sera toujours employée à plat », et la fermeté du trait accusera toujours la pensée du dessinateur, afin que l'exécution ne soit jamais surprise ni confiée au hasard.

Toute fantaisie est laissée au motif, pourvu que celui-ci se répète harmonieusement et que ses raccords soient souples et francs, pourvu

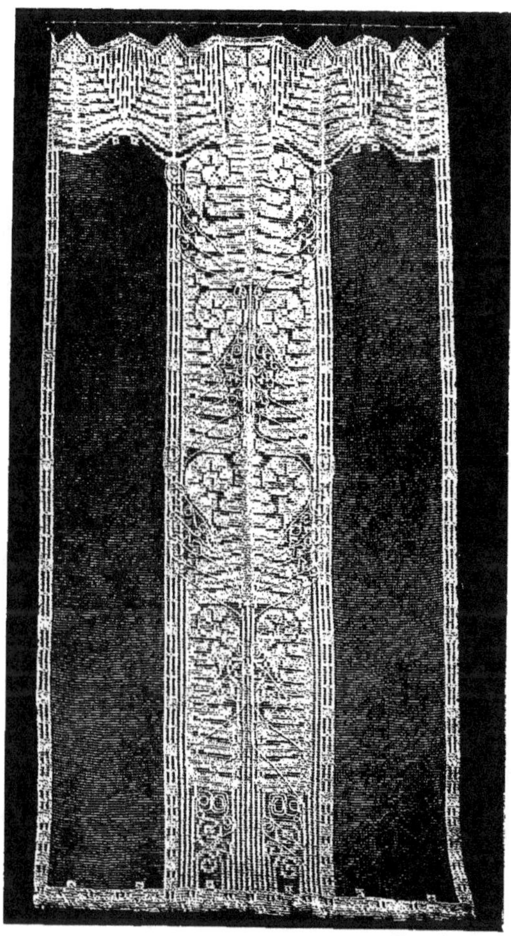

J. COUDYSER. — *Rideau en tulle et dentelle.*

que l'idée de richesse s'accorde avec l'esprit de la matière, non dans un décor touffu et surchargé, mais dans l'éclat, dans la virtuosité ou dans la sobriété de lignes savantes.

Notre art moderne a soigneusement banni les modèles de style ancien, puisqu'il prétend avec raison à un style propre, et néanmoins nos décors fleuris, revenus à la nature et rafraîchis par son inspiration, doivent éviter de dater. L'originalité d'un bijou comme celle d'une dentelle, ne saurait être excessive; ils ne sauraient marquer. Ne point se pénétrer de ces principes qui commandent la prudence imaginative, serait condamner la monture d'une bague, par exemple, vis-à-vis de la mode, avec une rapidité singulière. Le style n'est pas la mode; le style représente la cristallisation d'une esthétique, la mode n'est qu'un caprice incohérent. Et si l'on songe que la dentelle, sous le joug éberlué de la mode, tantôt envahit le costume et l'ameublement, tantôt l'un ou l'autre ou bien en est totalement proscrite, encore faut-il qu'au sortir des armoires où sa beauté attendit des jours favorables, elle ne soit point démodée en ce qui concerne le décor ! La dentelle transmet sa préciosité de famille en famille; sa solidité est solidaire de sa beauté, et cette beauté, en dehors de la technique des points qui ne faillit jamais et ne doit jamais souffrir du dessin qu'elle traduit, est affirmée par la vertu du dessin impassiblement beau devant les modes contradictoires et à travers les temps.

Or, ce sont les décors synthétiques, tempérés, qui réussissent le mieux dans la dentelle. On pourrait dire dans toutes les matières qui, décorativement, comportent un sujet. Les styles vivent de synthèse et les modes d'originalité, et ce sont les originalités successives, apprivoisées, réfléchies, qui, au bout de leur course, réalisent la synthèse.

On ne débute guère par une synthèse, on y aboutit. Voici pourquoi le mot « stylisation » est présomptueux et choquant.

Mais nos meilleurs artistes modernes n'ignorent point ces écueils et ils les franchissent techniquement et artistiquement. La mode des den-

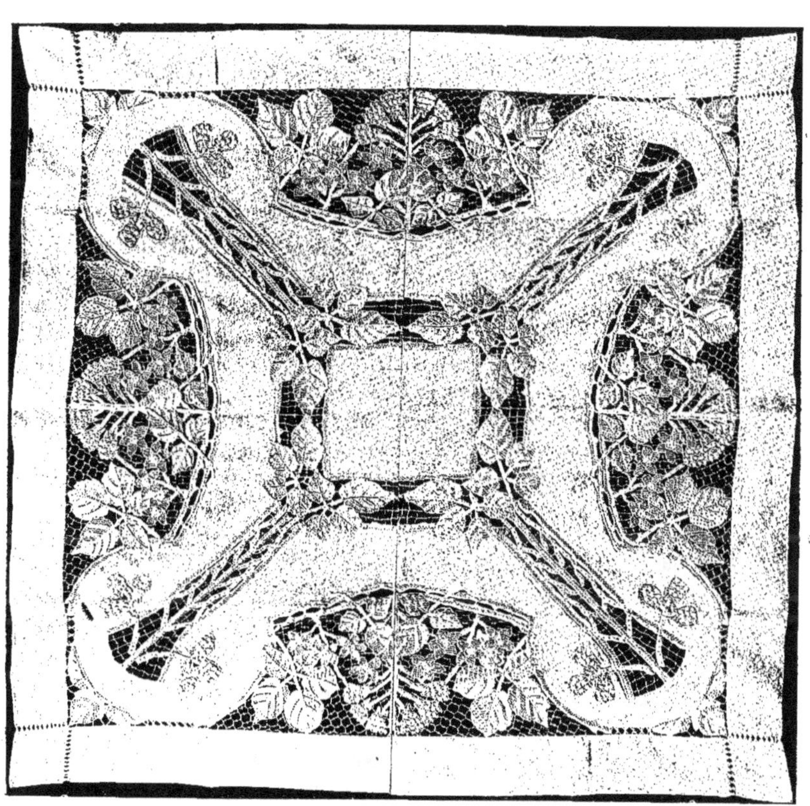

Mlle MADELEINE BUNOUST. — *Napperon en dentelle.*

telles de couleur, d'autre part, a violé le concept ancestral borné au blanc
et au noir (ces deux couleurs tranchées avaient, il est vrai, l'avantage
de s'assortir avec moins de risques aux divers tissus), et cette fantaisie
ne concourut pas moins à l'occasion de nouveauté guettée par nos décorateurs, en dehors de celle du dessin. Dans l'ameublement, d'autres
prétextes à d'autres ingéniosités ont surgi et surgiront. En bousculant
les routines, en renversant les acceptions courantes ou banales, on
risque toujours de découvrir, et le style d'une époque résulte dans le
recul des années, du mouvement des idées, des habitudes et des mœurs
sinon chavirées, du moins déplacées.

Dentelles d'or, de coton, de fil ou de soie; dentelles de filet, au crochet,
macramé, nul ne saurait prévoir votre destin, sans bornes, à condition
que toujours vous demeuriez fidèles à la tradition de votre richesse et
de votre beauté et que vous renonciez à vivre du passé, sur ses ruines,
où l'artiste moderne a fait pousser de nouvelles fleurs.

« ... Tout l'art de la dentellière, estime parfaitement M. A. Lefébure,
repose dans des tours de main qui sont son orgueil et sa fierté, et tous
ses secrets résident dans ses tours de main. Ils sont spéciaux à chaque
catégorie d'ouvrières, spéciaux à chaque espèce de dentelles, spéciaux
aussi à chaque contrée, à chaque pays, à chaque département et souvent
à certaines localités... » L'habileté de l'exécution est tout; elle ne laisse
aucune place à l'interprétation, constate encore l'excellent industriel
à qui nous empruntons, car si chaque ouvrière ajoutait sa fantaisie ou
interprétait à son choix l'ouvrage, l'œuvre n'aurait plus aucun ensemble.

Mais cette superbe inertie, si elle commande un accord étroit
entre le métier et l'art, doit encore ordonner l'obéissance. La main qui
exécute ne saurait s'insurger ni même s'étonner des hardiesses nouvelles. En principe les techniques ne sont jamais définitives, et qui sait
si, demain, sous l'impulsion d'une ingéniosité inédite, les fins réseaux
que nous admirons, actuellement imperturbables en leur grâce séculaire, ne varieront point leur travail?

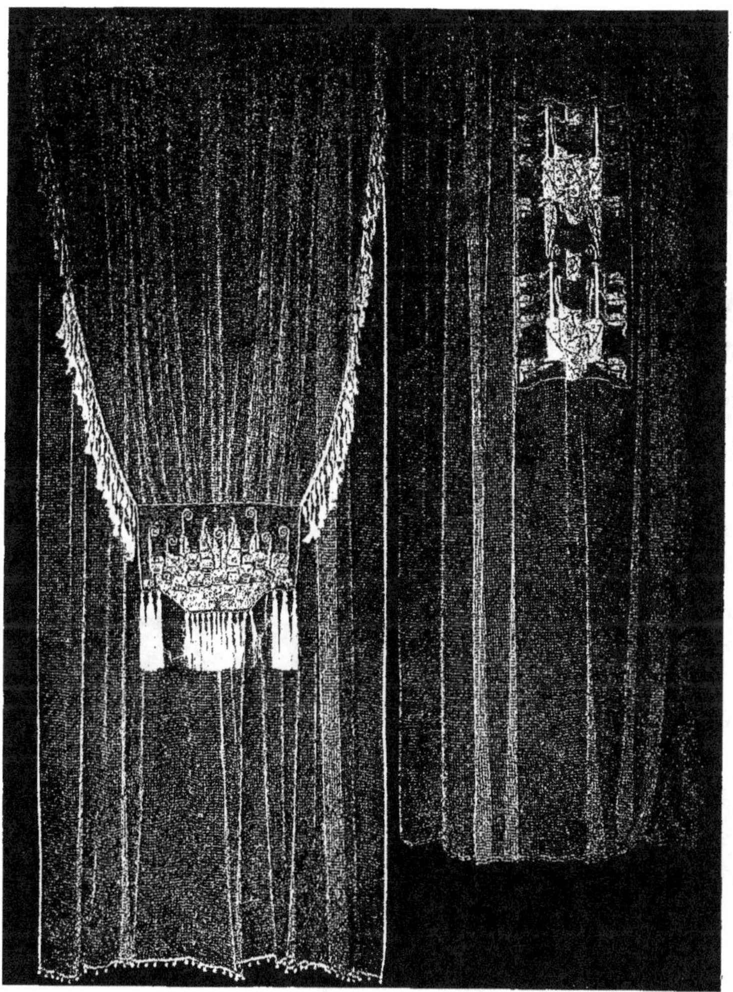

MAURICE DUFRÈNE. — *Rideaux en tulle et dentelle*. (Edités par « La Maîtrise »).

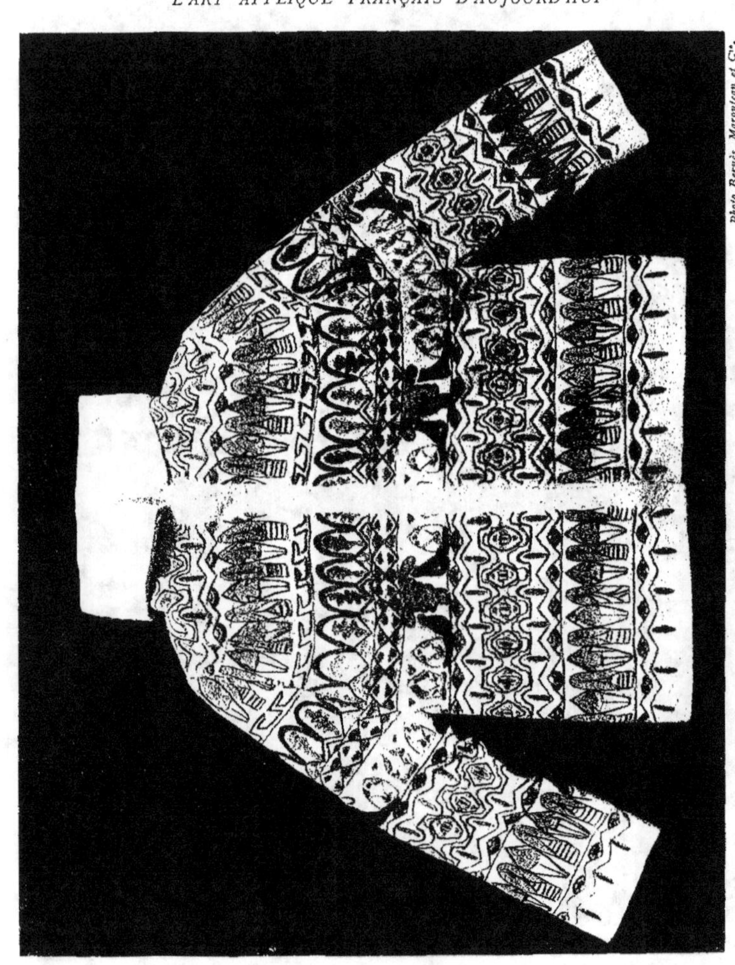

Mme EVELYNE DUFAU. — *Vêtement brodé.*

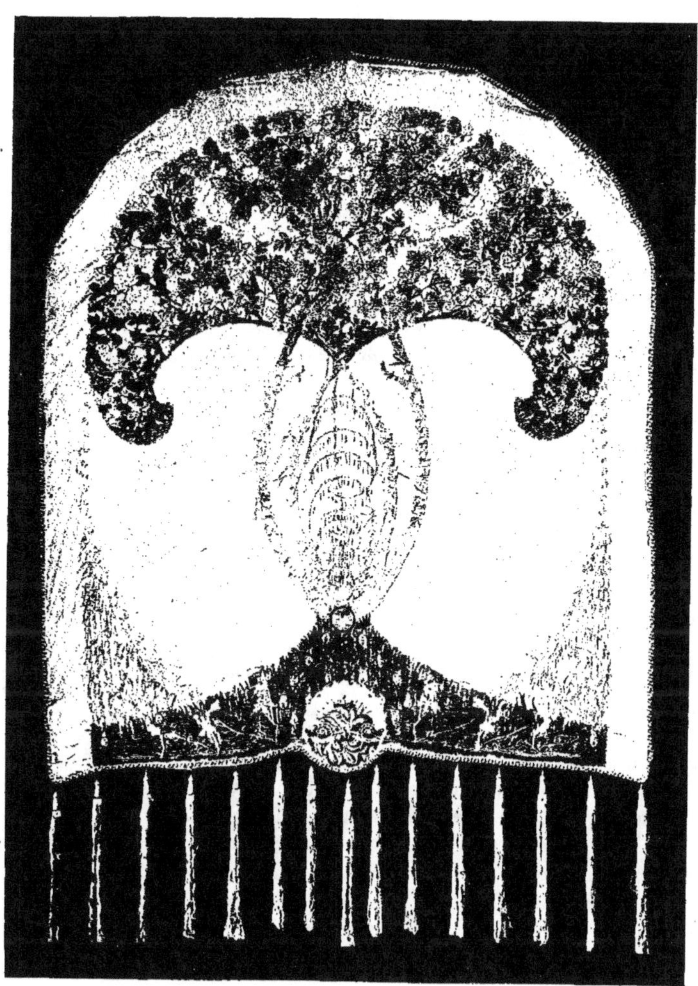

Mme J. VICARD-MAYONNADE. — *Broderie.*

Alors qu'aujourd'hui on discerne autant un point ancien à sa technique qu'à son décor, pourquoi n'en serait-il point de même de notre temps, pour la technique, puisque déjà le décor, l'audace des couleurs et de certaines combinaisons, a donné à notre expression dentellière une physionomie bien à elle ?

N'oublions pas que le perfectionnement de la dentelle au crochet, dite d'Irlande, date de 1900, c'est-à-dire de l'aurore de notre art français moderne qui a tiré des effets nouveaux, élargi l'expression de la forme et du décor, d'après la sèche indication anglaise. On exécute, en Haute-Saône, une sorte de dentelle « composée de lacets étroits réunis par des mailles, des barrettes ou des jours à l'aiguille » dont la révélation est encore plus récente. La fertilité inventive de nos artistes, en matière de dentelle, nous ménage donc toujours des surprises.

En attendant, le dessinateur en dentelles proprement dit a laissé modestement sa place à l'artiste qui rompit avec les poncifs, le pastiche et le plagiat disputant leur pauvreté au pot-pourri et à l' « arrangement ». Point de spécialisation, mais une adaptation rigoureuse à la matière, et le champ est vaste à l'imagination, nulle part bornée dans le décor. Paul Mezzara, MM. J. Coudyser, Ch. Burnot, Mme Berthelot, Mlle Madeleine Bunoust, Maurice Dufrène, Mathurin Méheut, entre autres, ont contribué à donner une vie nouvelle à l'art vaporeux et riche dont nous venons de parcourir les vertus.

L$_A$ BRODERIE. — Avec la broderie s'évanouissent les trames éthérées précédentes et commence l'hallucinant travail des reliefs sur étoffe. Des fées, encore, broderont, enrichissant le tissu, lui donnant du caractère, de la beauté, du génie. Nos artistes modernes, au surplus, inspirent à ces fées des décors inédits, leur conseillent des hardiesses, leur démontrent enfin, en leur ouvrant des aperçus qu'elles ne soupçonnaient pas, que l'art ne vit que de mouvement, sans quoi il s'éteindrait.

Les similaires soucis du dessin et de la composition, examinés à la dentelle, reparaissent dans la broderie, avec cependant le soin supplémentaire des reliefs qui donnent la couleur. La dentelle est plate, la broderie, en relief. L'exécution prestigieuse de la broderie ne vaut point en soi seule, c'est-à-dire que le travail merveilleux d'une broderie ne se suffit point de cette unique vertu. Il faut que l'art donne du souffle à

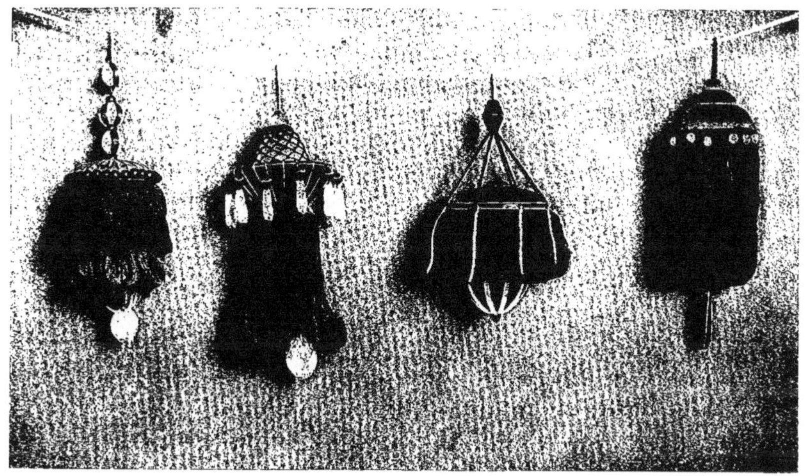

MAURICE DUFRÈNE. — *Passementerie.* (Éditée par « La Maîtrise »).

l'étonnante patience des points, à leur finesse extrême, miraculeuse, sans quoi une broderie n'est qu'un tour de force sans âme.

Dans les broderies anciennes qui nous sont parvenues, la signification du dessin, sa pensée décorative nous séduit avant la splendeur de la technique. Le principe de cette exaltation supérieure domine donc l'intérêt du tissu brodé, il est représenté par la composition du motif qui dirige l'admiration et la soutient avant que n'intervienne l'idée matérielle d'une pièce vouée à l'éternité par la persévérance, impliquant la solidité, et la richesse s'évaluant au temps passé, ou bien au luxe de la matière employée.

La composition d'une broderie commande, au surplus, des valeurs en transparence, alternées avec des clairs. Le tissu comportant à la fois des épaisseurs, des minceurs et des ajours, que l'artiste doit calculer, ordonner comme autant de jeux de la lumière et des contrastes. Ces contrastes représentés autant par la diversité des points de broderie que par les ajours du tissu et ses minceurs combinés avec des franges, des encastrements de dentelle, etc.

Car la broderie collabore volontiers avec la dentelle pour des grâces variées, sinon des délicatesses supérieures, et, de même que la dentelle, la broderie est appelée autant au rehaut de la toilette féminine, du linge de corps et de table, qu'à l'embellissement de l'ameublement, du profane au sacré.

Autant de modèles différents sont encore commandés par chacune de ces destinations. Et l'art devait réagir contre les compilations de styles anciens, contre toutes ces gravures « passe-partout » proposées aveuglément à la broderie. « S'imagine-t-on, par exemple, le sujet sur lequel une excellente brodeuse exerça son talent de praticienne ? La cathédrale de Reims, pour être montée en coussin ! » S'asseoir ou s'adosser sur un monument, religieux au surplus ! Quel illogisme et quelle profanation ! Que de compositions où la chute verticale d'une glycine s'exprime contradictoirement à la nature, les grappes en l'air !

Mais nous ne voudrions point nous égarer ici dans l'erreur décorative, en général.

A côté de la broderie faite à la main, que rien n'égale, nos temps pratiques ont vu se développer une fabrication mécanique qui, néanmoins, à de certaines conditions, ne saurait être dédaignée. Car rien n'arrête certain progrès régi par l'économie. « Dans l'Aisne, dans le Nord, dans le Pas-de-Calais, dit M. Jules Coudyser, on fait la broderie

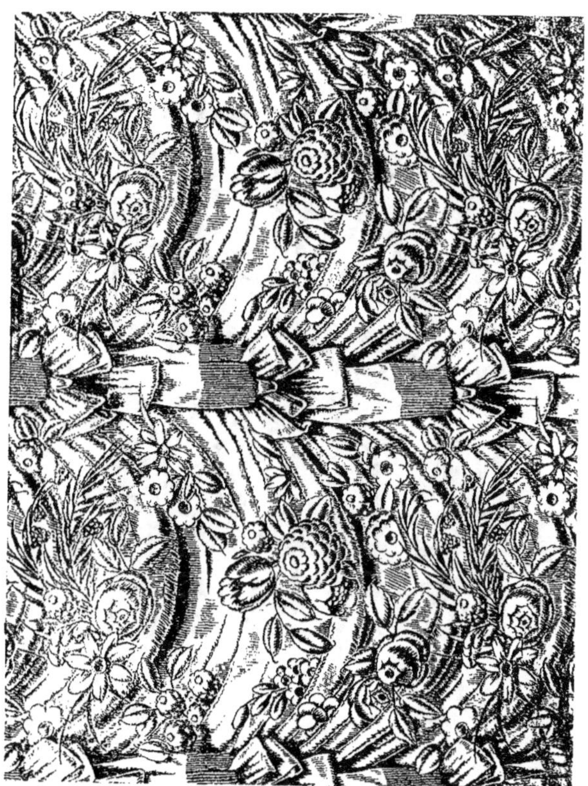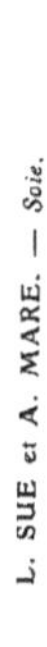

L. SUE et A. MARE. — *Soie.*

à la machine et au métier à broder mécanique; on y produit à force
les éléments qui concourent à décorer nos fenêtres; mais dans leur production, on ne peut découvrir la beauté d'art.

« L'erreur des industriels de la machine a été souvent de prétendre

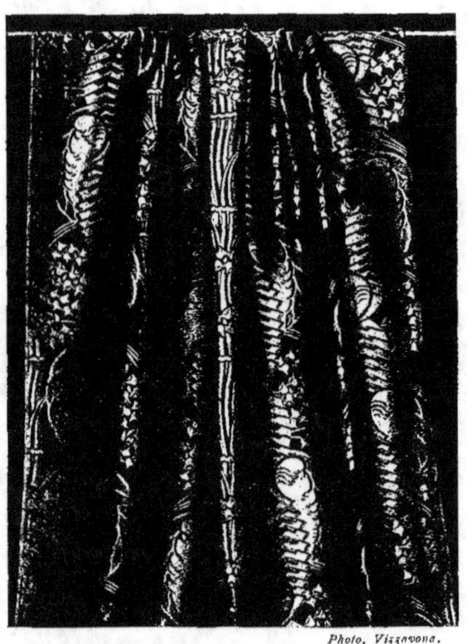

Photo. Vizzavona.

J. COUDYSER. — Soie.

à l'imitation du travail à la main; ils ont mal employé l'invention de la
machine; il en résulte alors une sorte de production bâtarde. En aspirant
par de pénibles efforts à une similitude impossible, ils ont dénaturé les
qualités propres de la mécanique, sans en apporter de nouvelles.

« Selon nous, il faut conduire la machine dans la voie de l'art, ne

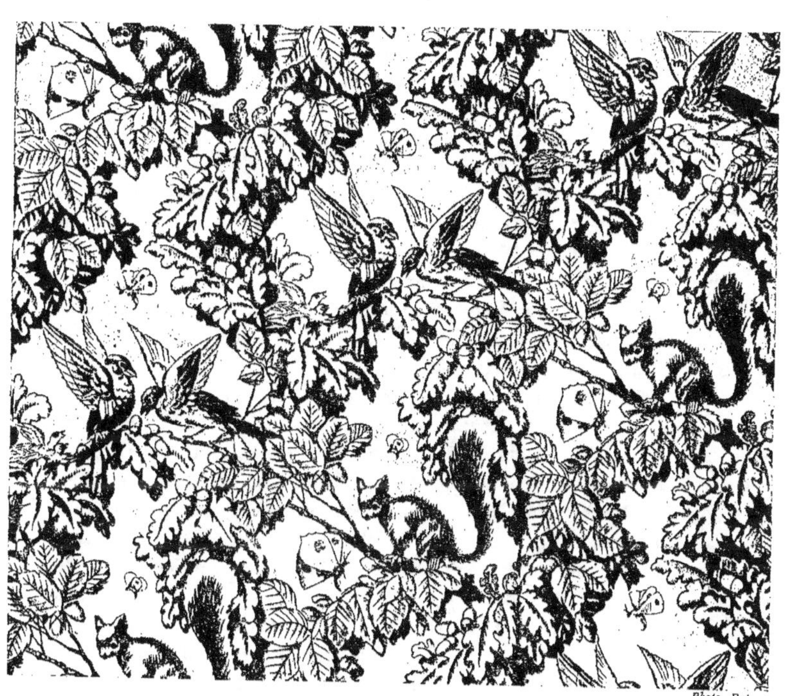

P.-P. MONTAGNAC. — *Soie.*

pas craindre sa puissance, débrouiller les effets qu'elle peut donner, en prononcer le caractère et l'expression, et, comme le dit Ch. Blanc, « elle pourra tailler des facettes nouvelles à ce diamant qu'est l'art. »

Effectivement, s'il nous faut composer avec la machine, il serait intolérable qu'elle trompât le commun sur une qualité interdite à ses moyens, alors que ses avantages propres, bien dirigés, suffiraient à sa beauté réelle.

D'autre part, la réaction de l'art moderne contre la pacotille, le pastiche et le faux, où notre réputation d'esthétique et de goût dégénérait, se devait de surveiller au moins la valeur d'un machinisme dont la loyauté constitue la vertu essentielle. Donner des modèles nouveaux était à la base de notre renaissance, et les décorateurs de nos jours ont éclectiquement dédié leurs œuvres à la main de la fée et à la machine, mais en adaptant soigneusement chacun de ces modèles à son mode d'exécution. De cette adaptation judicieuse du modèle résultent deux expressions voisines, aussi intéressantes, artistiquement parlant, vis-à-vis du résultat, mais d'un prix différent.

De telle sorte que l'art ne domine la machine que si celle-ci prétend l'égaler, alors qu'elle a tout avantage à rejoindre loyalement la beauté de l'exécution à la main, mais par les seules voies qui lui sont permises. D'où une belle broderie à la main et une belle broderie à la machine : double aubaine (à la portée de deux bourses) que partage la dentelle.

Parmi les distingués restaurateurs de la broderie, nous trouvons en première ligne les noms de MM. René Lalique, Clément Mère et Jules Coudyser et de Mesdames Ory-Robin (dont nous parlerons à la tapisserie), Evelyne Dufau, J. Berthelot et Vicard-Mayonnade, et, en terminant l'éloge de cette matière, nous citerons encore, de M. J. Coudyser, ces lignes de foi et d'espérance que son talent a mises en œuvre : « ... Nous pensons qu'à ceux seulement qui ont été techniquement éduqués, le charme des formules nouvelles ne saurait échapper, — formules de nature à se greffer en quelque sorte sur les anciennes, — et que ceux-là seuls seront capables d'imprimer à leur œuvre une physionomie particulière, en retrempant le style dans les sources vives de la nature, en reflétant le génie clair et simple qui s'épanouit si exquisement dans la sobriété... »

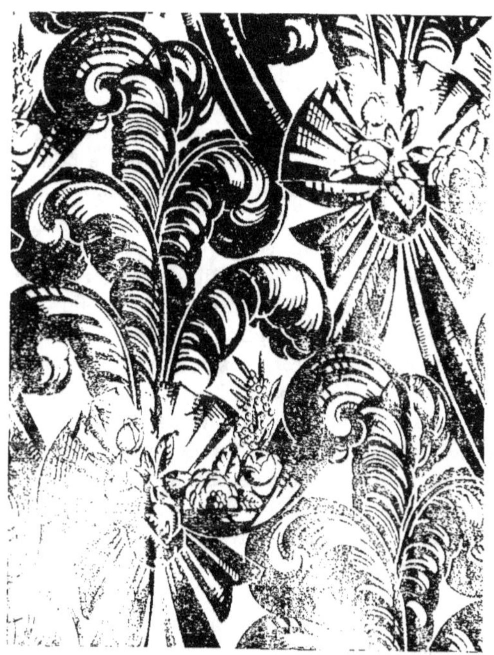

LOUIS SUE. — *Soie.* (Éditée par la « Compagnie des Arts Français ».

Et voici qu'en fin de chapitre, s'attache, en pensée, à la broderie blanche ou de couleur, aux rehauts métalliques, libérée de toutes formules et franchement accessible aux moindres fantaisies d'effet de la palette et de l'aiguille, voici donc que s'attache à la broderie renaissante, une passementerie appropriée.

La passementerie ! Quel art de complément et d'accompagnement favorable à la toilette comme à l'ameublement !

Passementerie où l'exécution à la main domine encore la fabrication machinale, mais où des progrès dus à l'accord indispensable entre l'art et l'industrie ne sont pas moins à enregistrer que dans la dentelle et la broderie, avec lesquels souvent la passementerie arrive à se confondre. La passementerie est ainsi rentrée dans l'ordre d'une beauté à laquelle elle se devait de concourir, mais en reprenant sa suprématie artistique et technique séculaire.

Passementerie où les métaux employés en fils, lames ou paillettes, varient des perles de verre moulées ou taillées, des perles de métal, d'os, de bois, des paillettes de gélatine, de nacre ou de métal. Passementerie de soie, de laine ou de coton, de raphia, de paille, de fil et de ficelle, de crin et de cuir qui constituent le corps des précédents agréments, se prêtant aux combinaisons de motifs les plus divers où la fleur n'est pas moins originalement traitée que la faune et l'ornement.

Et voici que, sous l'inspiration de l'art nouveau, des ganses de soie se rehaussent richement de cabochons de velours, que des soutaches s'hallucinent de méandres gracieux et riches ; voici que la ganse et la paille, que les galons et les tresses empruntent prestigieusement au point à l'aiguille sous le « cousu » précieux.

DAMAS ET DAMASSÉS, LAMPAS, VELOURS, SOIES, ETC. — Nous ne nous occuperons ici, naturellement, que des tissus ornés par l'artiste. La mode exige aujourd'hui le violent chromatisme des tissus, l'acidité, la crudité, alors qu'il y a une vingtaine d'années, « on était » aux harmonies languissantes et fades. L'art moderne a donc versé dans l'excès contraire. Où est-il le temps où l'on se pâmait sur la pâle doublure d'une étoffe relativement vive ! Combien est risible, actuellement, la mélancolie romantique que notre goût édulcoré manifestait hier ! Vivent les hardiesses et les heurts de la couleur flamboyante !

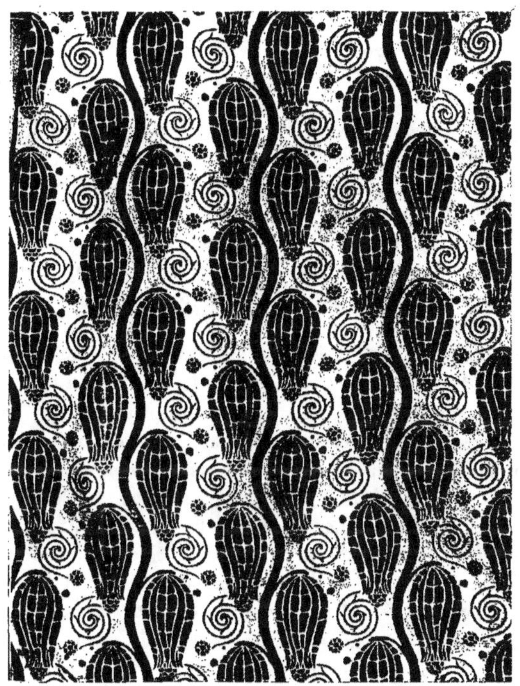

MAURICE DUFRÈNE. — *Soie*. Éditée par « La Maitrise »).

Et, de fait, les extrêmes se touchent, aussi riants et non moins logiques. Pourtant, les tissus riches ne partagent point la liesse, excessive et charmante d'ailleurs, des papiers et des toiles imprimés. Les étoffes de prix, prudemment, s'efforcent à une juste mesure ; elles sont destinées à durer et les sautes brusques de la mode l'effraient, naturellement.

Du côté dessin, les grands ramages succèdent aux fleurettes et bouquets, et, d'une manière générale autant qu'absolue, les décors classiques sont prohibés. L'art de notre temps est conséquent avec lui-même, et c'est fort bien ainsi. L'audace, après la timidité, nous séduit d'autant que la mesure tempère le décor des tissus qui nous occupent, dans une fantaisie inédite et du meilleur style.

Damas et damassés, lampas et gros de Tours, velours de Gênes et brocatelles, etc., aux armures différemment embellies, sont marqués désormais à la caractéristique de notre ère. Et, particularité curieuse, aux tissus ornés de couleurs fraîches, aux tons nets, la mode en oppose d'autres, d'une contexture particulière, de tonalité neutre, sans décor, aussi singulière à toucher qu'à voir, que des trames lamées, parfois, n'arrivent point à égayer ni même à arracher à leur comparaison avec une vulgaire doublure.

Mais l'originalité d'un tissu commun (ou trop subtil) tend à la rareté souvent, par les voies de l'étonnement... En laissant de côté cette dernière expression d'où le rôle du dessinateur est banni, nous revenons au soleil de la matière franche, luttant à beauté égale avec les plus admirables décors du passé. Que cette matière soit de lin ou de coton, de jute ou de bourre de soie, de soie encore, peu importe à l'art qui magnifie tout. Le tissu, en principe, ne signifie rien par lui-même ; le décor lui donne indifféremment du prix. Le principe est général, qu'il s'agisse de papier ou de vulgaire cretonne. La tradition « bourgeoise » qui s'attachait excessivement à la solidité, aux étoffes consacrées par le luxe et représentées en valeur par la quantité d'argent déboursé, se trouve sinon confondue, du moins déroutée.

Ce qui ne signifie point, naturellement, que la matière riche ait perdu de son intérêt, ce qui serait offenser la technique, demeurée superbe, de

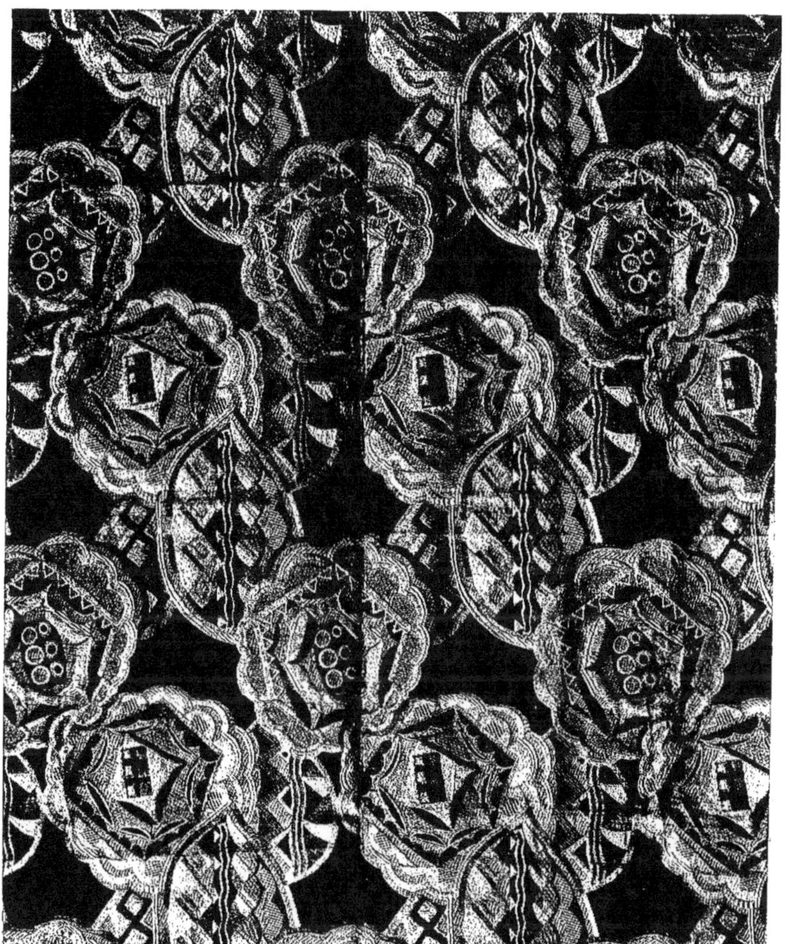

BENEDICTUS. — *Soie.*

nos fabricants de tissus, mais l'art prétend aujourd'hui prendre sa revanche sur la vertu seule de la matière.

Nous allons examiner maintenant, très succinctement, la technique du dessin adapté au tissu façonné. Nous résumerons, à cet effet, les excellentes observations relevées avec autorité par M. Georges Cornille. A la diversité de la destination des tissus pour tentures murales, rideaux, couvertures de sièges, etc., doit correspondre, nécessairement, un décor adéquat, à l'échelle tout d'abord.

L'artiste ne perdra jamais de vue que les effets faciles à obtenir au bout du pinceau le sont très rarement en fabrication. Cette dernière relevant du métier mécanique et non du travail à la main, comme la broderie, par exemple.

L'emploi de tel ou tel tissu commande sinon un dessin spécial, du moins le souci d'adaptation à une étoffe murale, à des rideaux ou à la couverture d'un siège, qui nécessitent soit une présentation à plat, soit de gros plis ou un usage par petites parties.

Or, une étoffe d'ameublement courante doit être conçue en vue d'offrir des effets satisfaisants dans chacun de ces emplois.

Il faut éviter, dans le dessin, trop de détails et de finesse pour les tissus destinés à être exécutés avec de faibles comptes de chaîne et en petites réductions avec de grosses matières. Même réserve concernant, pour l'économie du tissu, le trop grand nombre de couleurs qui correspondent chacune à un carton spécial.

Et, d'ailleurs, l'artiste trouvera, dans le mélange des nuances de trames, des combinaisons susceptibles d'augmenter la variété des couleurs sans disperser leur intérêt et au bénéfice de l'effet général de la composition.

D'autre part, il importe que l'artiste prévoie (ainsi que cela se passe pour le modèle de dentelle ou de broderie, de papier imprimé, etc.) le raccord impeccable de son dessin, dont les parties doivent se souder exactement, et que, de même, il ne s'en remette point à l'industriel du soin de transposer son modèle dans des tons autres que ceux qu'il a indiqués. De ce désintéressement pourrait résulter une fausse interpré-

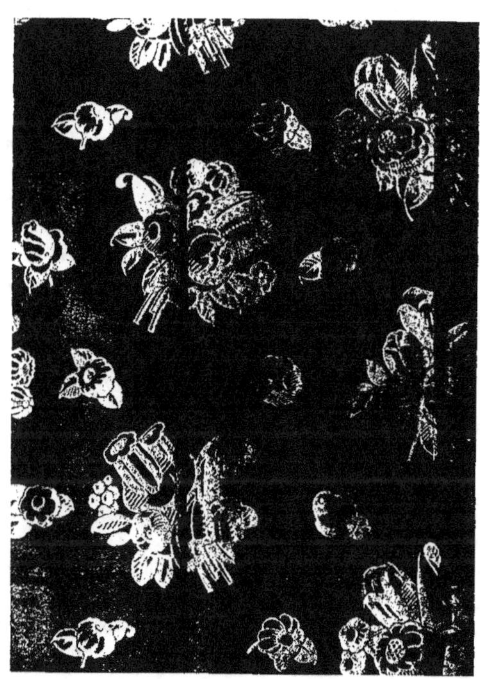

A. MARE. — *Soie*. (Éditée par la « Compagnie des Arts Français »).

tation, alors qu'une gamme de coloris proposée par l'artiste à une variation de sa composition, risque un effet supérieur.

C'est, d'ailleurs, sur ces principes compétents que les artistes décorateurs modernes ont établi les bases de leur succès et triomphé de la routine.

En terminant, nous noterons que si les artistes de notre renaissance s'inspirèrent étroitement, au début, de la fleur et de la faune qui devaient remettre leur génie dans le chemin de la vérité d'où la décadence les avait détournés, ils interprètent maintenant ces modèles.

Des éléments naturels ils ont dégagé, ainsi qu'il convenait, une pensée décorative. Ils ont rêvé enfin, sur les caractéristiques du paysage animé de la vie jusqu'à en déduire l'essentiel.

L'imagination du créateur se devait de filtrer sa vision pour les divers buts synthétiques qui relèvent en propre de l'ornement. Suivant le vocable à la mode : il a « stylisé » et, puisque nous employons un néologisme, le qualificatif « d'ensemblier », vient aussi sous notre plume pour exprimer la vertu du décorateur moderne non spécialisé, susceptible d'envisager, de par ses connaissances techniques générales, tout ou partie des matières appelées à orner un ensemble.

Cette compétence unanime explique pourquoi les mêmes noms d'artistes reparaissent souvent dans notre texte, différemment créateurs.

Les meilleurs tissus précieux ornés de nos jours, sont dus notamment à MM. J. Coudyser, Louis Süe et André Mare, A. Groult, Lucien Magne, Maurice Dufrène, Paul Follot, H. Gillet, Montagnac, R. Dufy, Pierre Chareau, René Piot, F. Nathan (1), etc., qui ont poursuivi avec succès l'indication lumineuse de leurs aînés : MM. Karbowski, Giraldon, de Feure, Jorrand, M.-P. Verneuil, Félix Aubert, notamment.

LA ROBE. — Puis, voici que s'animent les tissus. La forme humaine

---

(1) Ces mêmes artistes donnèrent indifféremment des modèles pour des tissus imprimés et du papier peint. Voir chap. V.

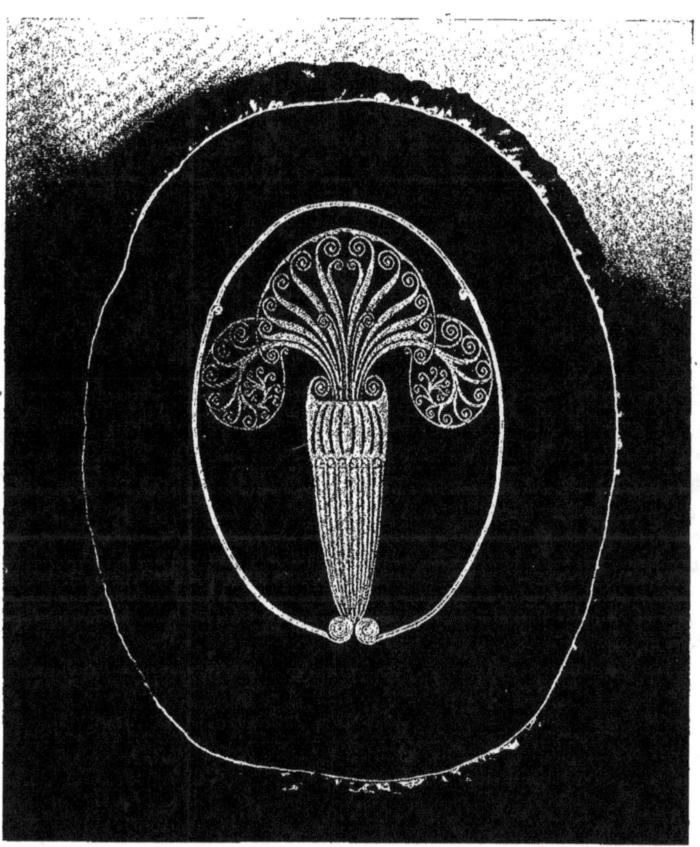

MAURICE DUFRÈNE. — *Coussin.* (Édité par « La Maîtrise »).

va accuser son galbe ou varier son mystère sous l'enveloppe que l'artiste conçut, la chair s'exaltant grâce au choix d'une étoffe ou d'une couleur, la broderie assortissant sa préciosité à un geste, un bijou naissant pour une robe ou une robe pour un bijou. A défaut d'un costume, l'art

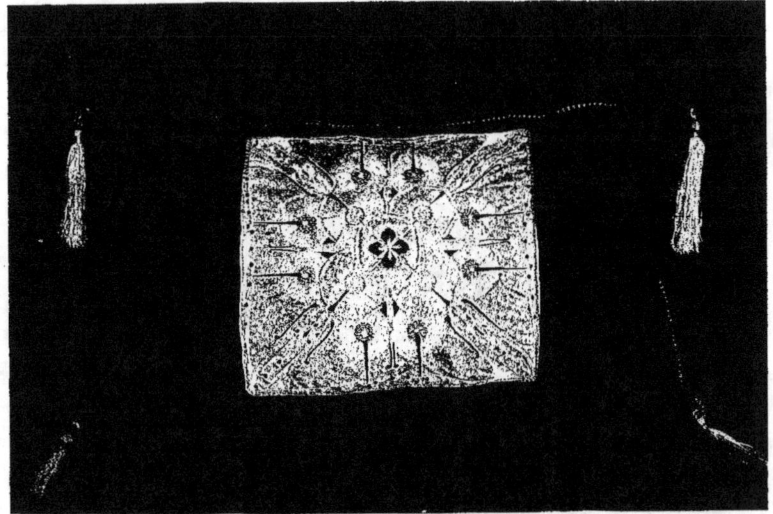

MAURICE DUFRÈNE. — *Coussin brodé.* (Édité par « La Maîtrise »).

vivant du couturier devait séduire le crayon moderne pour autant de prétextes à enfiévrer son imagination, soit qu'il habille Vénus ou la déshabille. Car la nudité n'est pas moins délicate à distribuer que les voiles.

Après avoir dessiné un sabre à poignée de nacre et d'ivoire pour

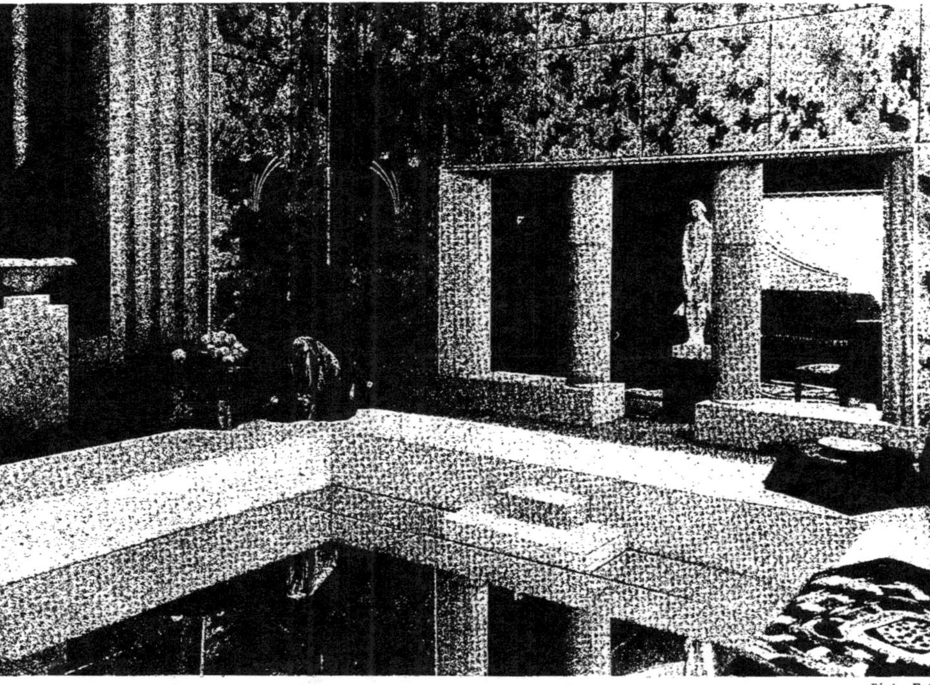

Photo. Rep.

ALFRED LEVARD, conseillé par J.-E. RUHLMANN et Mme CHAUCHET-GUILLERÉ. — *Une Piscine dans une villa.*
(Éditée par « Primavera »).

Robespierre, donné un modèle de sabre pour Billaud-Varenne, le peintre Louis David, auteur de cartes à jouer républicaines, avait costumé les personnages de la cour de Napoléon Ier. On se demande si Carle Vernet n'a point créé les tuniques vaporeuses dont il vêtait ses merveilleuses, tant elles s'identifient à son genre, et Michel-Ange passe pour avoir doté les gardes suisses du Vatican de l'uniforme qu'ils portent encore actuellement.

Le *titi* et le *débardeur*, ainsi que *Thomas Vireloque*, sont nés dans le cerveau de Gavarni, et, c'est avec Watteau, avec Debucourt, que nous revivons le ravissement des élégances passées, ces élégances auxquelles contribua un Pierre Prud'Hon entre deux esquisses du berceau du roi de Rome.

Pareillement notre époque sera représentée plus tard, à travers la vision d'un Paul Poiret que les P. Iribe, que les G. Lepape cristallisèrent. M. Paul Poiret, zélateur de la mode, l'un des plus fervents apôtres de l'art moderne qui lui doit tant et dont les créations de Martine représentent le goût d'avant-garde, d'une fantaisie, d'un charme, d'un étonnement intarissables.

Art appliqué s'il en fut, aussi mouvant que le caprice, avec la ressource poétique de vivre avec la splendeur de l'être, d'épouser son symbole, son rire ou ses larmes, l'art de la robe, né pour la lumière du jour et pour celle de la nuit, pour la rue et pour le salon, pour tous les âges comme pour les différents visages, du printemps à l'hiver, déborde dans le contraste des harmonies indispensables. Nous avons montré une femme moderne enfouie au sein d'une bergère Louis XV, au grand détriment de sa grâce, nous savons qu'il lui faut son siège, son ambiance, son fond, et l'artiste a prévu tout cela, dans un accord de composition générale, du moindre pli à la moindre nuance, afin que chantent à l'unisson la ligne, le « froufrou » et la couleur sur la chair resplendissante.

La ligne, tout est là de nos jours, dans la conception sobre, le plus

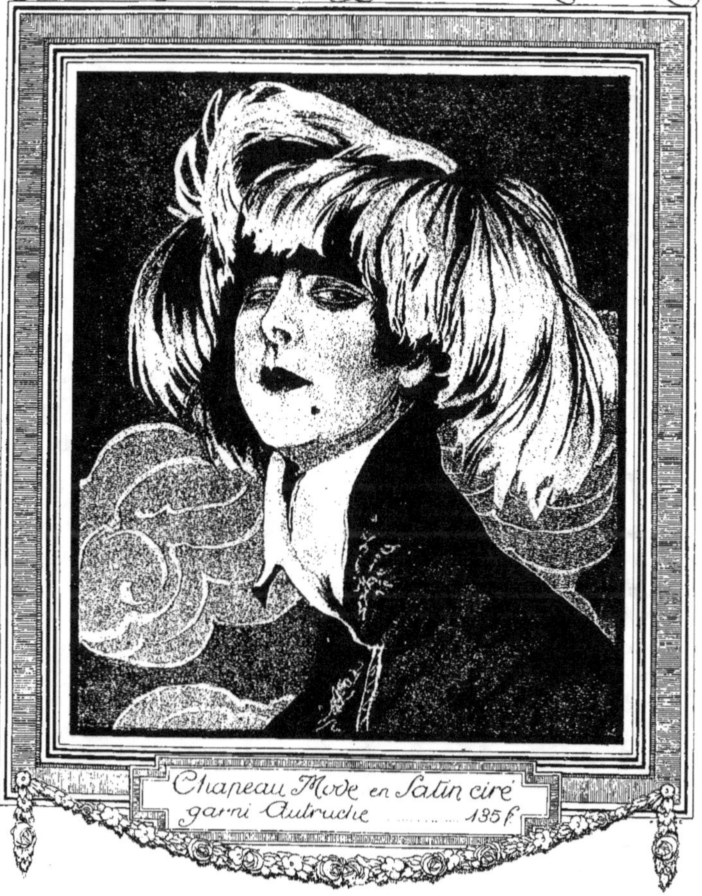

JEAN-GABRIEL DOMERGUE. — *Couverture pour un catalogue.*

près possible de la nudité. « Une robe n'est plus surchargée comme jadis, de mille petits nœuds de rubans. Nous y cherchons la ligne pure, et dépouillée d'ornements qui l'accrochent et l'arrêtent… »

Mme Ory-Robin, enfin, broda telle chasuble dans cet esprit, et M. Coudyser ne manqua pas de rêver de même, lorsqu'il jeta sur telle tunique des fins réseaux de dentelle.

En notre fin de chapitre s'amoncellent des coussins ronds, ovales, en quartier de lune, etc., qui sont tout une révélation de grâce et de décor. Ce décor hallucinant où la pensée s'exalte et s'égare; ce décor brodé dont le doigt suit les méandres qu'il poursuit, en rêvant, sur les meubles laqués, sur les tapis, pour se perdre au plafond.

Qui dira aussi l'incroyable variété de formes des abat-jour. Leur caprice délicieux, leur richesse, du géant au minuscule ! Sous leurs feux, aussi divers que leur silhouette, aussi crus que mystérieux, la violence des nuances qui animent le tissu riche et sont une joie dissemblable au toucher, s'amende en la douceur ou bien s'énerve à la langueur des capitons préposés au geste délicat, à ses moindres mouvements. Que l'œil s'irrite parfois, de discordances imprévues, de disproportions ornementales ou de valeurs mortelles à l'ensemble, certes. Mais encore ces soies, ces velours, ces dentelles, ces satins, ces cretonnes ont-ils finalement gain de cause dans cette musique des tons où l'on retrouve les harmonies altérées, si savantes, qui nous « empoignent » chez un Claude Debussy.

Et ne voilà-t-il pas qu'apparaît, comme enfouie sous ces délicatesses, la silhouette de la Femme d'aujourd'hui, telle qu'encore la façonna

M. Jean-Gabriel Domergue, dans ses tableaux, ses affiches et ses catalogues ?

Et n'est-ce pas d'avoir rêvé au corps de cette Femme, jailli d'un pyjama, que naquit la piscine moderne où les lignes de l'architecture, comme celles du meuble, obéirent à celles de la chair ?

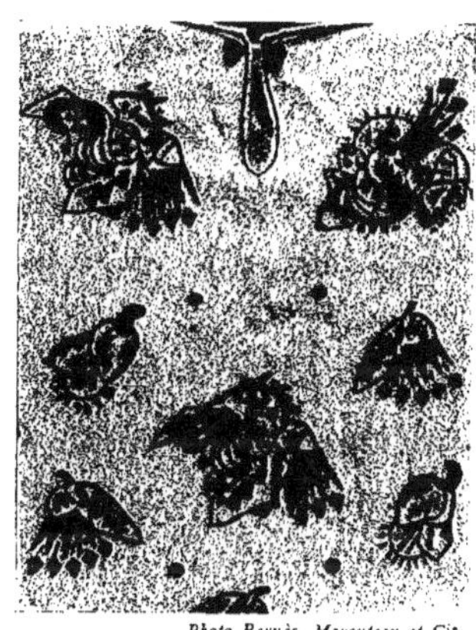

Photo Bernès, Marouteau et Cie.

Mme **EVELYNE DUFAU.** — *Robe brodée*
(fragment).

LA TAPISSERIE ET LE TAPIS,
LE PAPIER ET LA TOILE IMPRIMÉS,
LE DÉCOR DE THÉATRE,
LA BOUTIQUE MODERNE, ETC.

CHAPITRE V

La Tapisserie et le Tapis, le Papier et la Toile imprimés, etc.

Il n'est point dans notre intention, de parler ici de la tapisserie de haute lice, ainsi que s'expriment les Manufactures nationales des Gobelins et de Beauvais, non plus que des fabriques particulières d'Aubusson, vouées aux basses lices.

Aucun changement de technique ne s'avère, effectivement, dans ces pratiques séculaires, si, toutefois, le modèle qui les anime a sacrifié, ainsi qu'il convient, à l'influence de notre renaissance, mais nous insisterons, en revanche, sur des innovations de texture modernes.

Auparavant, nous indiquerons des généralités de métier convenant à toutes les expressions de la tapisserie de reproduction.

Premièrement, ainsi que le vitrail, la tapisserie nécessite un carton spécial. La copie d'un tableau réalisée en tapisserie est une hérésie, n'en déplaise au portrait de Mme Vigée-Lebrun traduit en point des Gobelins ! Et, la tyrannie d'un Oudry qui exigeait que ses œuvres fussent rendues en fac-similé, a fait long feu. Il importe que la tapisserie ne soit point réduite à copier de la peinture en trompe-l'œil, à donner l'illusion d'un pochoir tissé; les passages de tons au moyen des « battages » demeurent donc essentiels à sa technique, conformément à la plus noble tradition séculaire.

D'autre part, étant donné le caractère de richesse d'une tapisserie, il importe que le carton qui y préside cumule des richesses de décor que les laines, patiemment et luxueusement, accuseront. Lorsque l'on prend un fragment de tapisserie en main, le rêve serait qu'il donnât la sensation visuelle d'une matière précieuse et rare.

La dentelle et la broderie (que les doigts goûtent au surplus) se réclament aussi de cette sensation.

Le caractère de pérennité, inséparable d'une tapisserie (la dentelle et la broderie comme le vitrail sont encore du nombre) est solidaire de cette préciosité; et nous jugeons pour une erreur le fait d'avoir demandé à un maître de l'affiche, fut-il Jules Chéret, un carton de tapisserie. Une affiche est un tableau fugitif; elle ne convient point à une tapisserie, éternelle en principe, non plus que l'impalpabilité d'une toile de Odilon Redon.

Le sentiment de l'échelle du sujet varie avec la destination d'une tapisserie d'accord avec une exécution que le meuble, l'écran, par exemple, réclament extrêmement fine.

Mais, si d'autres devoirs incombent encore à l'artiste chargé du carton, nous devons nous borner à notre but, et, la tapisserie de haute et de basse lice, en dehors d'un élargissement de la chaîne qui pourrait aider à la traduction amplifiée du modèle tout en accélérant le travail, nous ne voyons point, répétons-le, de changement dans la technique séculaire en question.

Celà n'est point, cependant, un mince résultat que d'avoir préservé de la copie du tableau les précieux fils de chaîne, d'avoir demandé des cartons spéciaux, des nettetés de contours, des tons francs et réduits en nombre, en rapport direct avec la technique sollicitée.

Malheureusement, la fabrication qui nous occupe n'a point encore

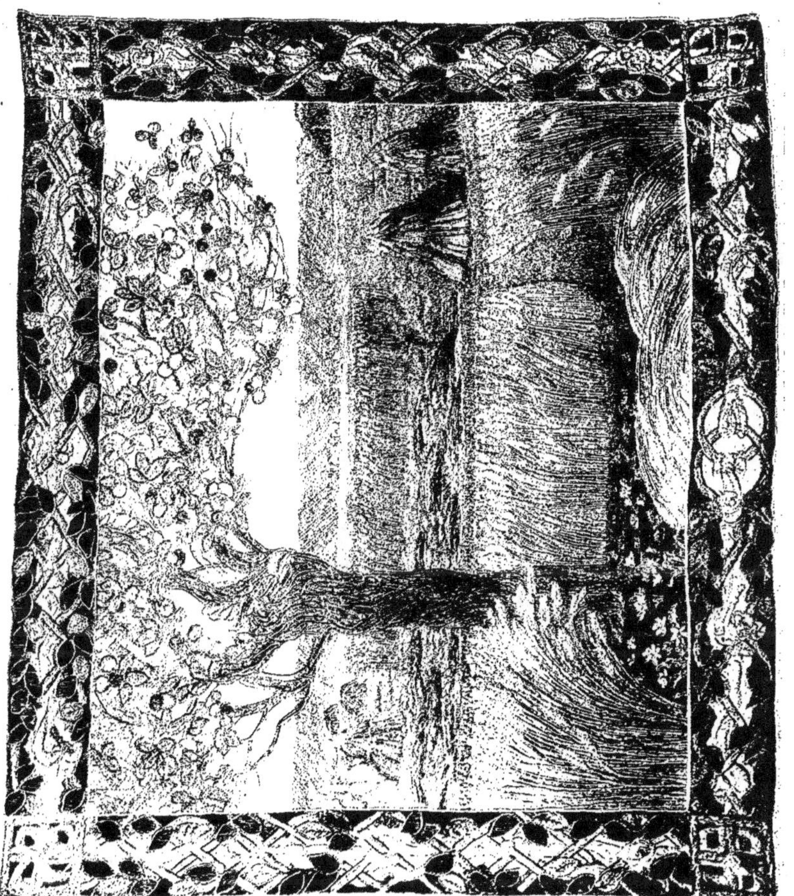

Mme B. ORY-ROBIN. — *La Plaine*, tapisserie.

12

renoncé, en dépit des instances de l'artiste moderne, à ses copies suran-
nées, malgré qu'il soit à l'honneur d'efforts, trop isolés encore, d'avoir
réagi en dehors des productions de nos manufactures nationales pré-

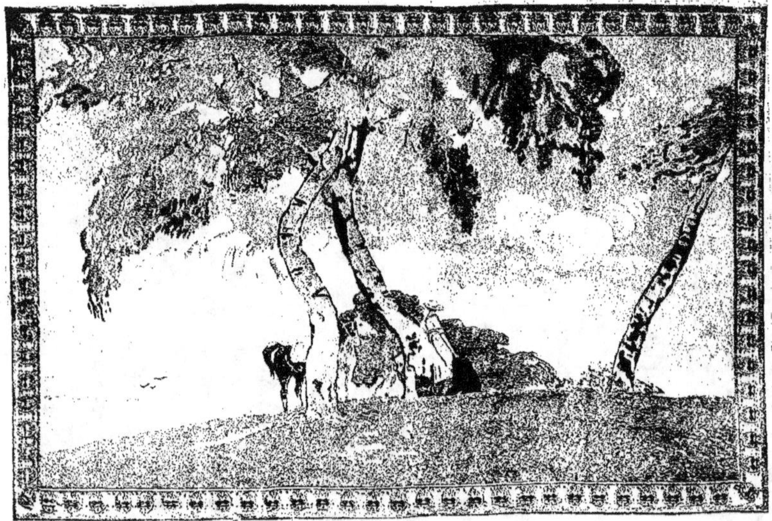

FERNAND MAILLAUD. — *Tapisserie.*

posées en principe à l'exemple renaissant, et certainement entrées dans
la meilleure voie lorsqu'elles s'adressent au talent d'un Jaulmes !

Du côté de l'exécution personnelle, des tentatives modernes ne vivi-
fieront pas moins la tapisserie. Le retour à l'œuvre entièrement conçue
par l'artiste, à la façon d'un tableau, d'une pièce de céramique et autres
matières à la fois rêvées et réalisées, se vérifie à la faveur de dons excep-
tionnels mis au service de points remis en valeur ou rafraîchis.

On a le sentiment aujourd'hui que la technique de la tapisserie, tout en demeurant noble, rompt la barrière des préjugés et développe son champ d'expression.

Mmes Ory-Robin, Deltombe et Jaulmes notamment, s'adonnent en personne à l'exécution de leurs broderies et tapis, ainsi que M. Fernand

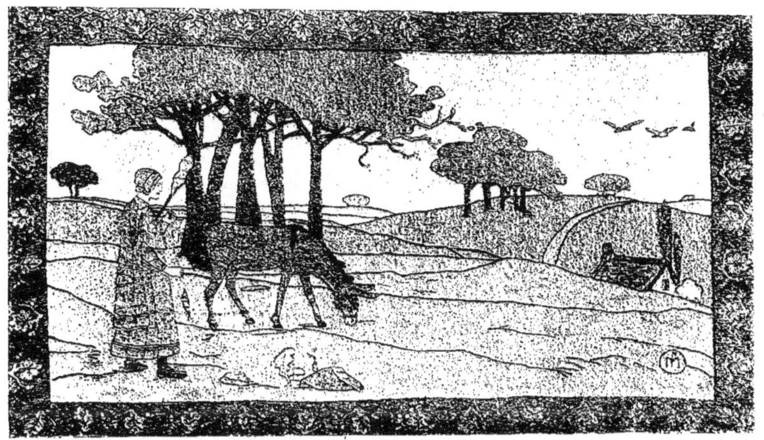

FERNAND MAILLAUD. — *Tapisserie.*

Maillaud. M. F. Maillaud, dont les tapisseries décoratives sont en laine du Berry, celles de Mme Ory-Robin en corde, en fils d'or et d'argent; Mme Deltombe s'exprimant au canevas et Mme Jaulmes recourant à la technique traditionnelle de haute et de basse lice, mais en augmentant la grosseur du point (1).

---

(1) M. Marius Martin, directeur de l'École nationale d'Art décoratif d'Aubusson, s'est aussi préoccupé de l'élargissement du point, en réduisant d'autre part, le nombre des couleurs, sans nuire à la beauté de la tapisserie ancestrale. Il a pu récemment faire réaliser de la sorte, un mètre carré en treize jours de moyenne ! C'est là une réussite grosse de conséquences industrielles.

Voici comment Mme B. Ory-Robin commente la manière qui lui est propre : « Dans la toile de chanvre, j'ai cherché, non pas un décor, mais un fond mural naturel. Par l'entre-croisement de ses fils apparents, elle revêt le mur et n'en fait pas disparaître l'idée; sans surcharge de couleur, en elle et par ses propres moyens, elle admet toutes les possibilités d'harmonies tranquilles. Son relief naturel est le chanvre fil, le chanvre ficelle, dont le volume plus ou moins sensible crée des plans plus ou moins colorés, en un même ton, en une même matière.

Le fil sert à coudre des sacs, à assembler toutes sortes d'étoffes ménagères, et il vit dans la dentelle; la ficelle sert à faire des paquets, et elle vit dans la texture d'un arbre figuré.

La ficelle est tige encore, colorée par le soleil, d'une grande subtilité de tons veinés, parfois mate, parfois luisante, souple et rigide; elle est la transition naturelle entre la toile et le bois...

Le chanvre se colore avec le temps, l'or léger est son rehaut naturel, une sorte d'extériorisation.

C'est un milieu qui se forme ainsi, une base de valeurs sobres, susceptibles d'évoluer vers toutes les rencontres, dans la manière animée, et non décorée, au sens fréquent du mot... »

Artès, d'autre part, expose ainsi la caractéristique du genre de Fernand Maillaud : « ...On sait que, dans la tapisserie classique, le canevas conditionne nécessairement la tapisserie. La lice tendue, le point restera constamment le même, et il n'y a aucune possibilité de se libérer de cette contrainte.

Dans la tapisserie de Maillaud, au contraire, le canevas n'intervient plus que comme support. Le point est libre, indépendant. Il se prête à toutes les fantaisies de l'artiste, à toutes les nécessités du métier. Grâce à lui, la laine rend tout son effet, sans rien emprunter d'étranger... »

Nous parlerons maintenant du tapis moderne « à points noués ».

La beauté hallucinante des tapis d'Orient aux couleurs si bien harmonisées, aux motifs si nettement décoratifs, ne devait point entraver

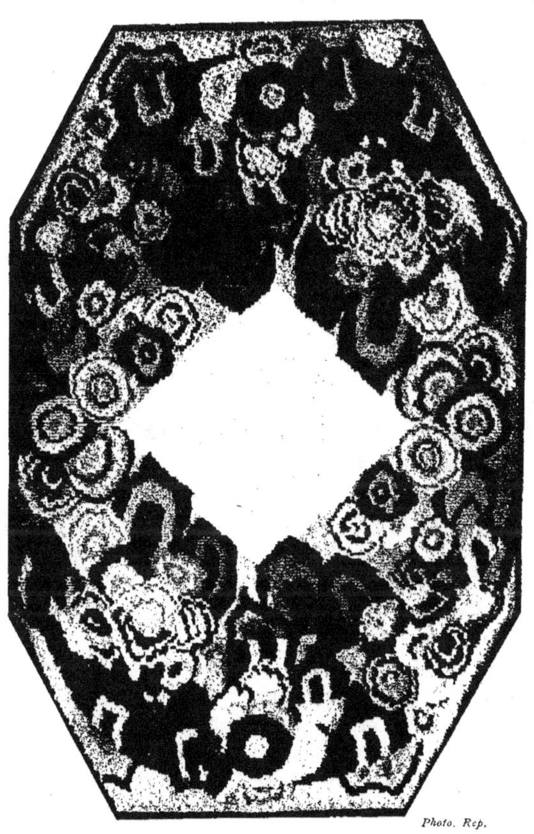

BENEDICTUS. — *Petit tapis.*
(Edité par la « Manufacture Française de Tapis et Couvertures »).

l'essor de notre rénovation, si toutefois elle retarda son originalité. Et nos décorateurs ont eu recours, pour se manifester neufs, à un procédé en vérité des plus lointains. L'Asie Mineure et la Perse, l'Inde et la Chine pratiquèrent le point noué que la Savonnerie sous Louis XIV, puis Aubusson exhumèrent.

Or, si aujourd'hui le point noué relève du métier de haute lice de même que la tapisserie classique, il s'affranchit de ses rigueurs avec une souplesse fort attrayante et s'adresse tout aussi bien à l'amateur qu'au tapissier professionnel.

Malheureusement cette latitude d'expression décorative porte en soi ses écueils, à condition toutefois que l'on veuille juger une œuvre au delà de la mode et de son originalité intermittente.

Nous avons célébré l'harmonie des tapis d'Orient, raison de plus pour que notre modernisme flatte dans la dissonance des couleurs l'agrément contraire...

Certes, nous ne nous adressons point ici aux tapis délicats d'un Benedictus, d'un Léon Jallot, d'un Paul Follot, qui constituent entre autres une exception, mais que penser de la généralité de ces tapis excessivement criards, aux tons heurtés, à dessins agressifs en diable !

Quelles fautes d'échelle, quel manque d'équilibre dans les volumes comportent encore les dessins de ces tapis, d'une valeur tellement en relief qu'ils contredisent à leur but en contrariant le pied qu'ils foulent, en troublant les yeux qui les regardent !

Il n'y a pas bien longtemps même, que les mauvaises compositions en vue du tapis ont renoncé à exprimer, dans une matière tissée, la matière céramique : des carreaux blancs et noirs par exemple !

Que d'autres erreurs n'a-t-on point commises ! Depuis le décor de feuilles de houx... préposé « moelleusement » à un siège, ou bien quelque jet d'eau ! Jusqu'au tapis de pied figurant, en plein milieu, un lac en miniature !

Aussi bien, la vivacité *voulue* de ces tapis, volontiers ronds ou ovales

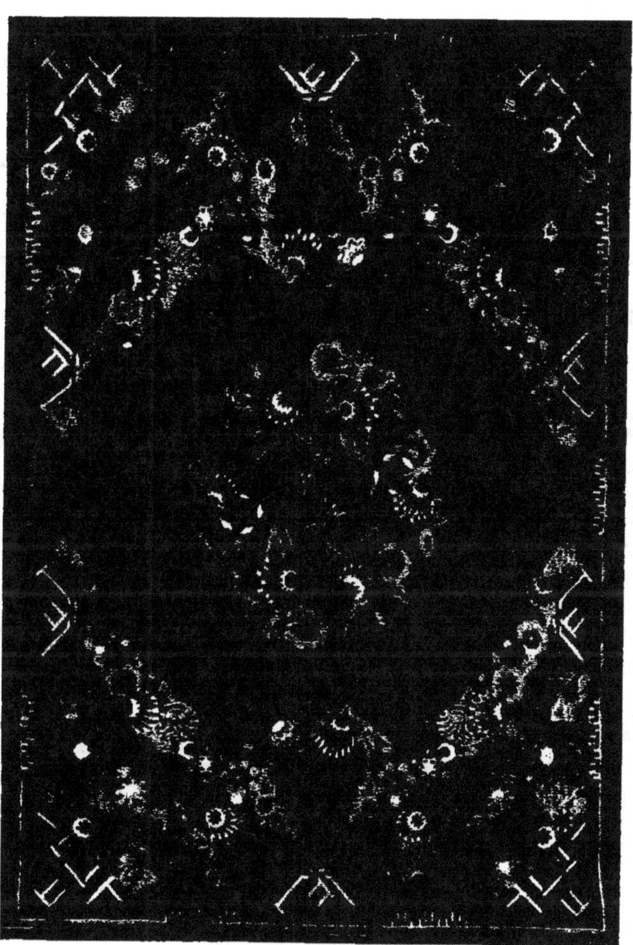

J. COUDYSER. — *Tapis* au point noué.

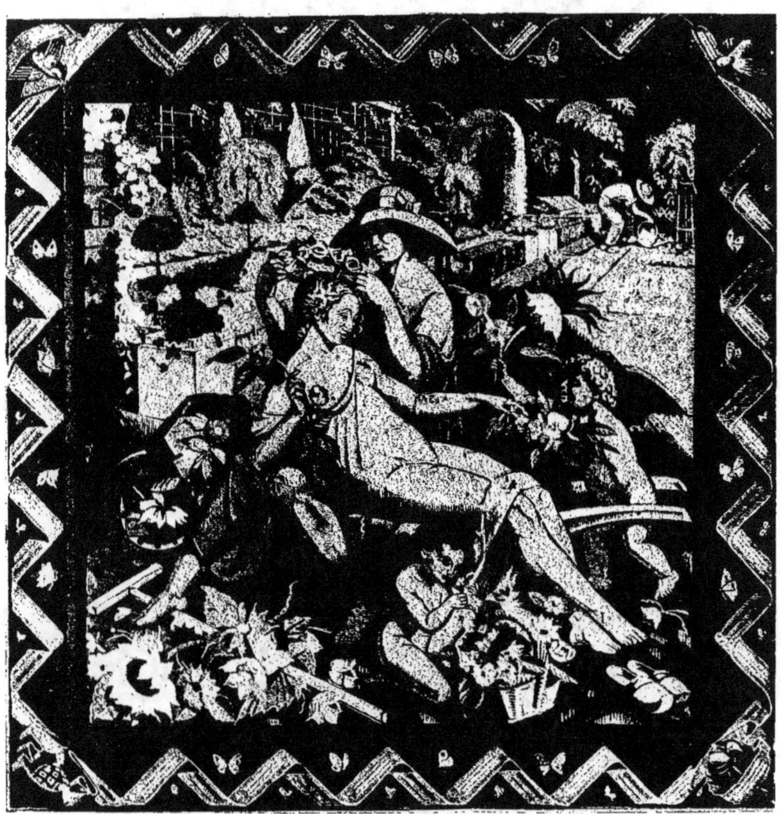

Photo-Procédés E. Druet.

PAUL VERA. — La Toilette de Flore, *tapisserie* au point d'Aubusson.

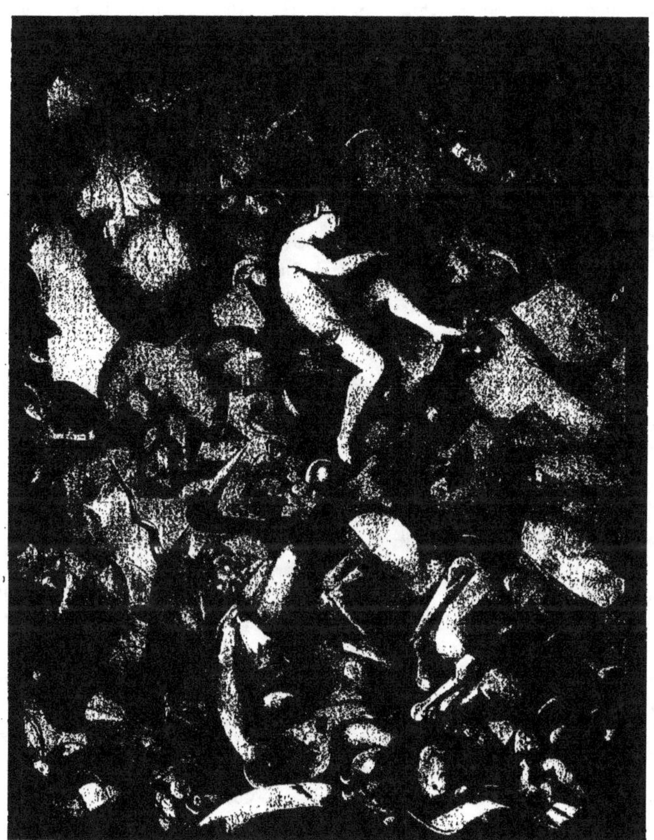

Photo-Procédés E. Druet.

PAUL VERA. — L'Enfance d'Orphée, *carton de tapisserie.*

(innovation de forme, charmante d'ailleurs), « tue » les meubles et objets d'alentour au lieu de créer l'atmosphère et de jouer plutôt le rôle discret, sinon muet, qui compose toute l'éloquence d'accompagnement d'un tapis d'Orient.

Tout de même, évidemment, le coup de pied dans l'édifice caduc est donné, mais par quels moyens d'illogisme !

A côté des tapis de MM. Benedictus, Paul Follot et Léon Jallot, qui, répétons-le, ne versent point dans cette exagération, ni dans le désordre décoratif, ni dans le coloris intempestif, MM. J. Coudyser, Clément-Mère, Maurice Dufrène, Süe et Mare, Paul Vera, Montagnac, Fernand Nathan, H. Rapin, E. Bagge, etc., excellent encore dans le point noué pour lequel ils ont fourni des modèles inspirés de la meilleure technique de beauté rationnelle.

On lit, enfin, plusieurs de ces mêmes noms au bas des cartons de tapisseries les mieux venus.

Mais nous allons, à l'alinéa suivant, relever des contradictions d'expression similaires et dégager aussi des talents d'appropriation.

Le Papier et la Toile imprimés. — Nous savons avec quelle volonté l'art moderne s'est affranchi de la matière en imitation et, le papier de tenture, selon toute justice, n'échappa pas à cet ostracisme lorsqu'il prétendit continuer à jouer le feutre, le cuir de Cordoue et autres transpositions fâcheuses de matière.

De même que la peinture en bâtiment faillit à la sincérité de son rôle lorsqu'elle veut donner l'illusion du faux bois et du faux marbre, de même le papier de tenture doit-il s'exprimer franchement. Ceci admis, examinons les autres mérites réclamés par la tenture murale, en général. Tout d'abord, elle ne doit point blesser la vue et, l'échelle des motifs, si elle en comporte, devra se subordonner à la dimension supposée des meubles. Les grands motifs s'accordant mal avec les petits objets qu'ils briment et, d'autre part, les murs tendus d'une tenture à grands ramages

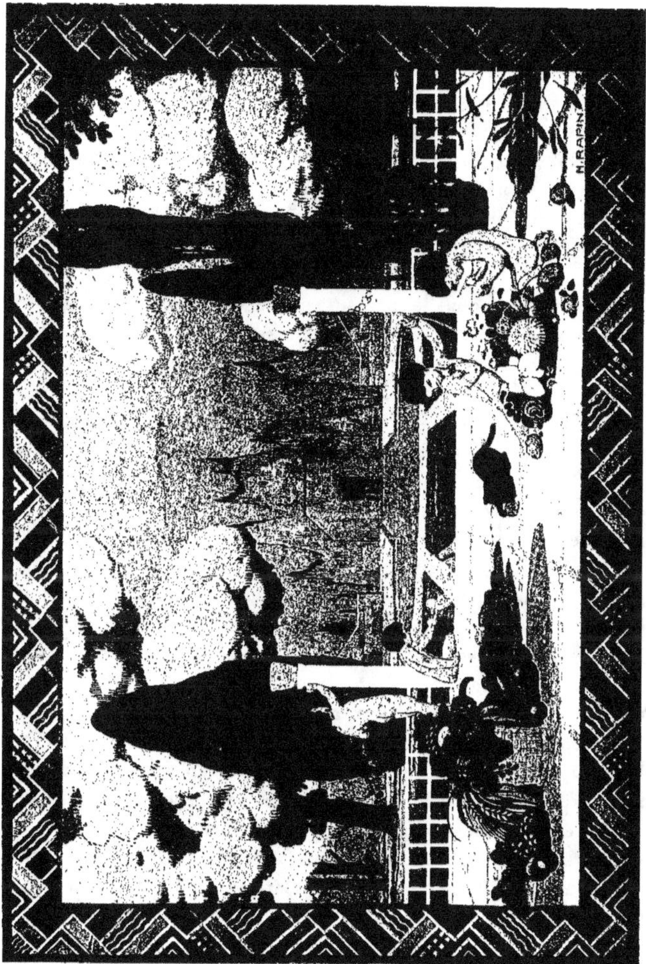

HENRI RAPIN. — *Carton pour une tapisserie* (Appartient à la Maison Hamot, d'Aubusson).

ou d'un ton violent agréent fort mal les tableaux destinés à y être appendus.

Attention ! d'autre part, aux modelés excessifs, susceptibles de trouer ou de cabosser la muraille. Le décor d'une surface plane doit être calme, faute de réduire, au surplus, la dimension d'une pièce. Au point de vue de la couleur, encore, il est bon d'observer que des dessins noirs, par exemple, sur des fonds rouges et cramoisis, apparaissent verts ! Pareille métamorphose pour des dessins gris sur fond vert, qui sembleraient roses !

Chez une modiste dont le magasin sera tendu de rouge, le teint des clientes pâlira, tandis que l'éclat de ce teint serait rehaussé, au contraire, si les dames avaient essayé leurs chapeaux dans un endroit tapissé de vert.

Toutes ces observations dérivant de l'étude des couleurs complémentaires, sont à rappeler à l'artiste, en vue de la destination de son œuvre. Qu'il s'agisse d'un papier ou d'une tenture de siège vis-à-vis du bois d'un meuble ou d'un tableau, à accompagner, non à détruire. Gare, par exemple, à l'irradiation d'un rideau vert, bien éclairé, dont la couleur, très dominante, éteindra un rouge à proximité ! Gare à l'emploi d'une étoffe écarlate pour garnir un acajou, qui se transposerait ainsi en un vulgaire noyer... à moins qu'une large bordure, verte ou noire, ne s'interpose entre le bois et sa couverture, ou bien un galon de soie jaune ou un galon d'or !

Pour en revenir au papier peint, on nous répondra que les murs nus sont à la mode; soit, mais encore faut-il qu'une tenture imprimée ne s'arrête point à l'exception, qu'elle ne fasse point tableau ni ne desserve un visage, ni une dimension, non plus qu'un voisinage, en envisageant au surplus, économiquement un tirage avec des lendemains...

De telle sorte que MM. André Groult, Carlègle, Drésa, Menu, Henri Thomas, R. Piot, A. Boigegrain, Georges Barbier, Paul Vera, Paul Iribe, Raoul Dufy, P. Chareau, Montagnac, H. Gillet, entre autres, ont exacte-

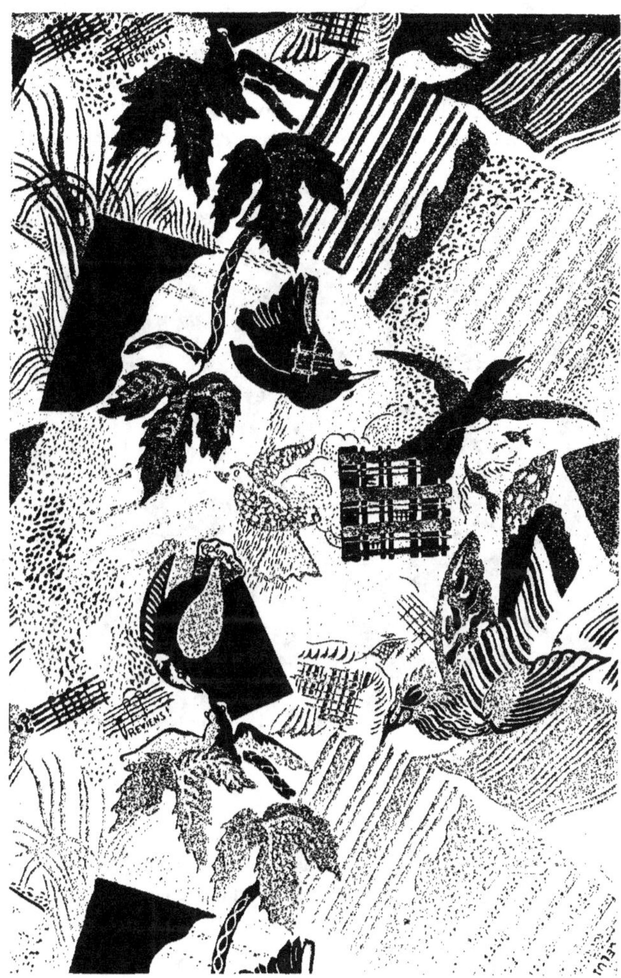

PIERRE CHAREAU. — *Étoffe imprimée.*

ment servi l'esthétique moderne et le but de l'étoffe tissée ou imprimée, en observant la mesure, dans leurs œuvres fraîches et charmantes.

Leurs toiles de Rambouillet et de Jouy, qui renouvellent la tradition classique, ne doivent rien au passé, ni leurs cretonnes à l'Angleterre, et

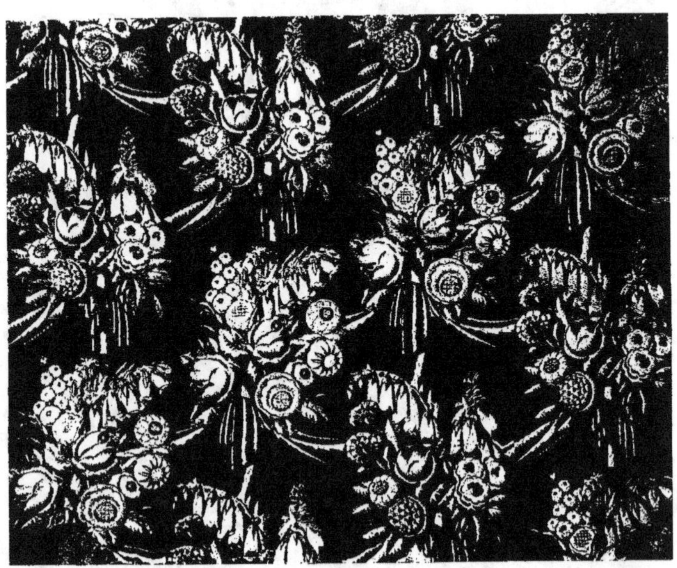

P.-P. MONTAGNAC. — *Toile imprimée.*

l'on ne pourrait blâmer que l'épargne fallacieuse dont témoignent les ornements de ces tissus partagés avec ceux du papier. Quant à la peinture au pochoir, dont la pratique devança modestement l'impression de l'étoffe, elle semble toujours plus s'effacer dans le souvenir où nous lui garderons notre estime, puisque, des premières, elle combattit les ten-

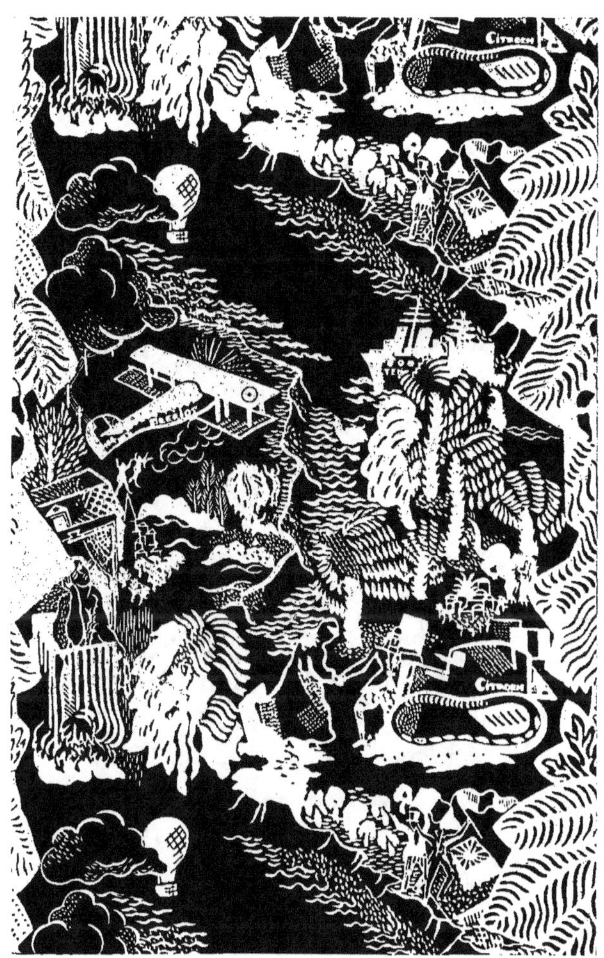

Photo-Librairie de France

PIERRE CHAREAU. — *Toile imprimée.*

tures murales tapageuses en démontrant la simplicité de bon goût sur
une vulgaire toile d'emballage.

De même que pour toutes les décorations sujettes à motifs répétés,

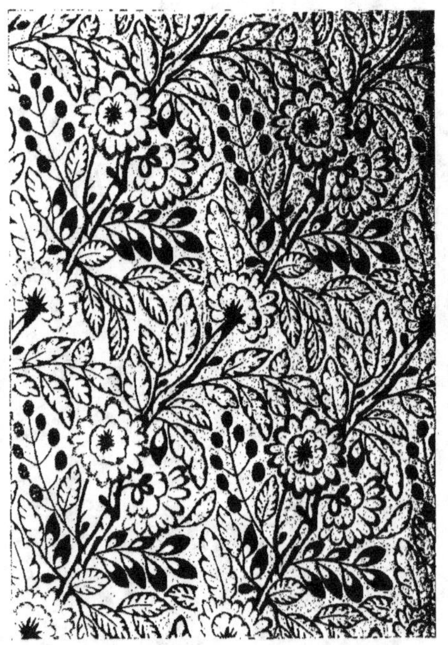

FERNAND NATHAN. — *Toile imprimée.*

la technique des papiers et tissus imprimés, en matière de dessin, est
semblable, au point de vue des raccords et du nombre des couleurs à
employer en vue de l'effet sobre déterminé.

Voisine du tissu peint est la pratique du « Batik ». Mme Pangon mit

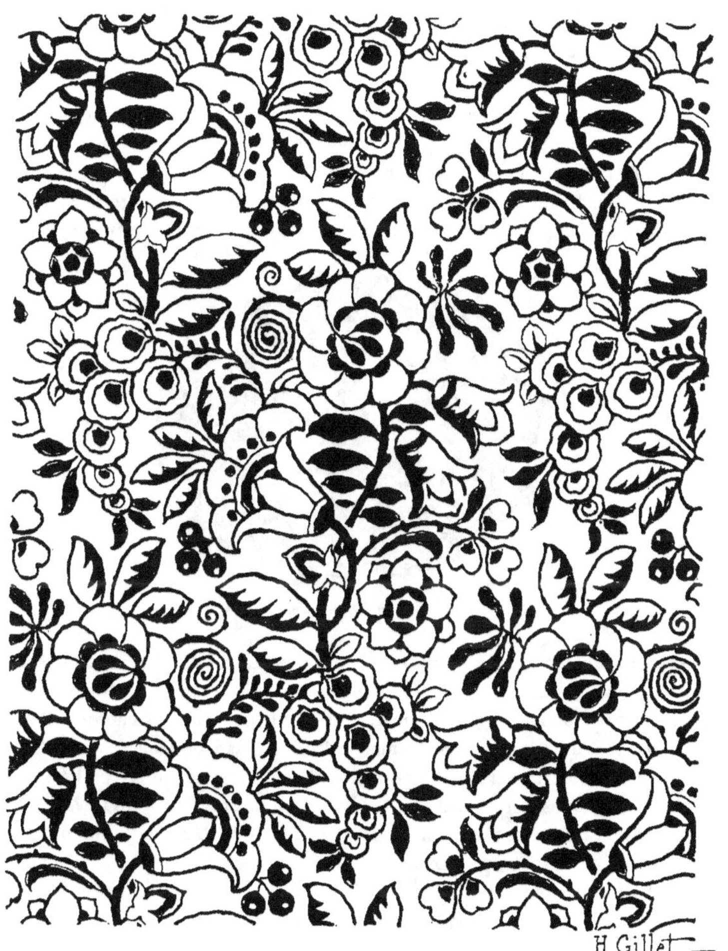

HENRI GILLET. — *Papier peint (ou toile imprimée).*

13

excellemment au jour cette délicate fantaisie, d'origine java-
naise.

Avec le batik, qui évoque comme décor l'idée d'un marbre aux vei-
nures, aux taches et accidents d'un caprice de couleur et de dessin échevelé, le coussin, le châle, le fichu et le corsage ont été indifféremment
flattés (il est vrai que les cretonnes imprimées viennent d'être assignées
aujourd'hui indifféremment à la robe de la femme et à la tapisserie de

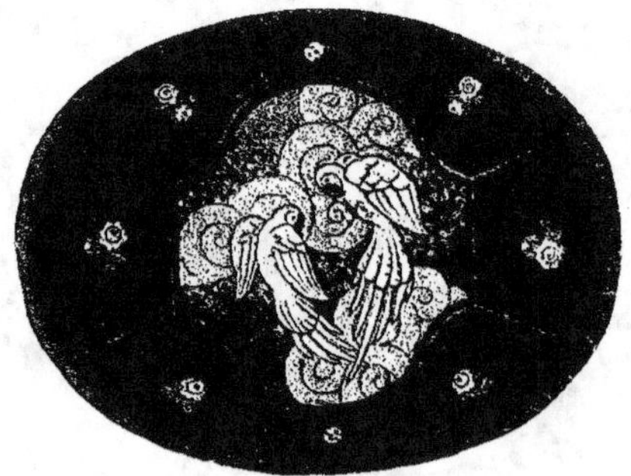

ERIC BAGGE. — *Tapis* (très réduit) au point noué.

son appartement, mais la mesure sera éphémère). Le batik ne s'adresse
point à la fabrication mécanique, si l'on peut dire; son exécution relève
du goût personnel, en propre de l'artiste, qui conduit ses méandres dans
le ton plutôt que vers une forme, celle-ci plus généralement amorphe,
due au bienheureux hasard lorsqu'elle ne répond point, au gré de l'art et
dans sa composition essentielle, à une volonté de décor initial. Malgré
pourtant que l'imprévu bien dirigé demeure à la base de cette manifestation de la parure, aux dimensions mesurées au surplus; inconvénient d'où résulte pour le batik l'intérêt de sa préciosité vis-à-vis de
l'impression banale, puisque, encore, cette spirituelle expression, parti-

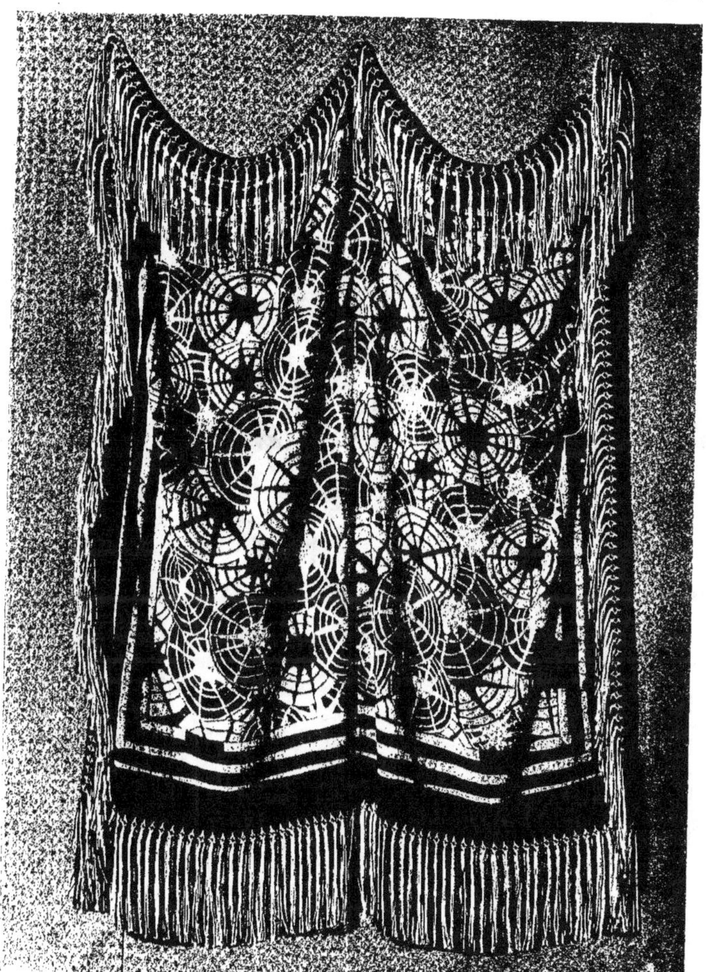

Photo. Jean Desboutin.

Mme **M. PANGON**. — *Châle (velours noir et blanc)* ; « Batik » français.

culièrement vouée aux tissus soyeux, ne réalise que des œuvres uniques.

Voici donc qu'à l'instigation de Mme Pangon, la grâce individuelle de

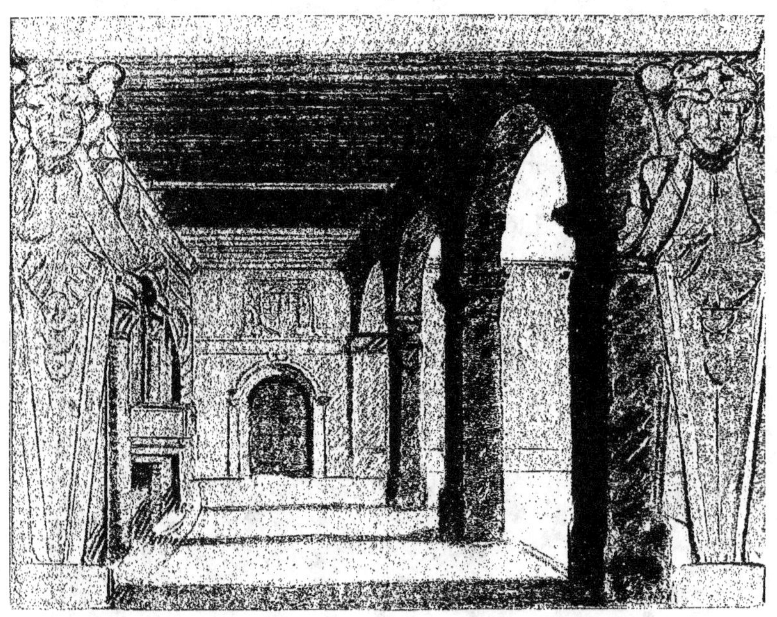

MAXIME DETHOMAS. — *Maquette de décor pour* « Don Giovanni » (Th. des Champs-Élysées).

la femme se rehausse maintenant de monotypes dignes de son ingéniosité, de son imagination et de son mystère.

Conduits par la pensée de la décoration plane, nous toucherons maintenant quelques mots du décor de théâtre moderne.

LE DÉCOR DE THÉATRE MODERNE. — Si l'on dégage la réaction de
nos jours du décor de théâtre confié non plus à un artiste professionnel
mais à un peintre de tableaux (du moins pour la maquette), si l'on

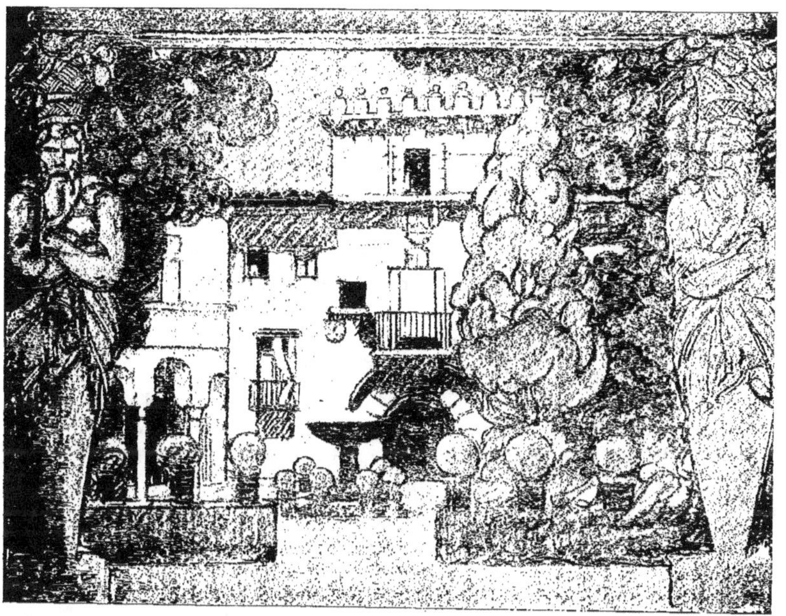

MAXIME DETHOMAS. — *Maquette de décor* pour · Don Giovanni · ·Th. des Champs-Élysées·.

dégage, dis-je, cette usurpation d'expression d'un soupçon de snobisme,
l'intérêt qu'elle accuse motive la discussion.

Après avoir cherché le style dans la Nature pour la figuration décorative, l'abstraction, la pensée, substituées à la vision de la réalité

devaient suivre. Le paysage de la Vie fut ainsi dénaturé au profit de l'exaltation spirituelle.

Avant le décor vériste que le naturalisme d'un Émile Zola imposait, le décor romantique des Lavastre, des Chaperon avait bellement situé des opéras aujourd'hui surannés, dans la forme tout au moins, et, en réaction d'une nature exactement représentée derrière des personnages aussi vrais, l'idée d'un cadre abstrait, symbolique, sourit à des spectacles purement intellectuels ou différemment sensibles comme ceux auxquels nous prétendons de nos jours. Une génération détruit l'art de la précédente; c'est la norme et la tradition humaine. L'originalité ne croît que sur des ruines, et la préoccupation immédiate de l'originalité est de démolir.

Il suffit donc que le décor représentatif de la Nature ait été fidèle pour qu'aussitôt la tentation de créer l'ambiance d'une action en plein air se suffise d'un simple rideau.

Renouveler la sommaire mise en scène du théâtre de Shakespeare, serait-ce donc bien moderne?

Nous ne critiquons pas, nous constatons. Nous sommes de notre temps et admettons ainsi qu'il le faut, des transitions même dangereuses, pourvu qu'elles s'établissent sans folie, non en haine des chefs-d'œuvre devanciers.

La mode, hélas! refréne l'enthousiasme expérimenté. Il ne faut pas admettre tout, au nom de la seule curiosité; on ne doit point écrire un livre au jour le jour, sans quoi le livre serait démodé avant qu'il ne paraisse...

Bref, nous résumerons les origines du décor moderne à travers ses avatars. Et, auparavant, à propos de la substitution du peintre de chevalet au peintre en décors de théâtre, nous noterons, sans appuyer, la tendance de notre heure à méconnaître la force des spécialités, jusqu'à la négation de la technique même (en ce qui concerne les arts lyriques et plastiques) au point que l'on se complait par originalité, maintenant,

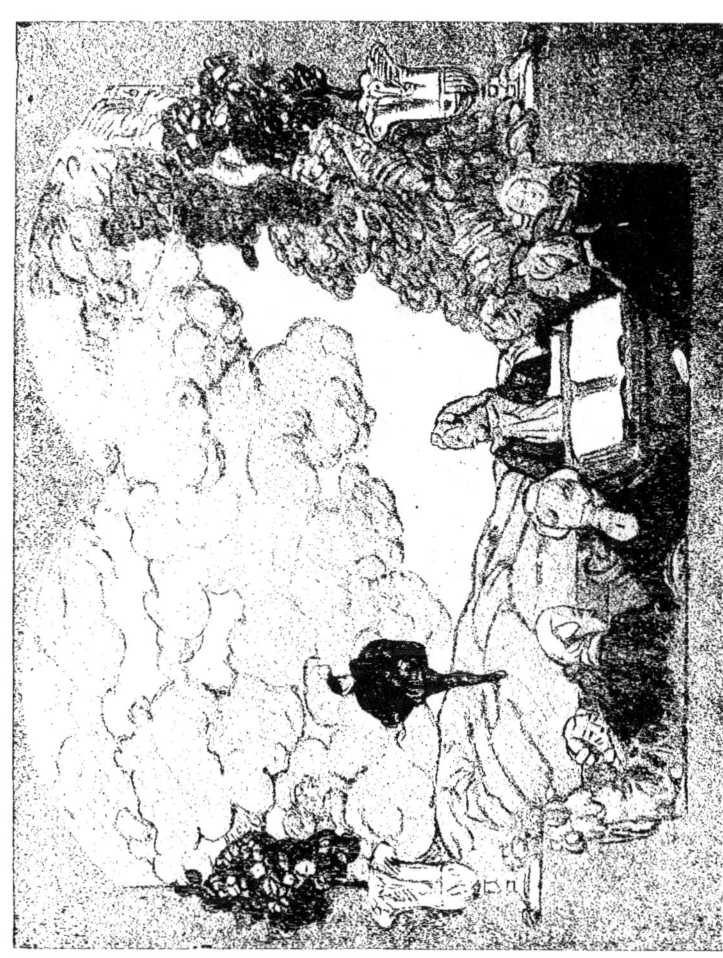

MAXIME DETHOMAS. — *Maquette de décor pour « Don Giovanni »* (Th. des Champs-Elysées).

à faire chanter des comédiens, à peindre et à sculpter en dehors du métier.

Le titre d'*ensembliers* donné aux décorateurs, actuellement, accuse ses ravages de compétence extrêmement étendue. Nous avons vu l'heure

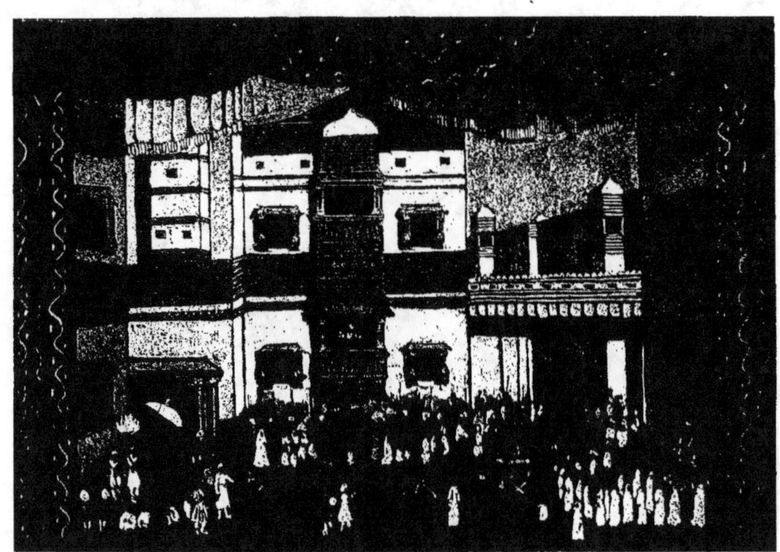

VALDO BARBEY. — *Maquette de décor* pour « Padmavâti » (Th. de l'Opéra).

des peintres et des fanfreluches préposés à la confection du meuble. On est revenu de cette erreur, et l'on frémit à l'idée que des peintres eussent pu, par extension, être conviés à construire des maisons !

Les ballets russes donc, bousculèrent notre théâtre traditionnel. Léon Bakst, avec tout son talent de peintre moscovite, déchaîna la révolution.

Ceci se passait avant la grande guerre de 1914, qui devait amener d'autres perturbations morales et esthétiques...

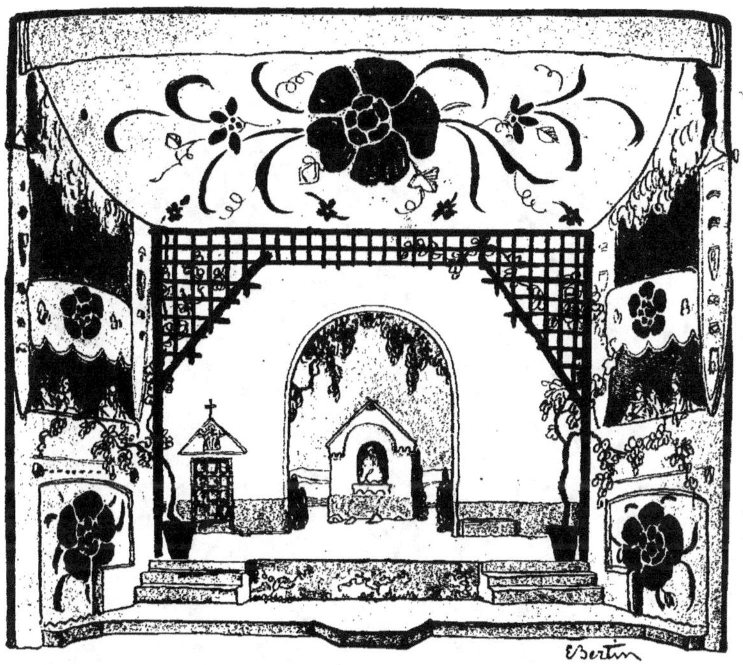

ÉMILE BERTIN. — *Maquette de décor pour* « Aux jardins de Murcie » (Th. Antoine).

Au vrai, les ballets russes furent une révélation accélératrice de notre art moderne français, dont un Émile Gallé avait eu l'honneur dès 1900.

La fiction, cependant, déborda dans l'excentricité et le clinquant, et nous enjamberons d'autres tentatives, russes encore (tandis que l'Alle-

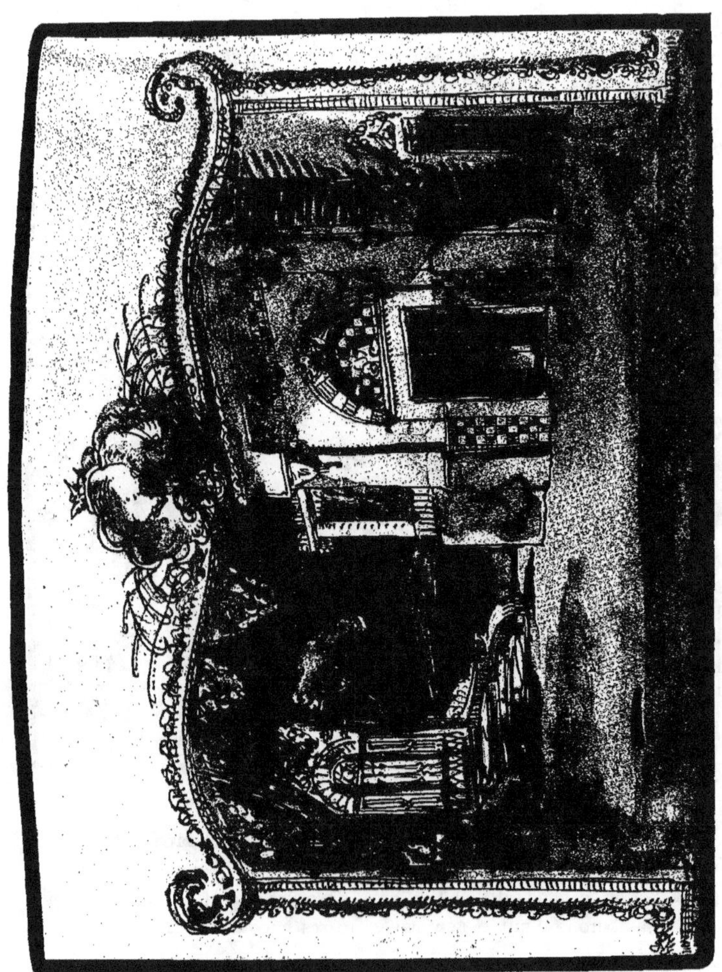

ÉMILE BERTIN. — *Maquette de décor pour « Le Sicilien ou l'Amour peintre ». (Comédie française.)*

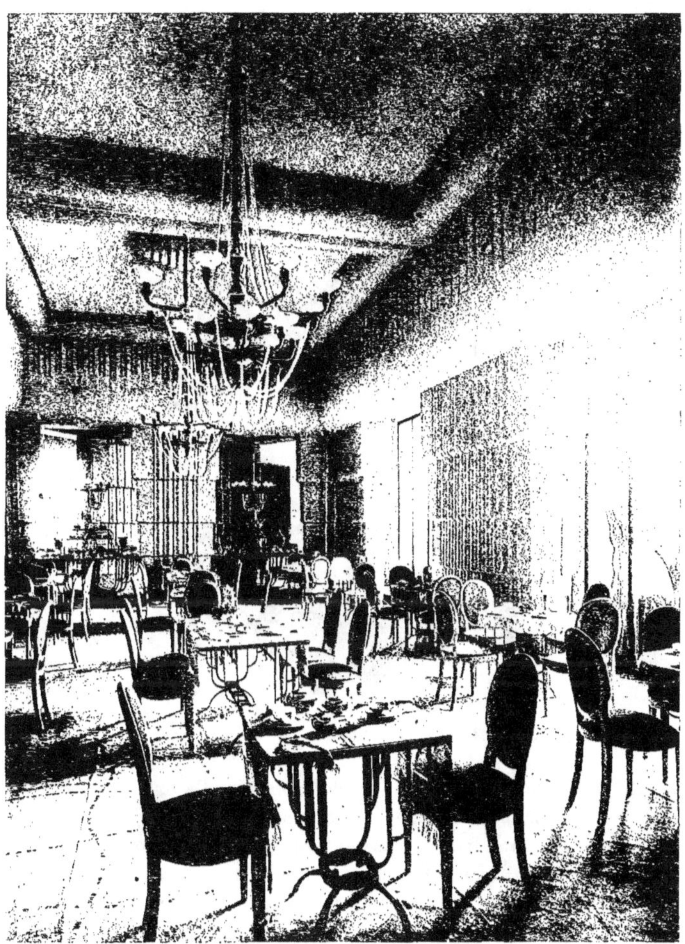

MAURICE DUFRÈNE. — *Un salon de thé.*

magne, de son côté, goûtait des décors synthétiques dus à Craig, à Fritz
Etler, à Meyerhold), plus sobres mais aussi discordantes, pour en arriver
à l'effort français parallèle. Ce furent MM. René Piot, Maxime Dethomas
et Drésa qui devaient nous montrer la première tentative du décor
scénique rénové. Leur succès, dans la mesure et le goût, fut vif. L'intérêt

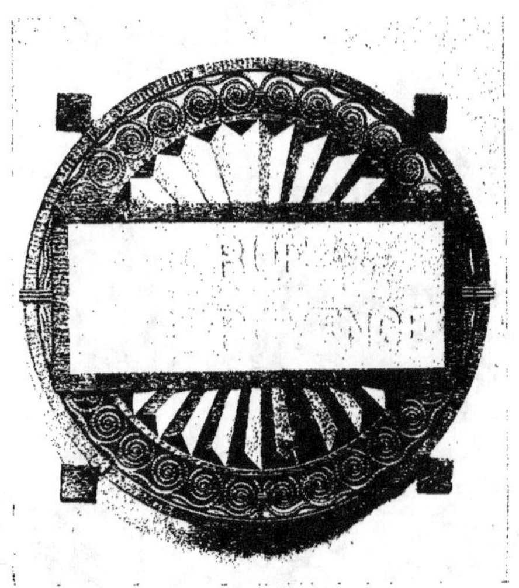

A.-G. SZABO. — *Plaque indicatrice de rue, en fer forgé.*

de cette recherche d'ambiance rafraîchie méritait à la fois le suffrage de
l'artiste et du public, puisque le décorateur de théâtre y trouvait son
bénéfice dans la grandeur de son art exalté et qu'il importe, toujours,
d'harmoniser le mouvement des idées avec leur expression mouvante.

Dans la suite, n'abusa-t-on point de l'imagination purement objective
lorsque l'on en vint à supprimer le décor, remplacé par un jeu de rideaux ?

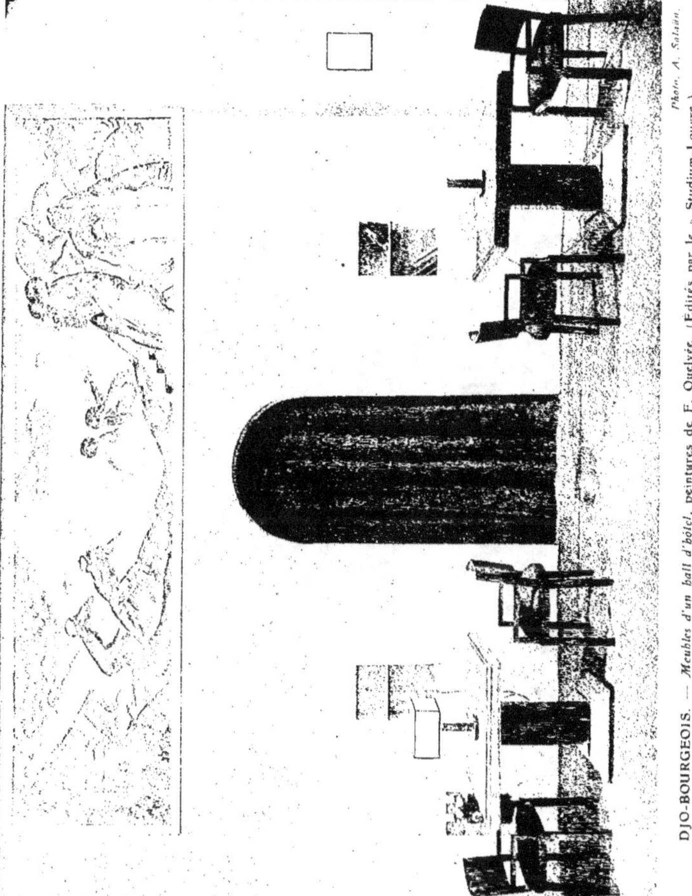

DJO-BOURGEOIS. — *Meubles d'un hall d'hôtel, peintures de F. Quelvée.* (Édités par le « Studium-Louvre.»)

Photo. A. Salaün.

Certes, le principe d'isoler la pensée, de la borner à la nudité d'un fond où rien ne la distraira, rencontre ses partisans. La nuit profonde promène des fantômes suggestifs que le jour dissipe. Le silence et la vacuité sont, en quelque sorte, sœurs du rêve. Mais ne vous semble-t-il point que ces

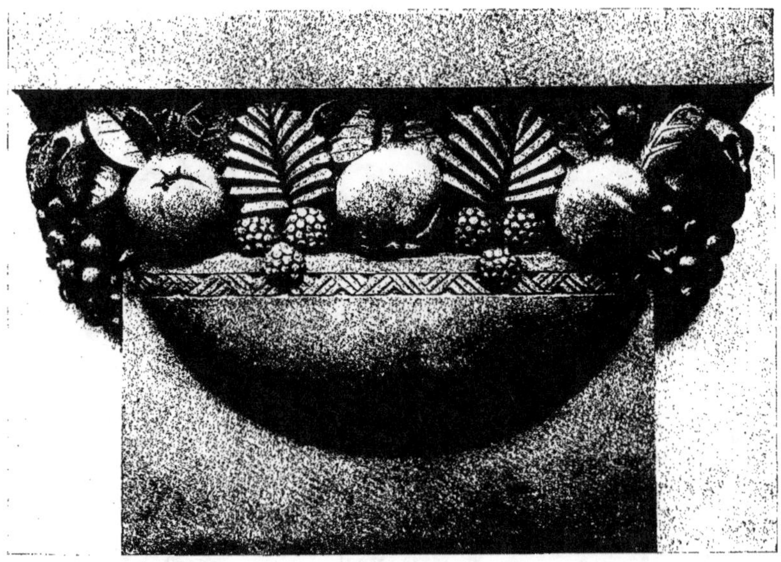

CH. HAIRON. — *Chapiteau.*

théories relèvent excessivement de la littérature et s'éloignent de la scène dont l'action en public doit être précise, nettement dirigée vers l'intrigue, l'effort et la sensation, dans un cadre figuratif, tandis que le livre, au contraire, agit dans le recueillement, en s'adressant à l'émoi individuel, distillant une affabulation où la couleur des mots, leur ordonnance, composent un style évocateur, non plus directement, mais selon l'imagination dont on est capable ?

Le décor « littéraire » ne s'adapterait-il pas mieux à une pièce féerique où les idées insaisissables ne sauraient être fixées matériellement ? Mais le symbolisme au théâtre a ses adeptes, son snobisme même, et nous ne

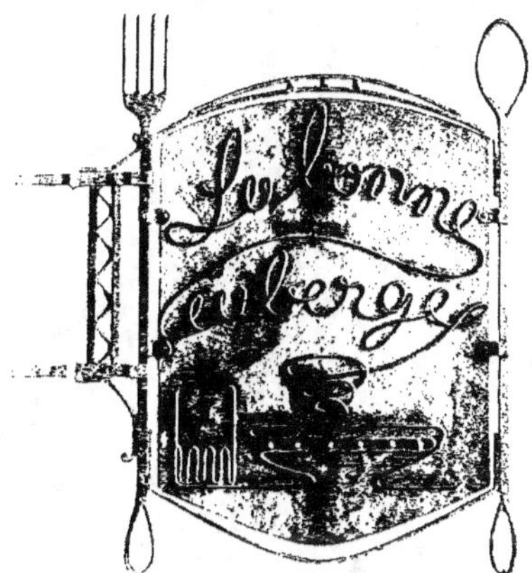

EDOUARD SCHENCK. — *Enseigne, en fer forgé.*

voulons retenir, présentement, que l'intérêt très vif du coup de pied dans l'édifice suranné d'où peut sortir une manière de décor différent du passé.

Or, si des peintres sincères, comme M. Maurice Denis, encore, avec MM. Valdo Barbey et Georges Barbier, entre autres, ont mené le bon combat rénovateur, les « cubistes » donnèrent aussi, de toute la force de leur extravagance, et la valeur des essais loyaux rétrograda. Les peintres, d'ailleurs, en ne confiant au décorateur spécialiste qu'une

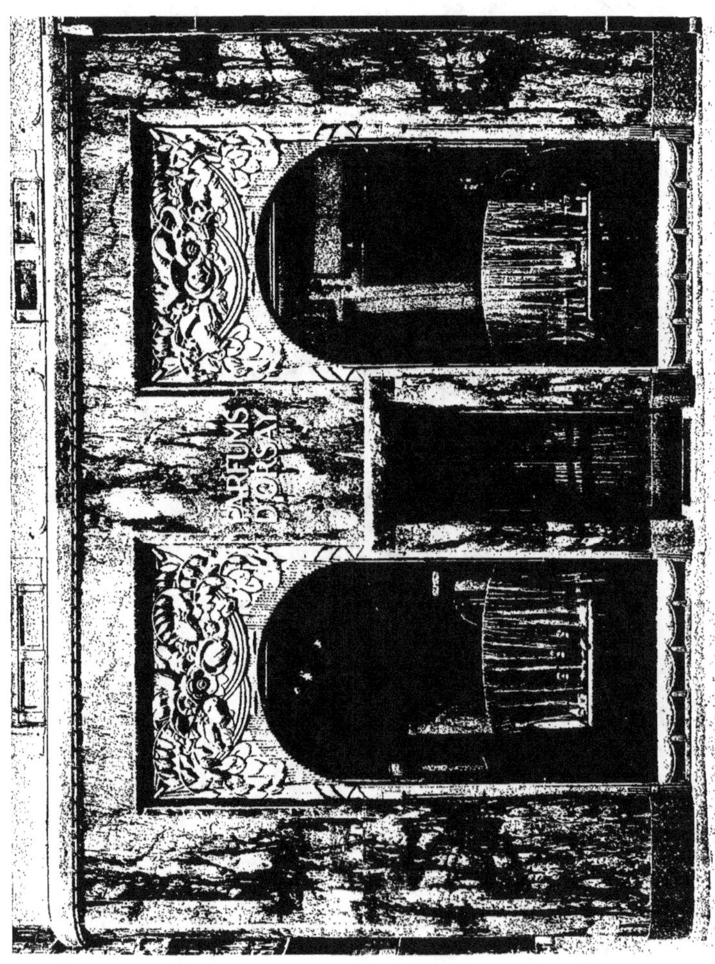

L. SUE et A. MARE. — Boutique pour un parfumeur (Compagnie des Arts Français).

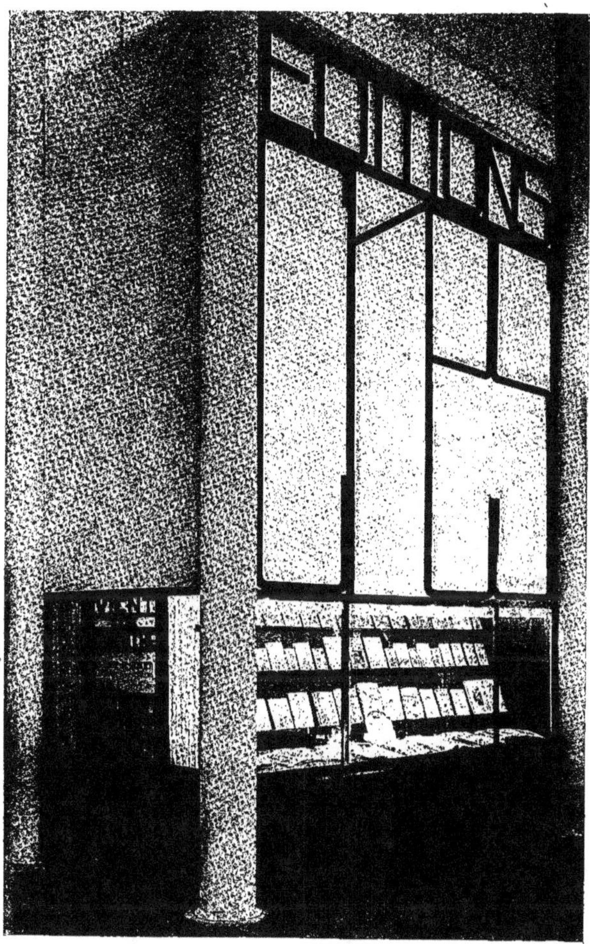

Photo. Rep.

FRANCIS JOURDAIN. — *Boutique pour un libraire.*

maquette, reconnurent ainsi l'importance technique d'artistes spécialistes, de la conception desquels il n'est point permis non plus de douter, étant donné les chefs-d'œuvre classiques.

Mais la mode a ses exigences et, de toute façon il faut la louer lorsqu'elle secoue la torpeur des habitudes. Et nos peintres, dirigés vers le décor et le costume de théâtre, n'ont point dit leur dernier mot, non plus d'ailleurs que l'école d'un Jusseaume, d'un Émile Bertin, d'un Ronsin parmi les décorateurs professionnels.

Le Costume de Théatre moderne. — Du côté du costume, à la scène, tandis qu'un Léon Bakst envisageait celui-ci comme le mouvement même des couleurs et des formes qui complétaient celles du décor; tandis que, d'une manière générale, et de tout temps, les costumes ont tendu à réaliser une harmonie d'ensemble sur le fond où ils « jouaient », M. Valdo Barbey, par exemple, s'inspire de ce principe que la décoration doit être aussi l'auxiliaire du costume, mais différemment. C'est-à-dire que l'arrière-plan sera assez effacé et de couleurs un peu neutres pour permettre aux costumes de briller dans tout leur éclat et dans toute leur valeur.

La théorie de la palette décorative vivante s'affirme, au résumé, toujours davantage, mais avec des violences, des contrastes et des crudités savoureux qui rejoignent logiquement les recherches de rythme, de timbre, et les savantes dissonances de l'orchestre moderne. De telle sorte que nos actuels costumiers de théâtre n'eurent qu'à adapter avec goût la gamme de la couleur à celle des sons, et, la vision ne se séparant jamais de l'audition, ils réalisèrent ainsi, de la nouveauté. Du moins celle qui répond à la musique de leur temps.

La Boutique moderne. — Si le décor appartient, en principe, au public, la boutique de la rue s'adresse à la foule qui passe. Notre époque se devait, d'accord avec l'architecture, de modifier le paysage de la rue,

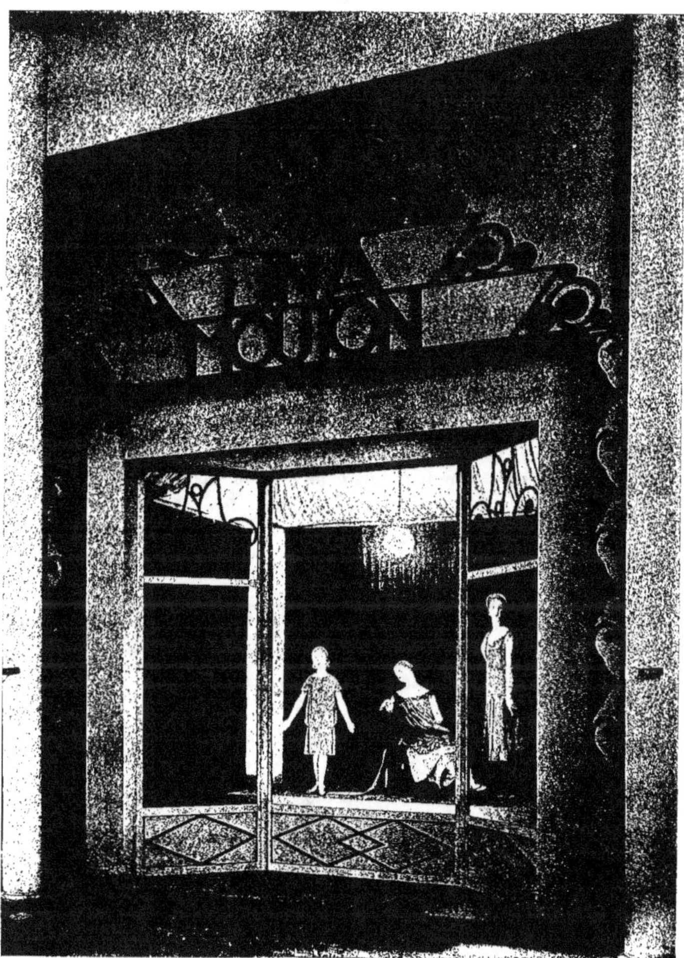

FERNAND NATHAN. — *Boutique pour une couturière.*

et la boutique ne pouvait demeurer fidèle à l'aspect du passé. Les méthodes de commerce ayant changé, les maisons de commerce étaient obligées de conformer leur visage à leur cœur.

« A de trop rares exceptions, s'indigne spirituellement M. Frantz Jourdain, les boutiques s'alignent à côté des unes et des autres, figées dans leur uniforme monotonie, et rappellent les figurants, aux minables silhouettes, qui portent des costumes de seigneurs avec la distinction de souteneurs de barrière. Mêmes corniches, mêmes attributs, mêmes peintures, aussi bien pour le joaillier visité par des princes, que pour le fabricant de margarine à un franc le kilo... »

Mais nos décorateurs modernes ont déjà profité de la leçon et, toujours pénétrés de la logique, ils ne manquèrent point à l'ordonnance de la rue dont les décrochements comme les perspectives sont, avec l'esprit d'adaptation du lieu à la dimension, autant de facteurs à ménager. Progressivement, d'ailleurs, le commerce viole la formule classique et dégénérée dans des sophistications de styles déplorables. Peu à peu, le besoin de se singulariser, en vue de la réclame stimulant le goût esthétique, des boutiques aux formes, décor et couleurs inédits, à l'instigation encore des besoins d'installation nouvelle, surgissent.

Ces besoins d'installation correspondent naturellement à la marchandise vendue. L'art de l'étalage prospère encore, et toujours orienté vers la synthèse de l'aguichement, sans le hors-d'œuvre d'un saindoux, par exemple, promu à la statuaire par l'artifice d'un charcutier dénué de goût. Les souliers du chasseur, suggestivement présentés parmi la bruyère (teinte !) et le gravier, sont aussi des attraits d'un autre âge pour le marchand de chaussures qui se respecte, et le coiffeur n'ose plus guère la poupée de cire au sourire écœurant.

Oui, la devanture s'achemine vers des destinées moins suspectes; elle affriole plus discrètement et plus loyalement. D'autres genres de mannequins plats, en bois, prétendent sans façon à autant de conquête.

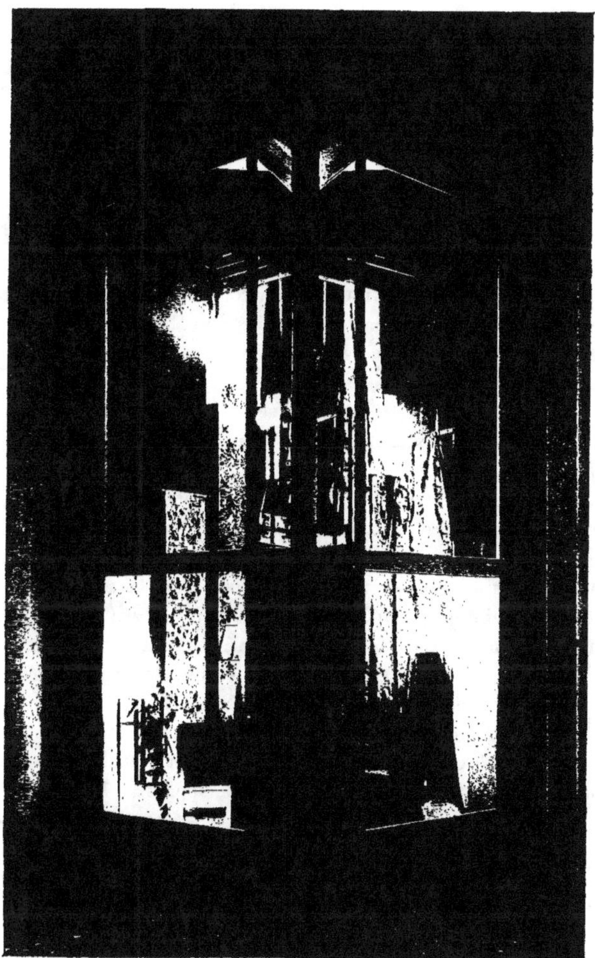

Photo. Rep.

PIERRE CHAREAU. — *Boutique.*

Le retour à la matière franche, le bois, le marbre véritable succédant à leur imitation, la fonte ou le fer invité à briller par soi-même, s'inscrivent donc, scrupuleusement, à la base de l'originalité. D'ailleurs, « si l'on a cru masquer l'ornement des solives en fer par une peinture décorative, le fer traversera la couche de plâtre, la toile marouflée et découpera en tranches uniformes les nuages et les dieux », et la justesse de cette observation, due à M. Louis Bonnier, s'accuse dans les craquelures de la sécheresse et les taches d'humidité qui mettent à jour d'autres matériaux camouflés, alors que de leur franchise, au contraire, une sincère contemplation eût résulté, sans dégâts au surplus.

Une similaire loyauté décorative débarrassera telle boulangerie d'un plafond décoré d'amours; passe pour une Cérès, mais encore ne faut-il point tomber dans les attributs réservés à un salon! Un salon pour une charcuterie choque plus, pourtant, qu'un salon de coiffure où s'attise la coquetterie...

Mais, un salon luxueusement destiné à abriter des poêles mobiles « ... fortement intimidés, je suppose (c'est M. Frantz Jourdain qui parle), par ces splendeurs et par les regards méprisants dont les foudroyaient les dames à péplum qui se carraient au plafond, dans les molles attitudes réservées aux habitants de l'Olympe », consterne en vérité notre entendement d'un commerce convenablement présenté dans son atmosphère. En dehors de l'aspect d'une boutique qui s'efforcera non seulement de constituer sa réclame mais de représenter son négoce, les lettres désignant le genre de marchandise doivent, dans une nette lisibilité, s'affranchir des alphabets connus. Autre différenciation à laquelle la boutique d'aujourd'hui s'est bien gardée de faillir, pour ponctuer l'*i* de son architecture inédite. Cette boutique, qui s'ouvre et se ferme au moyen d'un mode nouveau régissant une façade nouvelle, réclamait un fronton original, et les lettres dont il s'orne ont souvent moins de regard que sa sculpture symbolique, lorsqu'une enseigne en fer forgé ne vient point se substituer à tout autre signalement...

Quant aux dispositions intérieures de la boutique, plus pratiques qu'auparavant, elles participent naturellement des fantaisies générales du décor moderne, qu'il s'agisse d'un salon de thé ou d'un hall d'hôtel.

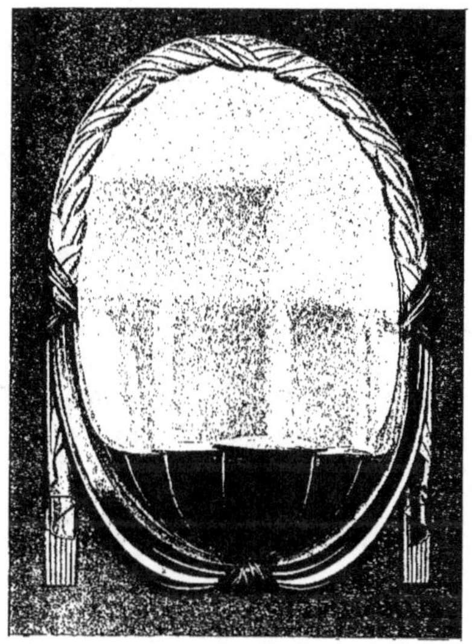

L. SÜE et A. MARE. — *Glace, or et noir.*
Éditée par la « Compagnie des Arts Français »).

Point de clinquant; de la sobriété en rapport avec le calme des lignes de l'extérieur. Moulures et chapiteaux à peine saillants, en vue de profils sans haut-relief, de grandes surfaces planes supprimant les « pâtisseries », en carton-pâte, d'hier. Une lumière diffuse tombant de plafonniers, de rampes électriques dissimulées; une lumière mystérieusement prodiguée.

Plus de lustres accrochés en plein ciel ! Et cette lumière met en valeur, non plus de fades peintures, non plus d'éternels motifs gréco-romains, mais des ornements d'aujourd'hui, des pochoirs décorativement neufs, d'accord avec des couleurs violentes, heurtées, d'une audace de juxta-position qui eût effarouché nos pères. Les filets et autres condiments exprimant des panneaux inexistants, des reliefs ou des creux réalisés par des clairs ou des ombres, au pinceau; des ors brillants multipliés pour illusionner de richesse, etc., tous ces mensonges d'autrefois sont prohibés. L'emploi de l'or ne vaut maintenant que par son charme mat et sa non prodigalité.

Des « ripolins » clairs alternent aussi, au nom de l'hygiène et de la nudité, avec les papiers agressifs; ce repos pour l'œil a été médité et, du tout au tout, qu'il s'agisse du décor d'une carpette ou d'un linoléum, les clichés ornementaux d'après les styles anciens dégénérés, pastichés, « arrangés », se sont envolés à jamais ! La décoration plane, dans ses moindres manifestations modernes, poursuit sa pensée d'expurgation et de rationalisme généraux. Elle se réfléchit dans une miroiterie d'un tact charmant. La glace ovale d'hier prend aujourd'hui des poses horizon-tales; elle connaît aussi des cadres d'une irrégularité décorative qui sont une révélation, malgré qu'elle ne lutte plus, comme jadis, avec le poli d'un parquet somptueusement mosaïqué, que des dallages curieusement bariolés remplacent.

Le miroir actuel, quel champ vaste d'ingéniosité et de délicatesse ! Avec la masse gracieuse des fleurs qui émerge à peine de sa bordure, avec les glands de soie qui flanquent sa forme capricieuse en rupture de tableau rigidement encadré.

En vérité, le miroir de la Femme du xxe siècle se devait de refléter son charme différemment qu'hier.

La tache sonore des devantures de magasins, enfin, mouchette la rue moderne pour brusquer sa monotonie, en souriant de tous les frais atours que leur destinent les Rapin et les Le Bourgeois, les L. Süe et A. Mare et les Dufet, les Montagnac, les Dufrène; les Rob-Mallet-Stevens, les Eric Bagge, les Djo-Bourgeois, les Jaulmes, les Ruhlmann et les Francis Jourdain, les Fernand Nathan et les Pierre Chareau, après des devanciers comme les Karbowski, les Frantz Jourdain, les L. Bonnier, les L. Sorel, les Plumet et les Lalique.

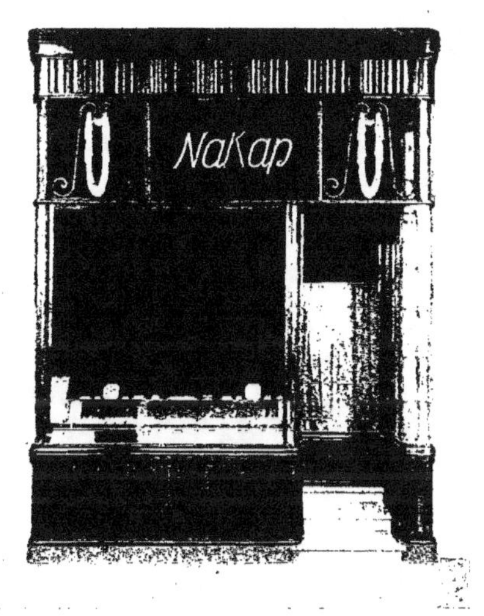

P.-P. MONTAGNAC. — *Boutique pour un bijoutier.*

LE BIJOU, L'ORFÈVRERIE, L'OBJET, ETC.

CHAPITRE VI

Le Bijou, l'Orfèvrerie, l'Objet, etc.

Le bijou doit s'adapter spirituellement à la grâce, au luxe et à la futilité de son temps. Si la fantaisie le fait éclore, selon la mode, il doit accompagner aussi le costume, décorativement sinon utilement. C'est le mauvais goût qui a corrompu le bijou et l'a réduit à n'être qu'un signe extérieur de richesse, cette richesse souvent aussi fallacieuse que les pierres soi-disant précieuses dont il se vantait. Cette richesse vaine à laquelle il se complut trop souvent au mépris de l'art; la beauté s'estimant au poids de la matière coûteuse et non à la valeur technique; la confection en bijoux ayant empiété excessivement sur l'art du bijoutier.

Si l'on ajoute, à cette décadence, le désordre ou la profusion du décor emprunté à tort et à travers des styles du passé; si l'on fait état, aussi, des procédés économiques de l'estampage qui précipitèrent le bijou dans le bon marché et la banalité d'expression, on saisit l'intérêt de notre réaction moderne. Le métal avili, en simili, devait fatalement naître du besoin de paraître que l'industrie de la camelote mettait à la disposition du commun, sans qu'il en coûtât trop à sa bourse. Et bientôt la coquetterie frelatée n'eut plus rien à envier à celle de la femme sauvage !

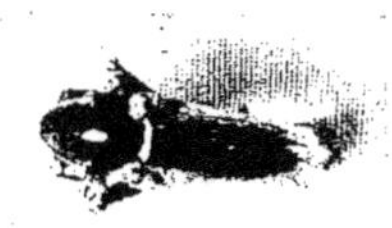 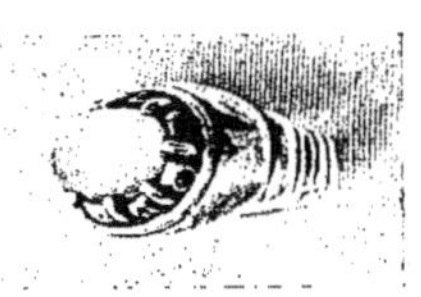 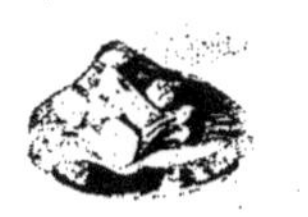

Alors que le mot bijou suffit à l'éloquence de sa rareté, à la tendresse du souvenir magnifié par l'art qui ajoute à son prix (s'il ne constitue point parfois sa plus grande valeur) une démocratie mal avisée, confondant le toc avec la simplicité sincère, la surcharge ornementale — pour flatter le plat orgueil — avec la sobriété franche, méconnut les bienfaits d'une technique proposée à la beauté sans artifice, mesurée à la qualité du goût, intrinsèque enfin.

Plus d'armoiries aujourd'hui, alors les gens s'avisèrent d'extérioriser leur âme du fait des accessoires de leur vie qu'ils arboraient !

Or, la tâche de remonter à la vertu essentielle du bijou, à sa plus exacte manifestation d'éclat, s'inspira des plus nobles et judicieux préceptes d'esthétique et d'usage. Nous les rappellerons.

La matière commande toujours. Robuste pour l'homme, délicate pour la femme, de la force à la sensualité ; ces vertus morales du bijou, associées au grain de la peau, à l'expression du visage, à l'intimité du corps, participant à la fois au reflet du métal et au frisson des gemmes comme au frémissement de l'être.

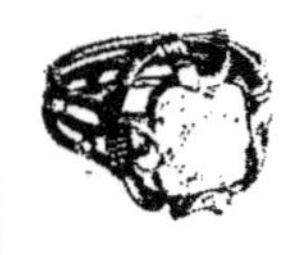 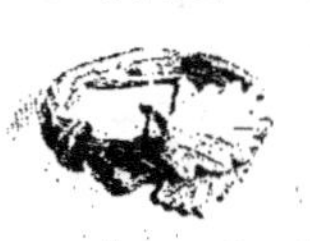 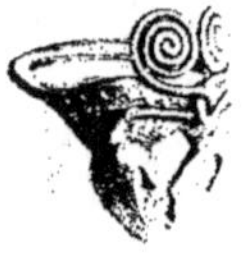

CHARLES RIVAUD. — *Bagues.*

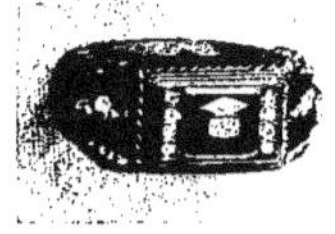 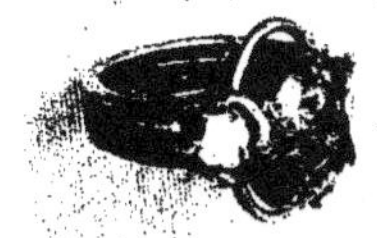 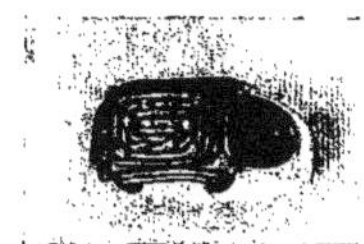

L'harmonie des couleurs, du diamant au rubis, de la topaze à l'émeraude, ne préoccupa pas moins l'artiste bijoutier que le contraste des
feux d'une pierre avec le velouté d'une autre. La chair mate d'une perle
s'oppose à la fulguration d'un diamant, dans un effet charmant. Les
combinaisons de ce genre sont multiples, autant que les patines ou la
matité avec le poli d'un métal, autant que la caresse aux yeux comme à
l'épiderme, de telle ou de telle pierre : les deux contacts supérieurs du
bijou, physiques aussi pour être complètement artistiques.

Car un or rouge exaltera une émeraude par sa couleur complémentaire, de préférence à une monture en platine, et cette pierre verte sur
la peau blanche d'une femme rousse, par exemple, trouvera son harmonie
de prédilection.

Savoir utiliser une pierre comme lumière, plutôt que de réduire la
pierre à n'être qu'un seul joyau; chercher, en un mot, l'agrément de la
belle lumière suivant la nature de la pierre ou du paillon sur lequel elle
doit reposer; savoir dissimuler, parfois, l'utilité de la monture au bénéfice
de la pierre fine à préserver des chocs, ou bien pour appuyer l'intérêt

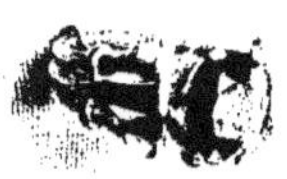 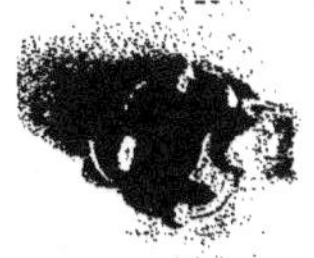

CHARLES RIVAUD. — *Bagues.*

de cette monture, d'accord avec les joyaux, relève d'un art complexe où l'invention créatrice, le goût, communient étroitement avec les connaissances subtiles de l'ouvrier.

« ... Le diamant, estimait l'excellent artiste-bijoutier moderne, Charles Rivaud, peut être placé sur une lumière et, pour l'accuser, dans un bijou qui aura de la fatigue ; il peut même être placé en ces endroits, en vue

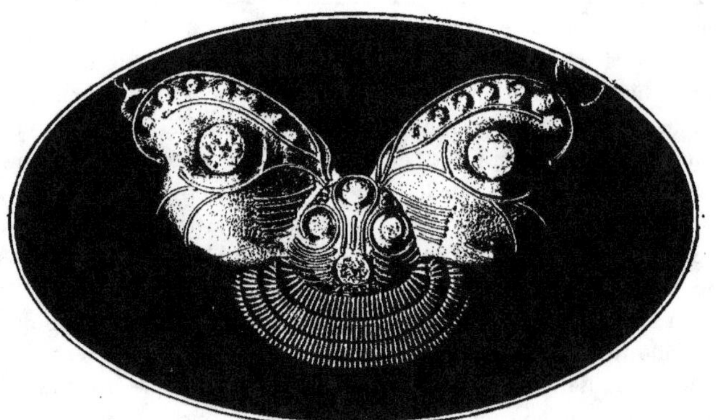

CHARLES RIVAUD. — *Pendentif* (or et brillants).

de protéger sa structure tout en l'éclairant, alors qu'une opale, sertie à la même place, serait immédiatement détruite ou rayée... »

De même que le peintre doit « cacher sa palette », c'est-à-dire l'artifice matériel de sa touche, de sa couleur, l'ouvrier (inséparable de l'artiste, en bijouterie) manquerait au métier de son art s'il ne dissimulait point les traces de son outil (à moins que celles-ci ne vaillent d'être accusées pour donner du caractère ou du pittoresque), les soudures du métal, etc.

Et ce métier de l'artiste-bijoutier reflète non seulement la main (sous l'empire d'une pensée) qui, avec des connaissances de peintre (pour la

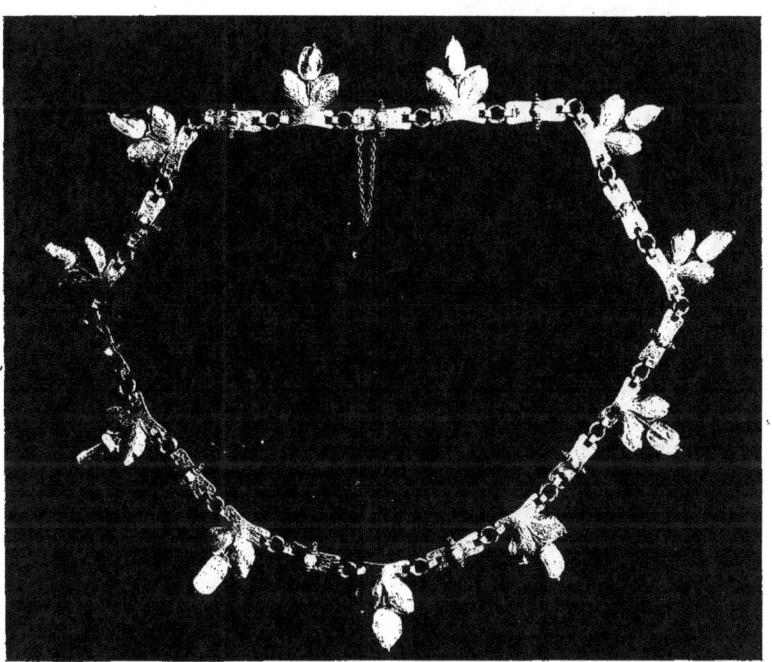

CHARLES RIVAUD. — *Collier (or émeraudes et perles).*

couleur), de sculpteur et d'architecte (pour le relief et la construction), le façonna, mais encore le ciel sous lequel il fut créé.

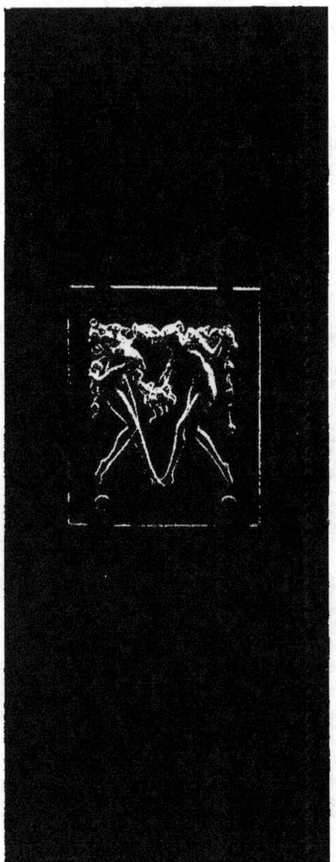

RENÉ LALIQUE. — *Pendentif* (cristal gravé).

La philosophie du bijou dans sa forme, son esprit, sa composition en vue de la destination, de ses rapports avec les divers caractères de l'individu, nous entraînerait trop loin. Bijou intime, caché, extériorisant son invulnérabilité, son impénétrable mystère ou bien bijou sacerdotal, conforme à des gestes rituels ou bien à la placidité orientale. Bijou relevant la simplicité d'une robe, et mal à l'aise lorsqu'il lutte avec les autres parures de la robe, passementeries, broderies et dentelles, plus disposées à le proscrire qu'à l'encourager.

Bijou ponctuant une toilette, en accompagnement, en rappel. Tout un tact, tout une sobriété de tenue générale ; autant de nuances infiniment délicates guidant l'inspiration, du symbole à l'esthétique.

Abordons, maintenant, le chapitre des préoccupations matérielles et pratiques de notre objet.

Dans le principe, une bague ne doit point être trop pesante au doigt qu'elle pare. Non plus qu'un pendentif elle ne saurait « accrocher » ni risquer de blesser, dans un serrement de main, sans faillir à sa grâce. Un peigne assez mal conçu pour arracher les cheveux, comme une épingle de cravate, comme une boucle susceptible de déchirer ou de piquer, contredisent à leur rôle essentiel.

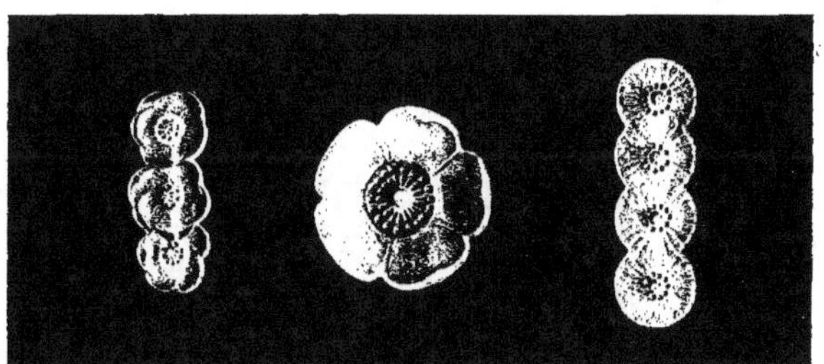

RENÉ LALIQUE. — *Broches* (verre gravé et émaillé ; monture or et diamants).

« ... Tout se révèle sous le contrôle de la pratique, déclarait encore Charles Rivaud ; la pendule d'art qui ne marche pas, la broche d'art qui

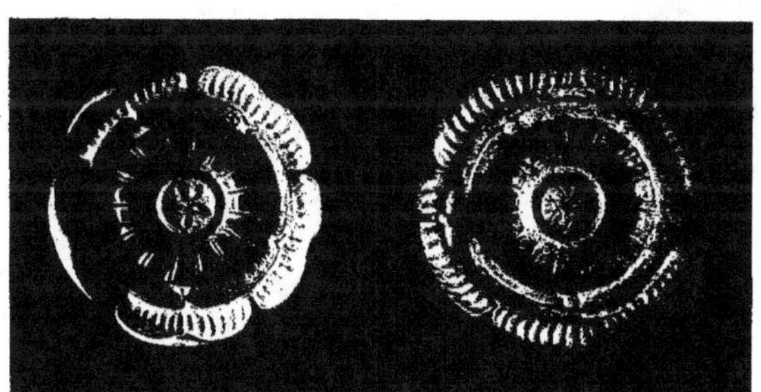

E. MONOD-HERZEN. — *Broches en argent* repoussé et émaillé (recto et verso).

ne tient pas fermée ou manque des résistances convenables pour se fixer sur les diverses matières des vêtements, la chaîne d'art qui casse à tout instant; toutes ces œuvres d'art qui perdent leurs pierres si elles en comportent; l'orfèvrerie d'art qui ne répond à aucune des possibilités de l'entretien en vue de l'hygiène de la table; le couvert, le couteau mal équilibrés, qui tombent à tout propos, se tordent, ou dont la lame tourne dans le manche au risque de blesser; l'épée d'honneur donnée à un général

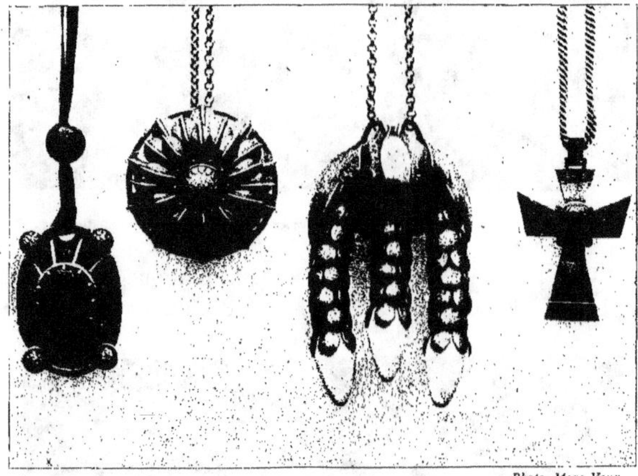

Photo. Marc Vaux.

PAUL BABLET. — *Bijoux-pendentifs.*

au cours d'une guerre pareille (allusion à celle de 1914-18), qui n'est qu'un outil inférieur alors qu'il s'imposerait que ce fût une œuvre d'art et une arme de premier ordre... »

On saisit, dès lors, la tâche de sensibilité expressive qui échoit à l'artiste-bijoutier dont la sincérité des gemmes, le métal vrai, sollicitent seuls la technique.

Du rubis au rubis de synthèse, du diamant au strass, de la perle à la perle japonaise, quel fossé! De l'or au doublé, de l'argent au plaqué, du

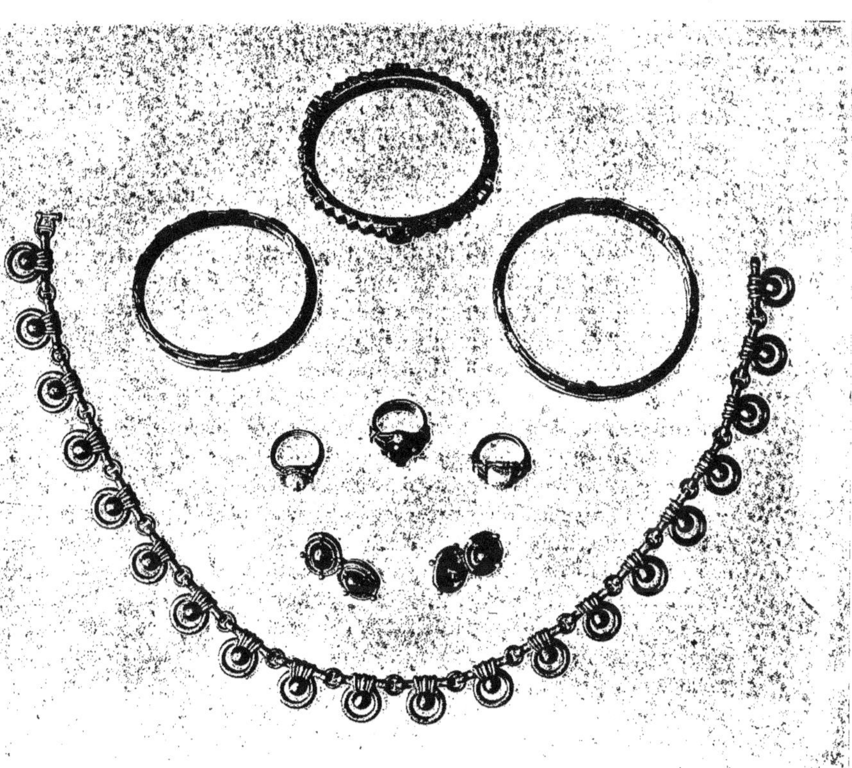

ANDRE RIVAUD. — *Collier, bagues, bracelets.*

métal massif au métal estampé jusqu'au métal fourré, quel abîme ! Toute la série des pierres fausses ajoute au calvaire que se refuse de gravir l'artiste, disposé en revanche à ennoblir même une matière non précieuse (les bijoux en fer forgé de M. Brandt, malgré la critique que nous avons faite de leur adaptation choquante à la grâce, étaient néanmoins d'une curiosité technique intéressante, et de même les bijoux en bois, en dépit de leur contexture irrationnellement éphémère) plutôt que de profiter, en dehors de l'art, d'une matière précieuse. Principe, d'ailleurs général, de l'esthétique française moderne. Et, quant à la technique du bijoutier, qui n'a point varié à travers les siècles, en dehors de la perfection d'un outillage mécanique souvent convenable, nous nous refusons à en décrire les multiples opérations, variables aussi bien, entre les mains de l'artiste, qui ne craint point d'ajouter aux outils consacrés tout un petit outillage relevant de son ingéniosité personnelle.

Limes, burins, pinces, cisoires, étaux, brunissoirs et rifloirs s'aperçoivent dans l'atelier du bijoutier aux alentours du laminoir, du banc à tirer, avec des filières, marteaux et mandrins. Un four pour la fonte et la recuisson, des creusets, etc., etc. ajoutent leur utilité aux précédents ustensiles d'exécution dès que le dessin ou modèle a été décalqué (à moins que modelé au bout de l'outil, estampé au balancier ou repoussé avec la résingle) sur le métal, puis détouré, embouti, plané, ciselé...

C'est à M. René Lalique que revient l'honneur de la rénovation artistique de la Bijouterie, en 1900, et MM. Georges Fouquet, Henri Véver (souvent en collaboration avec E. Grasset, pour le dessin) s'inscrivent, notamment, à sa suite, faisant triompher à la fois la pierre précieuse et la pierre banale, dans des montures rigoureusement associées à la forme et aux gemmes, ne visant qu'à charmer le regard, sans que domine le coût.

A ces noms s'ajoutent fièrement encore ceux de Charles et André Rivaud, de Paul Iribe, Liénard, E. Monod-Herzen, Raymond Templier, G. Deraisme, Paul Bablet, Gérard Sandoz, etc. dont la fantaisie suivit

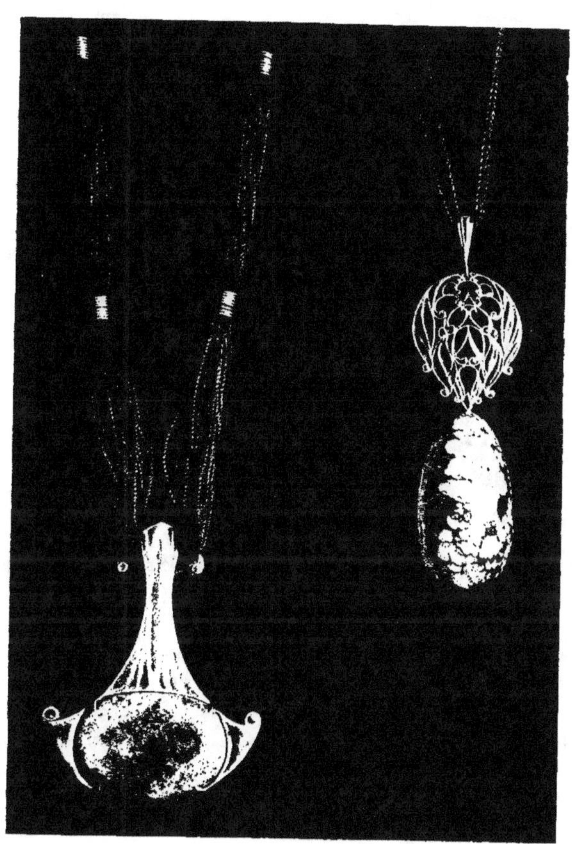

RAYMOND TEMPLIER. — *Pendentifs.*

l'exemple magistralement inspiré de la Nature, revenu à l'initiative technique et décorative personnelle (pour la plupart d'entre eux, du moins) que l'industrie annihilait, vulgarisait machinalement sous le couvert de nos grands styles du passé dénaturés.

L'ORFÈVRERIE. — La richesse des pièces d'apparat réservées au luxe royal devait s'amender, de nos jours, dans une expression riche seulement

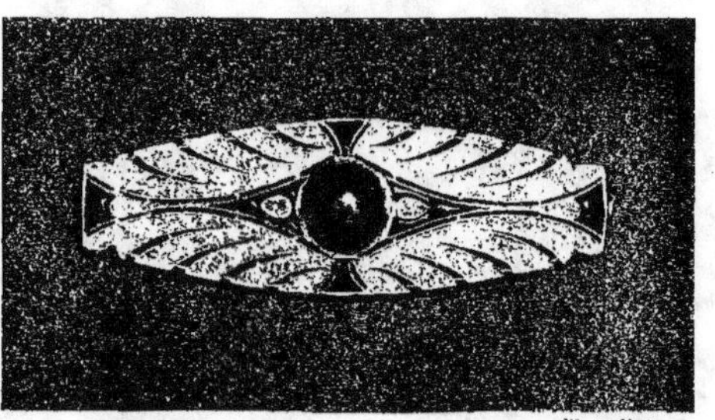

Photo Kep.

GÉRARD SANDOZ. — *Broche. (Émeraude, onyx et brillants.)*

et surtout logiquement adaptée à notre démocratie sans faillir à la beauté ni de la matière ni du décor. Ce dernier même, jugé non indispensable par nos orfèvres modernes qui prétendent, excellemment, réussir dans la forme sobre sans manquer à l'opulence. Aussi bien, une période de calme devait succéder à l'abondance excessive de la décoration avec un retour à la technique loyale. Par sa matière coûteuse, encore, l'expression de l'orfèvrerie plus définitive, étant donné d'autre part sa résistance supérieure à celle de la céramique, redoute aussi, davantage, les fluctuations de la mode.

Naguère, le creuset guettait l'orfèvrerie; ses chefs-d'œuvre en or et en argent massifs n'avaient pas tardé à disparaître, au XVIIe siècle, dans la pénurie du trésor royal, et la Monnaie fondit aussi le précieux métal sous la Révolution. Or, outre que notre magnificence n'atteint point aux splendeurs du passé, il n'est plus question de menace envers notre orfèvrerie présente. La magnificence d'hier, au surplus, prodiguant la matière

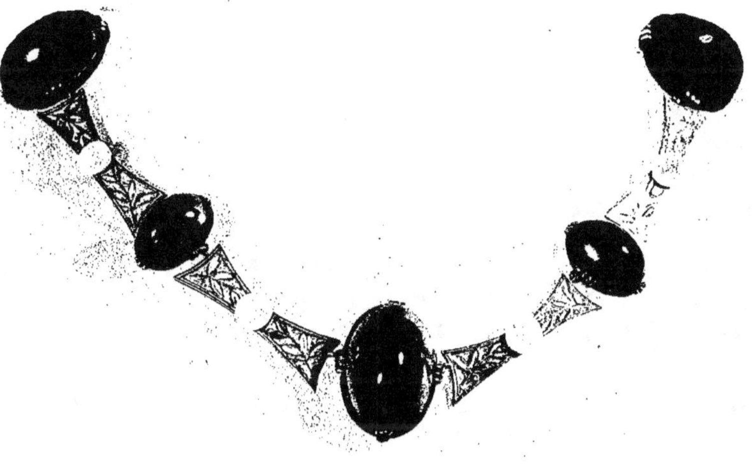

Photo. Jean Desboutin.

G. FOUQUET. — Collier.

sans compter, la modestie de notre goût préférant s'adapter à une sobriété où l'art a davantage de part.

La forme nue, d'ailleurs, suffirait à l'idéal moderne puisque cette forme châtiée, déduite et résolue sans artifices, représente, en somme, la réelle beauté dont le corps humain, sans voiles, donne l'exemple.

Singulièrement se fortifie cette comparaison, d'autant que les tares physiques ne risquent pas d'être davantage dissimulées sous le vêtement que les fautes techniques d'une forme d'orfèvrerie sous une ornementation parasitaire. Le décor ne se justifie, dans la pensée moderne, qu'autant qu'il joue franchement son rôle d'enjolivement pur ou d'utilité et,

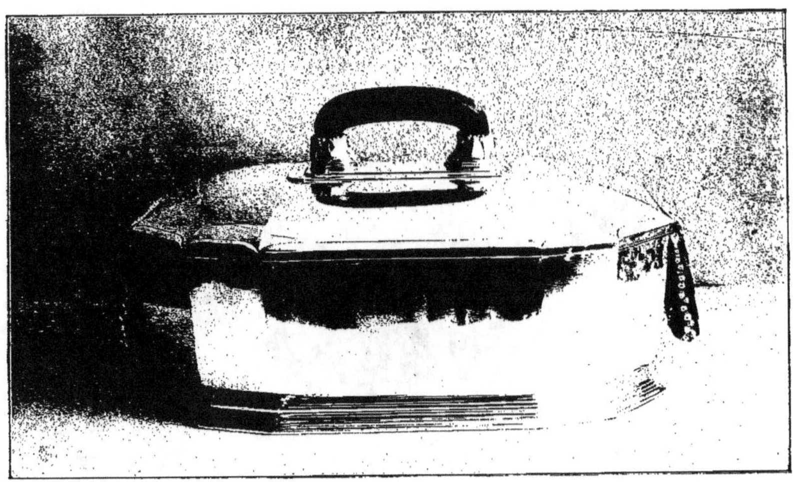

JEAN PUIFORCAT. — *Orfèvrerie.*

après l'excès d'une ornementation où les fleurs, fruits et feuillages étaient copiés, mêlés à des insectes, rendus non moins naturellement, l'art moderne synthétisa ces éléments de la vie jusqu'à en arriver à son style de simplicité.

C'est là le résultat de vingt cinq années de recherches.

Nous examinâmes, avec la céramique, les rapports de la forme avec la destination. Ici les lois d'esthétique et d'utilité sont analogues. Le récipient, quel qu'il soit, relève de soins presque identiques. Nous avons indiqué, cependant, les sécheresses du métal vis-à-vis des rondeurs de la céramique et, de là, une réalisation des galbes et moulures, spéciale. De la matière différente dépendent d'autres résultats.

C'est ainsi que la surface polie du métal n'est point sans conseiller

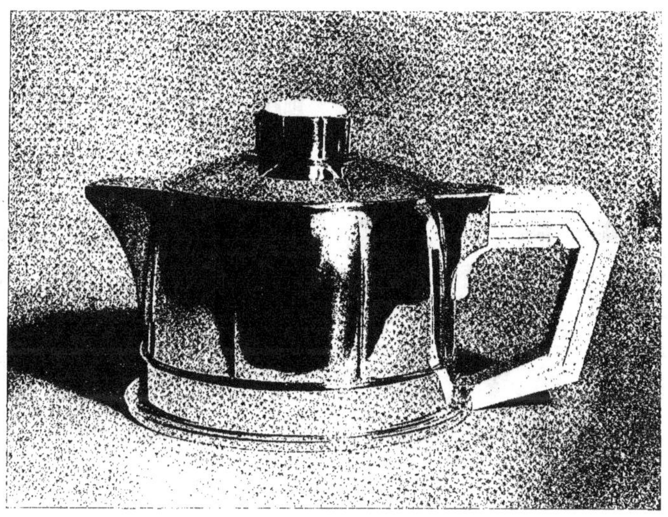

JEAN PUIFORCAT. — *Orfèvrerie.*

plus ou moins heureusement le décor. Le jeu des reflets, le contraste des ombres et des clairs, s'accordent avec la forme, concourant à la manifestation des surfaces unies, procurant où il faut le repos aux yeux, attirant enfin l'éclair de la lumière où il convient.

Et puis, destiné à contenir un liquide brûlant, le métal, qui s'échauffe vite et garde longtemps sa chaleur, réclame volontiers les atours du bois

— mauvais conducteur de la chaleur — pour l'anse, pour le bouton qui coiffe une théière, par exemple. Au noir de l'ébène, des rouges procurés par le corail, des verts et autres tons offerts par quelque galalithe, alternent non moins avantageusement avec la blancheur de l'ivoire sur l'argent.

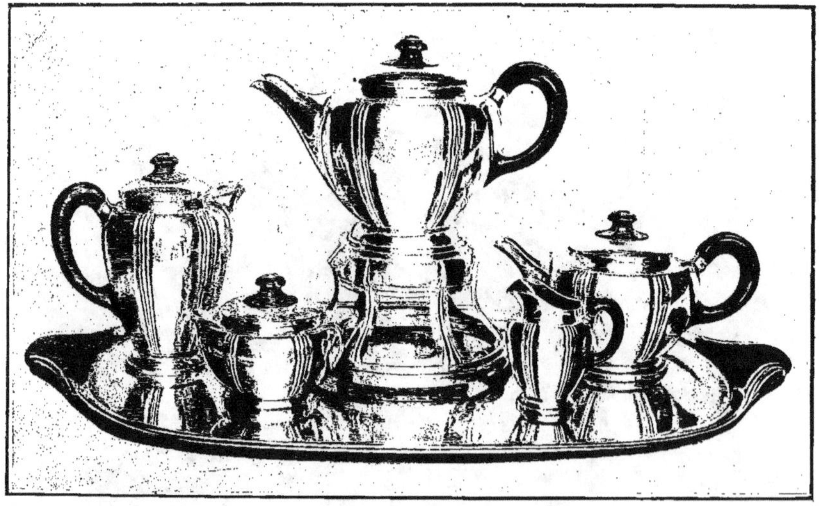

CARDEILHAC. — *Service à thé,* argenterie.

Note de couleur délicate à distribuer mais dont les réfractions chantent, souvent, avec un rare bonheur sur la lumière froide.

Sans oublier que les ressources de la patine varient encore l'aspect du métal, cette patine que dispense le temps, avec un talent supérieur...

Au chapitre du métal façonné à la main, nous renseignâmes déjà sur la technique machinale de l'estampage pour un aboutissement similaire d'ordre non artistique, et la fonte intervient ici, en matière d'orfèvrerie, à côté de la pratique de l'emboutissage et de la rétreinte au marteau.

Étant admis que rien n'atteint au charme du métal travaillé par un Émile Robert, par un Jean Dunand, nous avons noté, néanmoins, les ressources de la machine dirigée avec art.

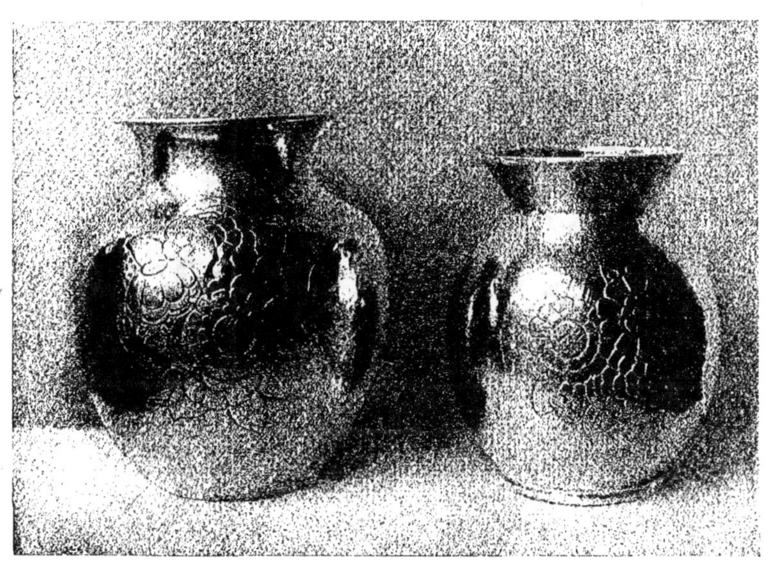

GÉRARD SANDOZ. — *Vases*, en argent martelé et ciselé.

Combien de dinandiers d'aujourd'hui, choisis parmi les meilleurs, pourraient se vanter d'incruster toujours le métal en fils? Ne sont-ce pas, le plus souvent, des coulées de soudure d'argent — et non des incrustations — au moyen desquelles ils expriment leurs dessins clairs sur fond sombre?

Ne faillissent-ils jamais, non plus, nos probes artisans du métal, aux séductions promptes et « avantageuses » de la galvanoplastie ?

« ... Dès que l'on a construit des métiers, et cela remonte à la plus haute antiquité, le travail des étoffes est devenu industriel. En est-il moins artistique, questionne M. H.-M. Magne, du fait que, dans les

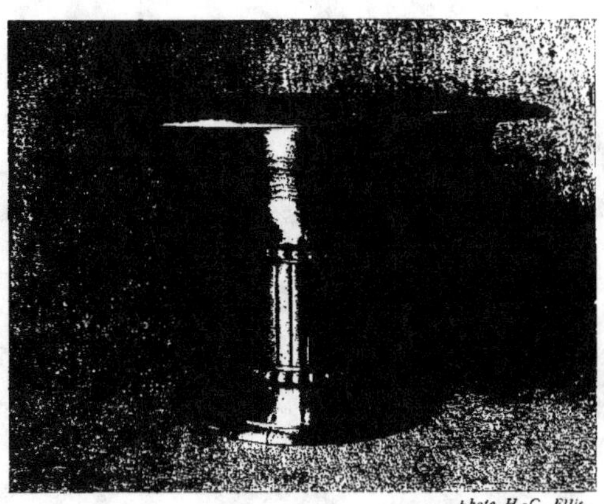

Photo H.-C. Ellis.

GÉRARD SANDOZ. — *Coupe, en argent martelé.*

métiers mécaniques modernes, le lavage des fils de chaîne ou le lancement de la navette est actionné automatiquement ?

« N'est-ce pas, au contraire, parce que, depuis plus d'un siècle, la machine s'est appliquée aux toiles et aux papiers imprimés, que ces industries ont pris leur essor ?

« Il serait donc contraire à tout esprit de progrès de nier *a priori* que les méthodes actuelles de production pussent être incompatibles avec l'art... »

Judicieuse observation qui, d'autre part, fait face à un certain snobisme du « retour à la naïveté ». Le décor planté à la manière simpliste du temps de Shakespeare, souvenons-nous en, a ses fervents à notre heure, et nous parlerons plus loin de la vogue actuelle pour la gravure sur bois, au canif, à la façon du XVIe siècle !

Entre la pratique du métier savant et sans âme et l'expression d'une

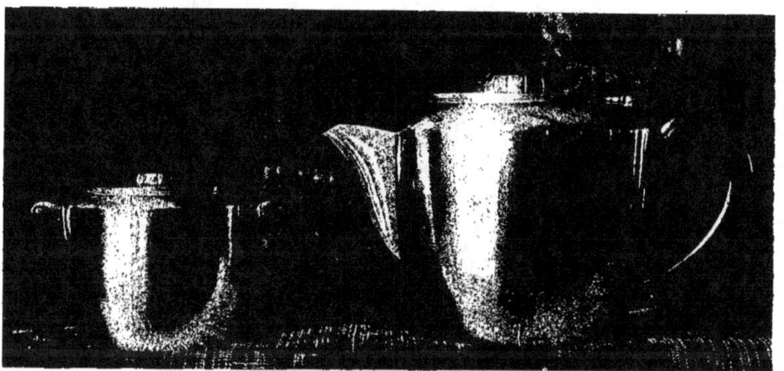

Photo H.-C. Ellis.

GÉRARD SANDOZ. — *Cafetière et sucrier, en argent et ébène.*

âme sans métier, il existe, pensons-nous, un strict milieu. Nous nous heurtons ici, encore, à une question économique et, s'il faut réserver à l'art des types exemplaires, nombre d'objets ne perdent rien de leur qualité d'être fabriqués en série ou traités au moyen de l'estampage et de l'emboutissage au tour. De très belles pièces même résultent de ces opérations machinales, en dehors de tant d'autres objets de moindre importance, et c'est la sincérité de cette expression qui justifie son intérêt.

En s'adaptant aux progrès de l'outillage, l'artiste, souvent, n'aura-t-il point atteint à son rôle le plus logique, plutôt que de récriminer et de maudire ? Ne demeure-t-il point toujours maître de la forme et du décor ?

La ressource, enfin, de s'énoncer pour la gloire lui sera-t-elle jamais
interdite ?

Ce disant, notre pensée maintenant rejoint, pour une contemplation

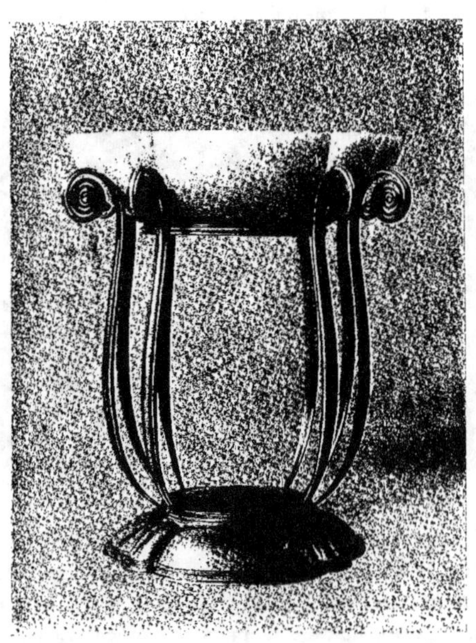

Photo. H.-C. Ellis.

GÉRARD SANDOZ. — *Coupe, en argent martelé et jade.*

supérieure, les cuivres de Husson, ceux, argentés, de L.-H. Bonvallet,
les cuivres jaune et rouge de F. Scheidecker, tout une dinanderie savou-
reuse, digne du passé.

Et, cependant, malgré la valeur des ferrures de meubles estampées
dues à M. Louis Gigon, et en dépit des excellentes réalisations en

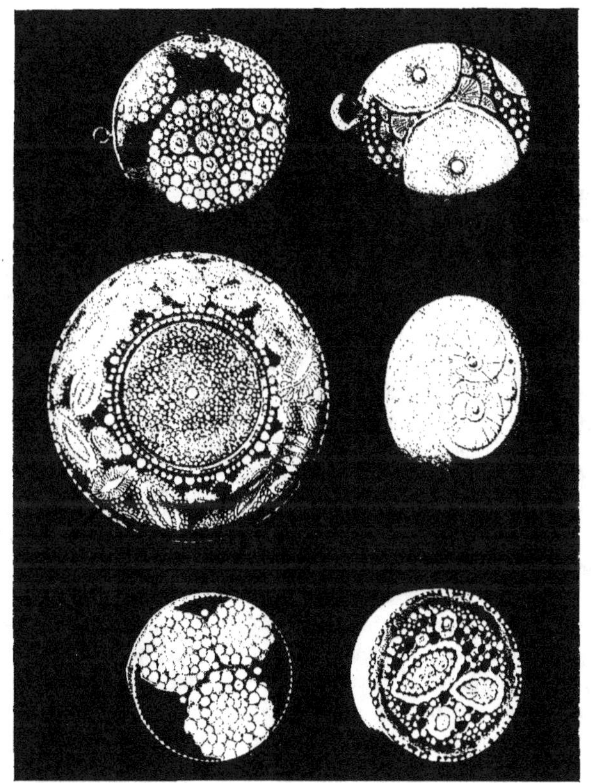

CLÉMENT MÈRE. — *Bonbonnières et breloques, en ivoire et laques de bois.*

cuivre estampé d'après les dessins de MM. H.-M. Magne et Féan, nous ne pouvons manquer d'évoquer les chefs-d'œuvre du genre, en fer forgé, dont s'enorgueillit la France, du moyen âge au XVIIIe siècle.

Et cependant, en renouvelant la forme et le décor de nos entrées de serrures, plaques de propreté, paumelles, boutons de porte et autres accessoires économiques de notre époque, les noms d'artistes tels que MM. Süe et Mare, joints aux précédents, méritent notre gratitude sincère.

Constatons enfin, avec P. Mérimée, à titre de consolation, « qu'il existe une relation intime entre toutes les parties de l'art, et que, partout où surgit un grand artiste, se forment des ouvriers habiles et intelligents. Là, en effet, où coule un grand fleuve, il est facile de creuser des canaux d'irrigation, et le courant majestueux qui porte à la mer des vaisseaux de haut bord, alimente sans peine une infinité de rigoles, répandant partout la fécondité. De Raphaël et de Michel-Ange procède Benvenuto Cellini ; les grands peintres ont produit le grand orfèvre ».

Après quoi, nous retournerons à l'orfèvrerie que nous avons vu réussir dans la sobriété des formes nouvelles, affranchies du pastiche des chefs-d'œuvre précurseurs, pour le décor.

Le travail au marteau, le plus anciennement employé en matière d'orfèvrerie, sollicite un grand nombre de métiers et une non moins imposante quantité d'outils. Emboutir, retreindre, tracer, couper, dresser, polir, sont autant d'opérations que pour la plupart nous avons déjà envisagées à propos du métal repoussé et, en ce qui concerne essentiellement l'orfèvrerie, la pratique de la fonte s'ajoute à la précédente ; le repoussage au marteau ne pouvant s'effectuer, d'autre part, que sur des pièces de peu d'épaisseur.

Les ornements et ciselures importants, tels que anses, pieds, etc., sont notamment moulés *au sable*, à la manière du moulage de bronze, et ils s'exécutent sur des pièces fondues. Suivent : la soudure à la forge et au chalumeau, le finissage à la ponce ou au tripoli, les applications

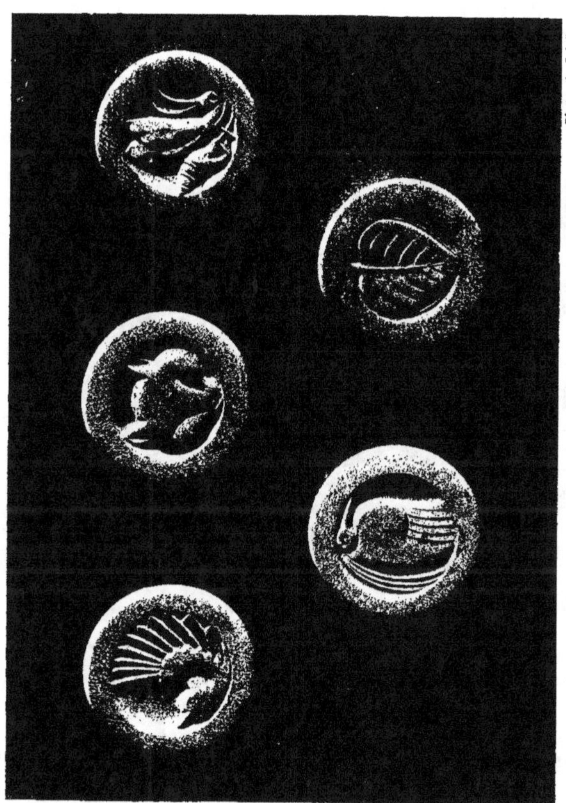

Photo. A. Salaün.

E. LE BOURGEOIS. — *Jetons en ivoire.*

de rouge d'Angleterre pour donner « le vif » et du brunissoir qui confère l'éclat, le poli.

Après cette brève énumération d'attentions si délicates et minu-

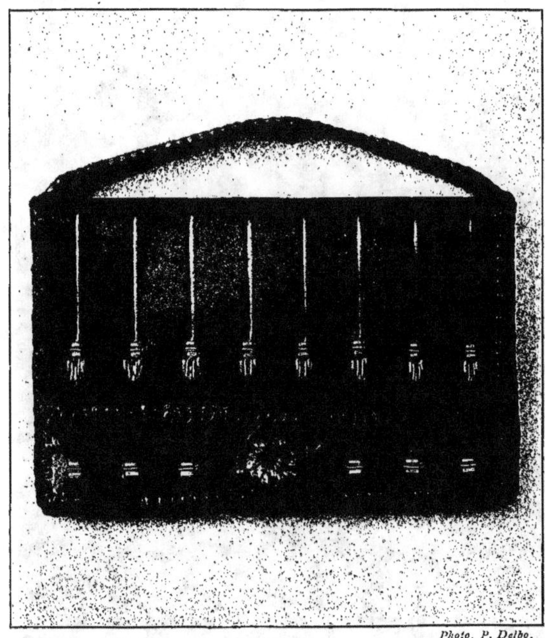

Photo. P. Delbo.

Mlle **L. GERMAIN.** — *Sac à main en cuir.*

tieuses qui évoquent encore d'autres moyens similaires de traiter artificiellement le métal, tels que la galvanoplastie, nous remonterons aux maisons d'orfèvrerie (et de bijouterie) qui, par le choix de leurs modèles confiés à d'excellents artistes, surent d'autant fleurir la riche matière.

Aux dignes précurseurs comme Froment-Meurice, Massin, Armand-Calliat, Poussielgue-Rusand, s'ajoutent les Boucheron, Falize, H. Véver,

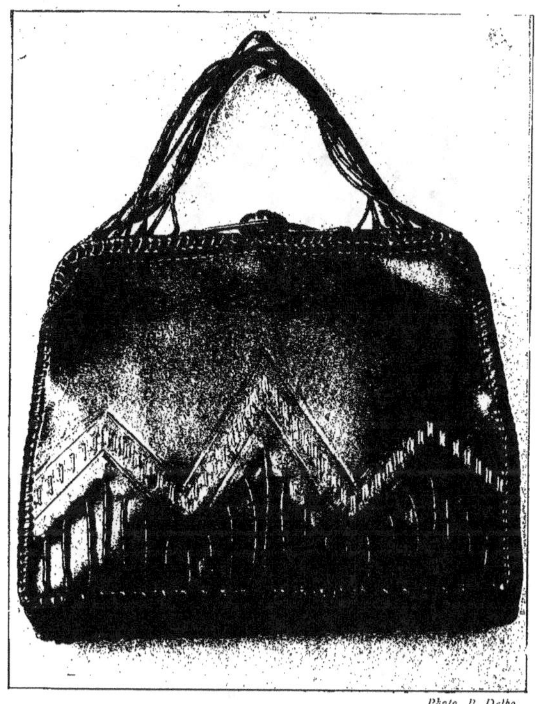

Photo. P. Delbo.

Mlle L. GERMAIN. — *Sac à main en cuir*

Aucoc, Roger et G.-Roger Sandoz, etc., dont les firmes poursuivies accusèrent toujours plus la rénovation moderne, accrues de celles des

Cardeilhac, Gaillard, de « Gallia » (Christofle), des Hénin, des Capon
entre autres. MM. Süe et Mare, enfin, dont des surtouts, par exemple,
en bronze doré et cristaux, témoignent d'une fantaisie des plus atta-
chantes, MM. Jean Puiforcat, Hossler, Burkhalter, H. Miault, Béhal,

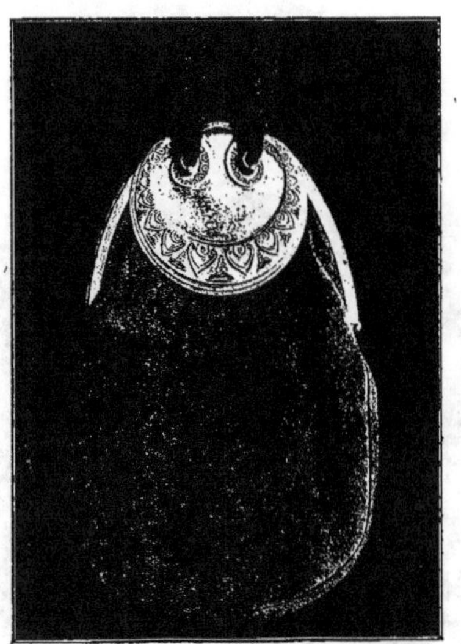

RAYMOND TEMPLIER. — Sac à main.

Laparra, Gérard Sandoz, s'avèrent aujourd'hui parmi les meilleurs
créateurs... ou avisés éditeurs de modèles.

Car il convient toujours, de faire le départ entre l'artiste et l'industriel, en quelque matière esthétique que ce soit, d'ailleurs. L'artiste qui
exécute et signe l'œuvre qu'il enfanta, l'industriel profiteur de modèles,
conçus le plus souvent anonymement, dans son arrière-boutique. Ce

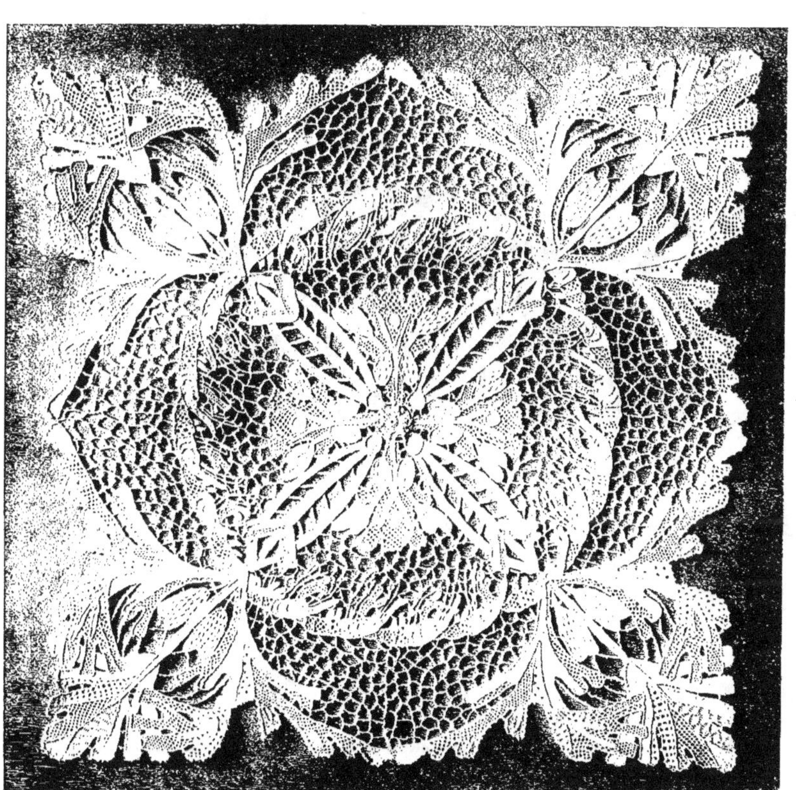

Mlle MADELEINE BUNOUST. — *Dentelle de Venise pour un coussin.* (Musée des Arts Décoratifs.)

dernier dont, fréquemment, le goût directeur et la valeur commerciale exaltent la renommée à l'égal de l'artiste-créateur, lorsqu'ils ne l'étouffent pas... Il est équitable d'ajouter qu'aujourd'hui quelques notables industriels se sont honorés d'avoir asscció le nom de leurs collaborateurs au leur.

Mais, l'exemple hautain d'un Charles Rivaud reste à citer, qui estimait

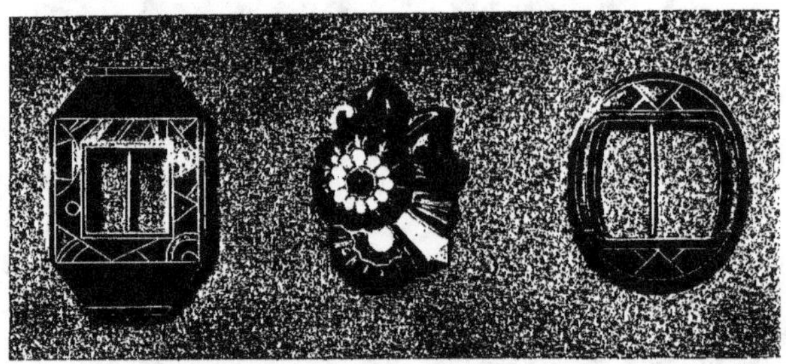

GÉRARD SANDOZ. — *Broches, or et émaux.*

mait « qu'il aurait dérogé et commis une inexpiable trahison s'il avait confié à d'autres mains qu'aux siennes la matérialisation de ses projets »...

Dans le sillon de la bijouterie naît la multitude des objets précieux. Nous leur consacrerons donc ici, quelques lignes dignes de la belle matière autant que d'une matière quelconque qu'ils surent embellir en flattant à la fois le regard qui contemple et la main qui caresse.

En un mot, le décorateur moderne a fourni des modèles à toute l'industrie du luxe; il a redressé son goût en conseillant la mode. Du plus grand au plus petit objet, de l'utilité la plus stricte à la plus futile des destinations, s'exprime le décorateur moderne pressenti par l'industriel averti. Et c'est miracle de voir que le moindre jeu de brosserie varie sa beauté, se rattache à l'art, grâce à un E. Le Bourgeois, sous le ciseau duquel le moindre manche de parapluie en ivoire, en corne, devient un bijou rare. La décoration plane attire autant M. Ch. Hairon que M. E. Le Bourgeois, pour les manifestations les plus usuelles comme les plus

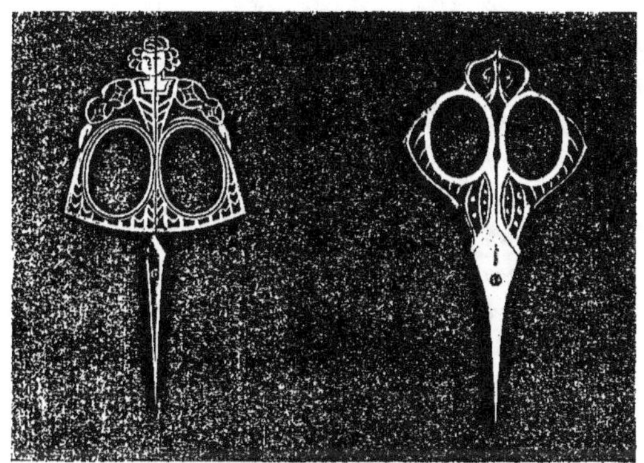

A. BALLET. — *Ciseaux*. (Louis Vuitton, Éditeur).

raffinées, et Mme O'Kin-Simmen n'est pas moins heureuse dans la nacre que dans le bois et la corne où son talent sait consacrer une modeste boîte.

Quand Napoléon Ier avait un cadeau à faire, il s'en tirait presque toujours avec une tabatière ornée de son portrait par Isabey, mais quelle tabatière ! Et, gageons que le « petit caporal » eût aimé à varier ses largesses en offrant une menue boîte en ivoire signée Clément Mère.

Le dessinateur Grandville s'amusant à tracer le soir toutes sortes de petites scènes plaisantes sur des papiers coupés en triangle destinés à devenir les papillottes de Mme Granville parce que, n'étant pas riche, il ne pouvait donner des émeraudes pour pendants d'oreilles à sa femme, la comblait bien, en effet, de papillottes « comme n'en avaient pas les reines ! »

Les grandes dames aux vêtements parés de boutons sculptés dans

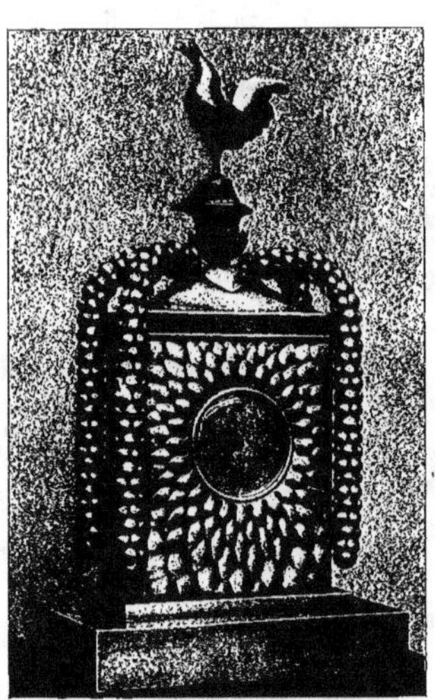

PAUL BABLET. — *Pendulette en argent,*
surmontée d'un coq par M. F. Pompon.

l'ivoire, par E. Le Bourgeois ou dans la corne par M. Henri Hamm semblent-elles se douter de tout le rehaut qu'elles y gagnent ? Nous verrons certainement les amateurs se disputer plus tard ces boutons comme ceux du célèbre graveur en médailles Chaplain qui, dans sa jeunesse, exécuta pour un fabricant de très curieuses têtes de loups, de renards, de sangliers et autres animaux.

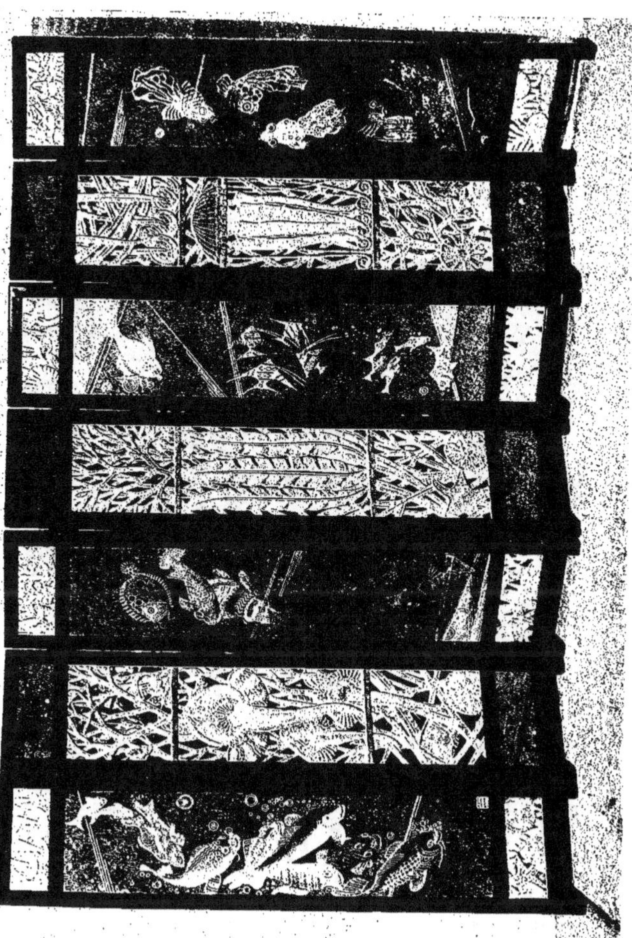

Photo. A. Salaün.

J. DUNAND et CH. HAIRON. — *Paravent en laque et bois sculpté.*

Suivez maintenant, au sortir d'un sac lamé d'argent et incrusté de perles fines par Mlle L. Germain, ou bien dont le fermoir ciselé est dû à M. Raymond Templier, le geste qui saisit une bonbonnière fleurie par M. Deraisme, ne trouvez-vous pas ce geste plus charmant ? Croyez bien, encore, que cette boîte à poudre où un E. Feuillâtre incarcéra des émaux flamboyants, s'accorde avec le plus joli des visages, non moins que les bijoux les plus scintillants avec un coffret en cuir modelé que Mme B.

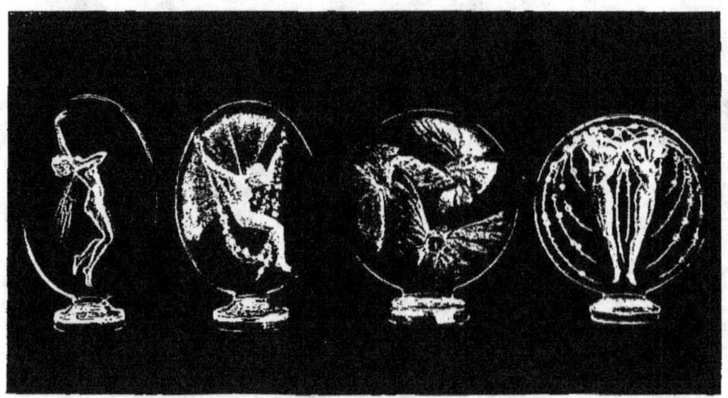

RENÉ LALIQUE. — *Cachets, cristal gravé.*

Cazin leur destina. M. Le Gardey apporta autant de goût à embellir ce tire-boutons que cette broche, et F. Scheidecker et M. Gallerey ne furent pas moins prodigues à l'égard de ces couverts en argent que MM. Le Bourgeois et Morenvilliers envers ce cadre et que Mlle M. Bunoust pour ce coussin en dentelle.

Tandis qu'un simple peigne en corne, de M. Paul Liénard, ou bien en corne sertie de diamants, de M. Henri Véver, retiendra la coiffure de Madame, une boucle dessinée par E. Grasset ornera sa robe brodée par Mme Ory-Robin. C'est avec les gracieux ciseaux de M. A. Ballet qu'une élégante taillera ses ongles. C'est derrière un somptueux paravent de

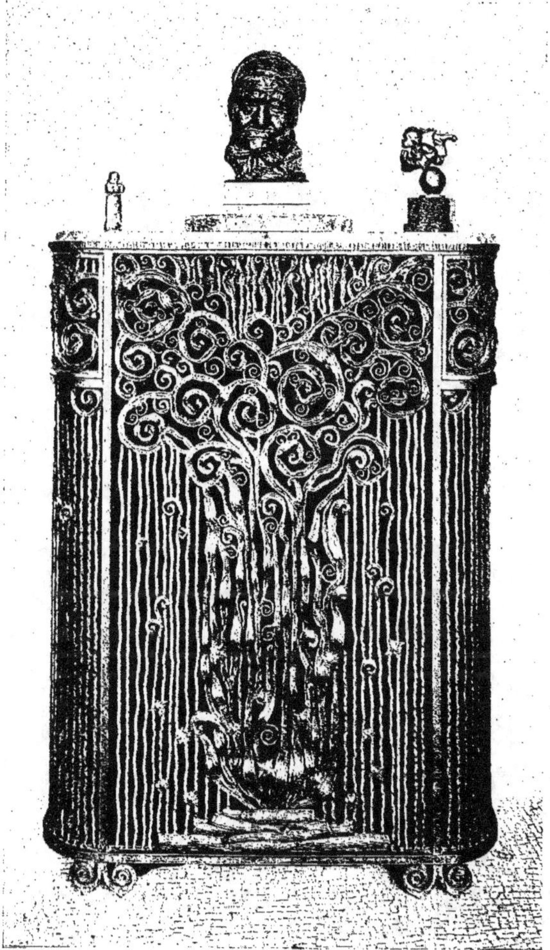

Photo. F. Harand.

EDGAR BRANDT. — *Cache-radiateur* (Hôtel de M. Max B. à Boulogne-sur-Seine).

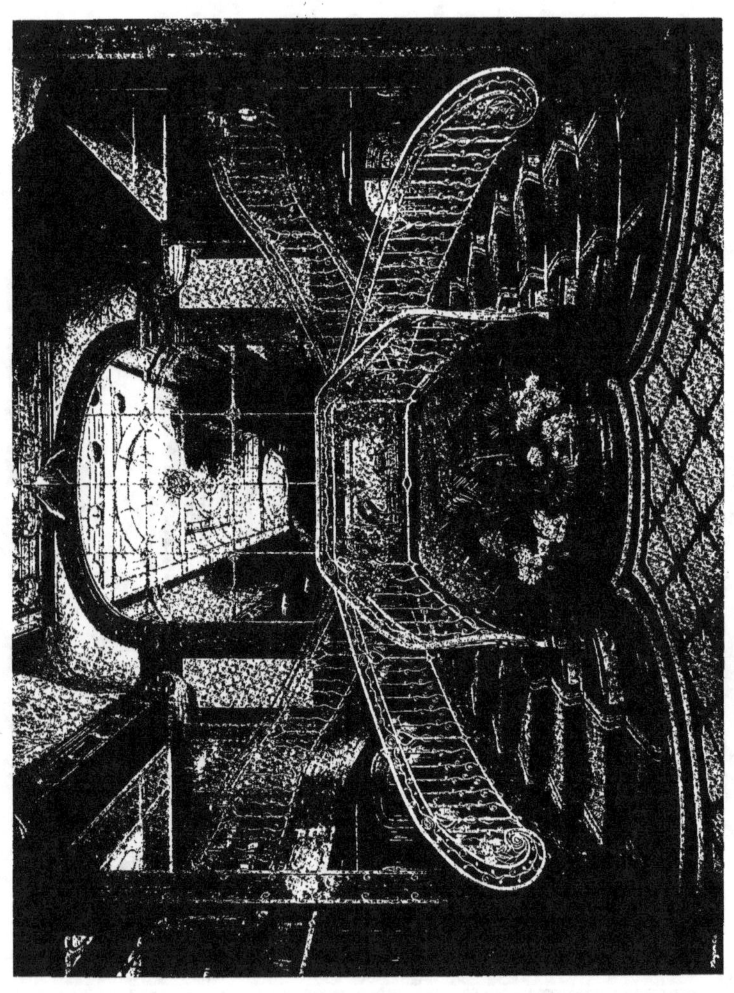

GRAND ESCALIER DU « PARIS ». Rampe en fer forgé, par Emile Robert. (Compagnie Générale Transatlantique).

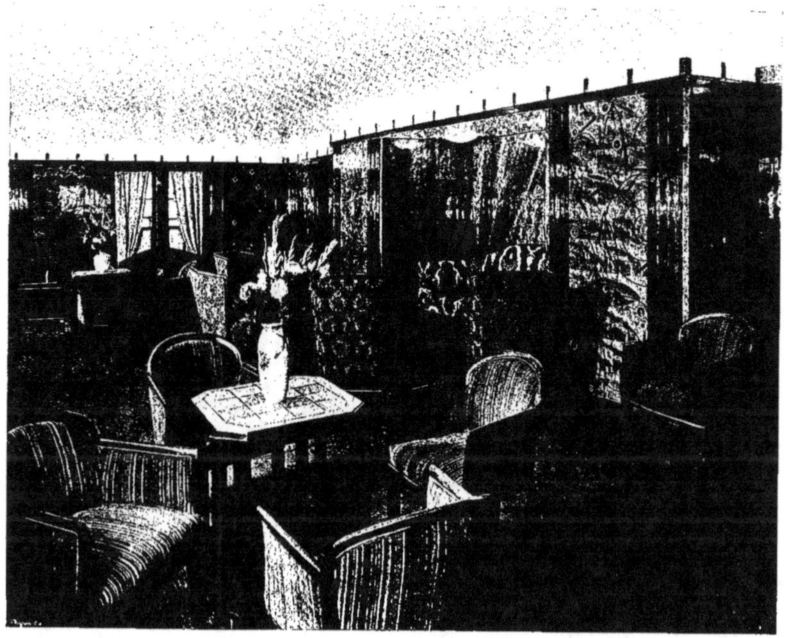

GRAND SALON DU « DE GRASSE »,*meubles de M. René Prou.* (Compagnie Générale Transatlantique).

laque, signé Jean Dunand, qu'elle se dévêtira. Une pendulette œuvrée par M. P. Bablet valant un moutardier d'argent conçu par MM. Süe et Mare, la garniture d'un miroir ou l'art d'un simple cachet créé par M. Lalique n'étant pas moins bien adapté au cristal que cette ferron-

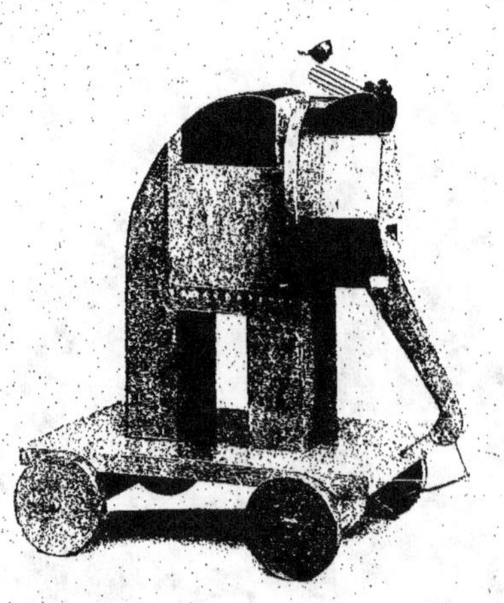

HELLÉ et CARLÈGLE. — *Jouet.*

nerie de M. Edgar Brandt à ce cache-radiateur, que ces entrées de serrure, que tout ce qui, alentour, réclame pratiquement de l'embellissement, jusqu'à cette modeste toile cirée abdiquant son détestable décor... géographique !

Un paquebot transatlantique comme le *Paris,* comme le *De Grasse,* navigue en toute beauté moderne, du tapis au plafond ; des panneaux

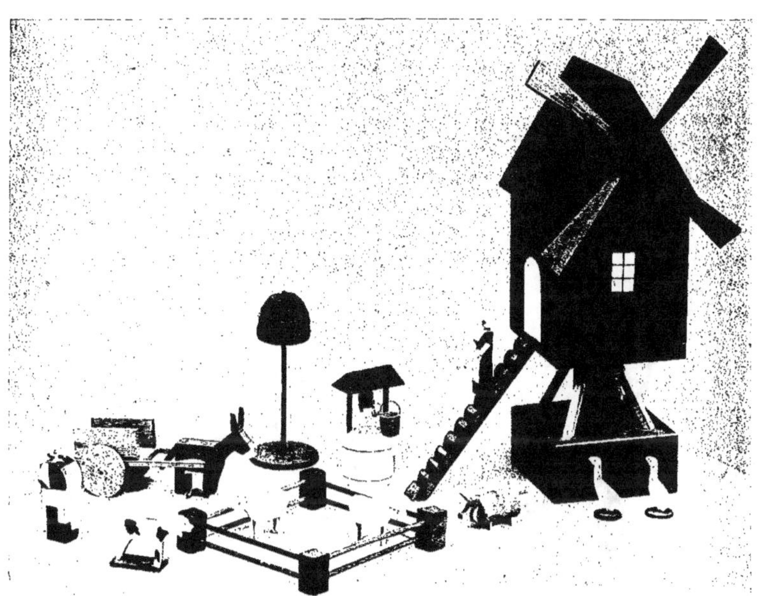

HELLÉ et CARLÈGLE. — *Jouet.*

17

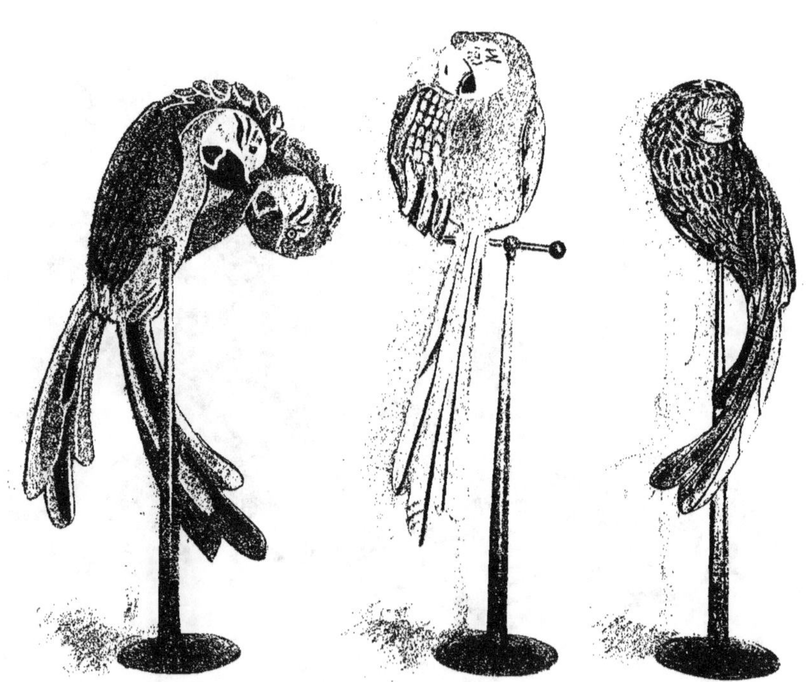

E. LE BOURGEOIS, J.-L. JAULMES et H. RAPIN. — *Jouets.* (bois découpé et peint).

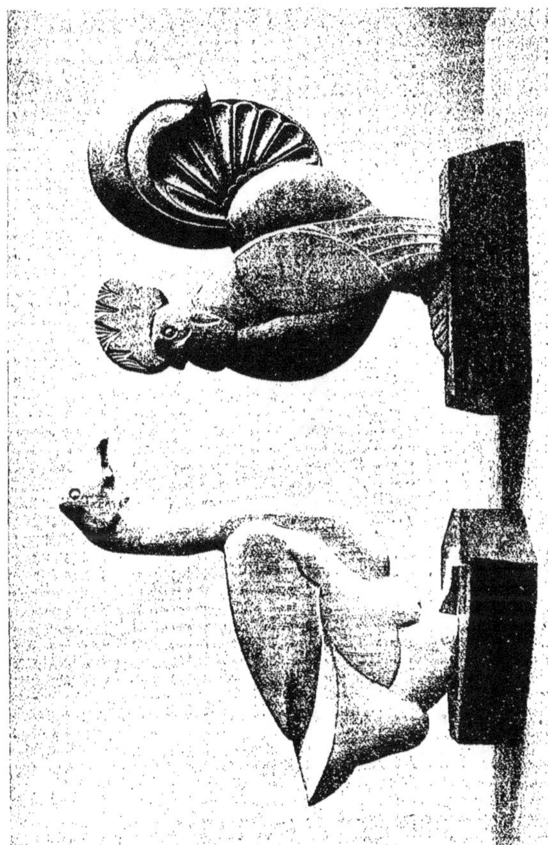

E. LE BOURGEOIS. — *Maquette pour des jouets, bois sculpté.* (Appart. à Mlle François Carnot).

Photo. A. Salaün.

de laque enrichissent cet autre. Il n'est pas jusqu'à l'église qui ne renouvelle ses calices et ciboires, ses vases liturgiques ! Il n'est pas jusqu'à l'Institut qui ne secoue sa poussière séculaire puisqu'un Henry Nocq, puisqu'un Charles Rivaud sont appelés à ciseler l'épée d'un immortel !

Il n'est pas jusqu'à la piscine qui n'ait retourné à la splendeur d'autrefois, dans une vision inédite, et MM. Süe et Mare ont étranglé les derniers cols de cygnes d'où jaillissaient l'eau froide et l'eau chaude dans la baignoire banale.

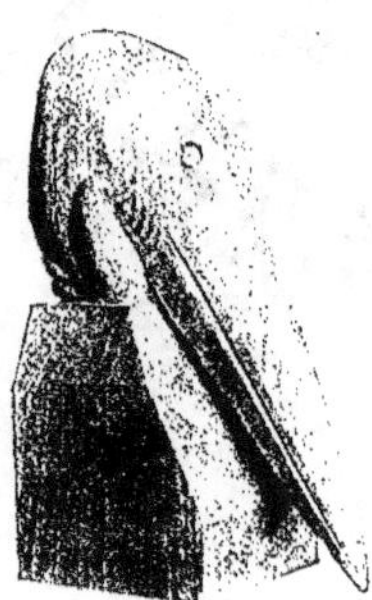

E. LE BOURGEOIS
Le « Médecin », étude pour une tête de marionnette : bois sculpté.

Du côté de la vannerie, même essor. Le panier, la corbeille, recherchent aujourd'hui non seulement des formes neuves mais encore des tresses et des accords de matières tressées. La couleur des pailles ou des joncs renouvelant, d'autre part, leur présentation, comme la grâce des anses leur équilibre.

Le rotin et l'osier semblent des matières plastiques qui, cependant, pourraient attirer davantage encore l'ingéniosité de l'artiste. On s'en occupe, et, nous parlerons des sièges et meubles de ce genre, avec le décor du jardin, mais encore convient-il de noter ici la supériorité de notre goût, en excuse de notre infériorité productive, sur l'étranger. La Suisse et l'Allemagne, certes, nous surpassèrent dans la vannerie d'art, mais pour quelles erreurs ! Que penser, par exemple, de leur luminaire exécuté en osier, de la lampe aux lustres ! Tandis que nos jardinières et cache-pots, non seulement propres à faire valoir les plantes et fleurs auxquelles ils sont destinés mais dignes de les accompagner, s'égalent aux meilleures conceptions de partout.

Et puis, le jouet n'a point été oublié dans notre renaissance. Avant

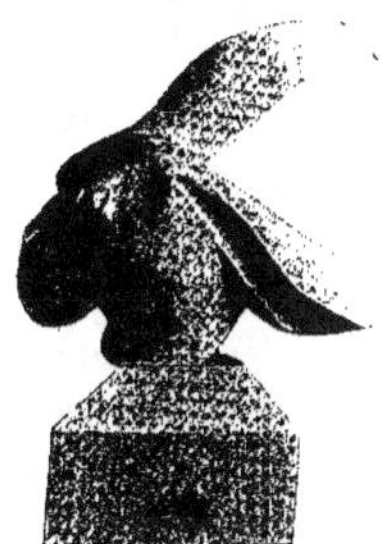

E. LE BOURGEOIS
Le « Tailleur », étude pour une tête de marionnette ; bois sculpté.

la guerre, la France, tributaire de l'Allemagne, n'offrait guère à ses enfants que des poupées et des soldats de provenance germanique. Et, la contradiction était choquante de cette tendresse du baby de chez nous à l'égard d'une « gretchen » ou d'un « feldgrau » maquillé. Aussi bien, notre souci d'art devait réagir, et, en 1914, des modèles demandés à des artistes comme MM. E. Le Bourgeois, H. Rapin, Jaulmes, G. Lepape, rénovèrent spirituellement le jouet en bois, sans faire oublier, néanmoins, les créations remarquables, dans le genre, dues, bien avant la guerre (et dont le succès se poursuit) à Caran d'Ache et à MM. Réalier-Dumas, André Hellé et Carlègle. Par ailleurs, des dames françaises s'attachèrent à « chiffonner » de délicieuses poupées dont les têtes provenaient des porcelaineries de Sèvres, de Limoges et de Boulogne. Le jouet de France était créé — du moins s'enrichissait-il encore — et, désormais, la joie de Bébé, de bon aloi, se relevait d'une qualité esthétique profitable à son imagination, jusque dans ses marionnettes !

Cette frénésie du changement en beauté, ne devait point s'arrêter là. Elle ne connaît point de bornes ; et, tous les jours apportent leur nouveauté. Examinez plutôt, au sortir du grand magasin, le carton à chapeau, l'enveloppe du moindre colifichet. Ne les trouvez-vous pas d'un goût charmant et inédit ? Des artistes modernes les fleurirent. Autrefois, la boîte à savons n'était qu'un vulgaire cartonnage, moiré blanc, que bordait un mince filet de papier doré. Aujourd'hui, cette boîte de savons ou de papier à lettres, chante de toute la force de ses couleurs joyeuses et variées. Si le bazar résiste encore un peu, à la fantaisie du jour, il y viendra et, déjà, la pacotille allemande déserte ses rayons. L'éducation du public ne saurait bouder longtemps encore à la beauté qui, cette fois, sollicite la masse économiquement mais en toute loyauté. L'idée du luxe prend ainsi une autre forme : la simplicité. Indépendamment des matières riches et coûteuses, l'art moderne présente des matières simples et à bon marché, qu'il ennoblit, répétons-le. La matière sincère ordonne un goût sûr.

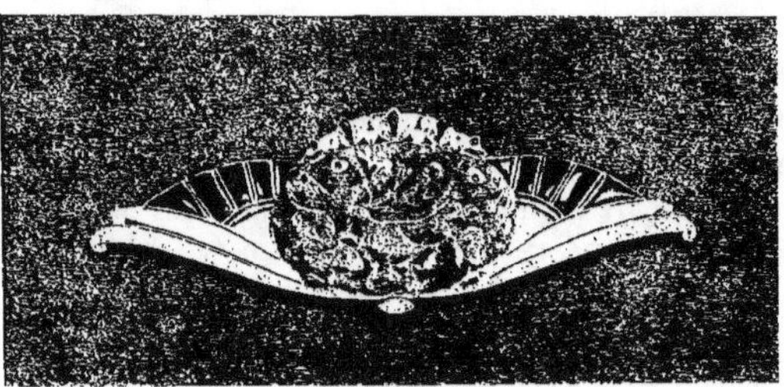

Photo Rep.

GÉRARD SANDOZ. — *Broche (jade sculpté, onyx et brillants).*

LA RELIURE,
LA TYPOGRAPHIE, ETC.

CHAPITRE VII

La Reliure, la Typographie, etc.

Donner au livre de notre temps sa physionomie propre, devait tenter les divers métiers appelés à cette réalisation de la reliure, où l'art et la littérature s'enclosent comme dans un écrin. En fait, on ne fit que poursuivre l'œuvre des devanciers qui, quelle que soit sa qualité, a marqué son époque. Le livre d'hier, même broché, présentant un format, un mode typographique où l'illustration ajoute un genre d'images gravées sur bois ou sur cuivre, lithographiées, au goût du temps et réduit aux moyens offerts.

Loi générale des manifestations capricieuses et successives de l'art, dont on ne saurait dire qu'elles sont inférieures les unes opposées aux autres, mais dont le progrès machinal transforme souvent l'aspect.

D'ailleurs, nous savons qu'il serait injuste de méconnaître la rapidité économique de certaine fabrication et nous ne perdons pas de vue que le progrès machinal ne présente d'intérêt artistique que s'il ne s'exerce point au détriment de la beauté d'expression. Cette expression, au surplus, pouvant relever d'une beauté expressément issue de la machine à laquelle nos yeux finissent par s'habituer jusqu'à perdre même le souvenir des expressions techniques, à la main, d'autrefois.

Or, en rappelant à certain art dégénéré de nos jours, parfois excessivement pratiques, les vertus du rare métier d'autrefois, il serait injuste de ne pas s'incliner devant les simplifications avantageuses mises au service de l'artiste exactement et parfaitement adapté à l'outil perfectionné et qu'il perfectionne aussi, chaque jour.

Si nous revenons sur ce point à propos du livre, c'est que la découverte des procédés de gravure photo-mécaniques a rendu à l'expression originale de l'illustration des services éminents. Il faut savoir que les grands décorateurs du livre du XIXe siècle ont été plus ou moins trahis par le graveur sur bois, dès la pratique de la *teinte* succédant au rigoureux *fac-similé*, qui ouvrit aux graveurs les redoutables portes de l'interprétation.

Car, à de très rares exceptions près, les graveurs sur bois, commandant à un atelier de manœuvres, n'étaient que des virtuoses de leur métier et souvent ignoraient tout de l'art du Dessin. Pour un Auguste Lepère, artiste-graveur, que d'habiles praticiens malfaiteurs de l'original !

Les procédés de zincographie aussitôt découverts, qui permettaient à l'illustrateur de se passer du graveur sur bois, furent donc chaleureusement accueillis. Leur économie et leur rapidité réalisèrent des clichés d'un moins beau noir, d'un éclat, certes, et d'une richesse comme d'une préciosité d'aspect inférieurs à ceux que donnait le bois gravé, mais, tandis que l'édition y trouvait son compte, les artistes étaient charmés de se manifester au public, directement, et non plus à travers l'interprétation infidèle.

Avec les progrès de la zincographie qui, mise sur la voie de la *teinte* (alors que, primitivement, elle n'exprimait que le trait) par le « gillotage » et autres moyens intermédiaires, conduisit à la similigravure ; on obtint enfin, avec des papiers glacés, des impressions de luxe.

Les découvertes extraordinaires de la photogravure en couleurs accentuèrent la beauté de ces résultats en harmonie avec des procédés machinaux plus raffinés, comme l'héliogravure, dont l'impression exigeait, de même que la gravure en taille-douce, un tirage à la main.

Parallèlement à l'essor merveilleux de la gravure machinale, les

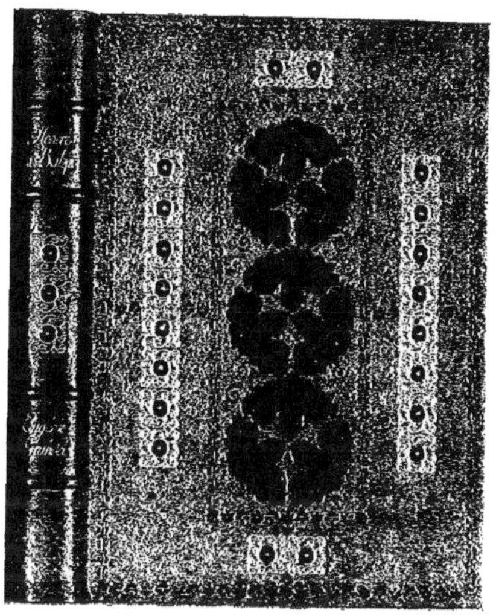

RENE KIEFFER. — *Reliure.*

presses typographiques multipliaient leurs trouvailles. La machine rotative découvrit des vitesses de tirage inconnues pour une multitude impressionnante d'exemplaires, grâce à la galvanoplastie susceptible de fournir un nombre infini de clichés qui défendaient l'usure. Et puis, parmi tant d'autres nouveautés économiques, la rotogravure réalisa typographiquement le tirage de la taille-douce, tandis que le perfectionnement de la photographie portait un coup fatal à la gravure d'interprétation en taille-douce.

Ces progrès de la science devaient inquiéter l'art qui vit plutôt de rareté. En présence de la diffusion excessive du livre, banalisé, plus ou moins bien présenté sur des papiers de qualités inférieures sur lesquels les images s'imprimaient tant bien que mal, brochés à la diable, etc., et dont l'excuse seule était le bas prix, on rechercha le luxe, premièrement dans une fabrication soignée : tirage à plat, papiers de choix, planches en couleurs, etc.

Puis on eut l'idée de revenir à la gravure, mais cette fois à la gravure sur bois et sur métal *originale*, c'est-à-dire émanant d'artistes qui prenaient à la fois la responsabilité du dessin et du cliché.

D'autre part, le livre d'art prétendit ne plus s'adresser qu'à une élite, et son tirage fut restreint au nombre des amateurs et collectionneurs.

A vrai dire, rien ne pouvait remonter plus efficacement aux sources du beau que ce mode d'expression réactive qui, en même temps qu'elle rénovait la reliure, dépassait même, matériellement, sa plus ancienne splendeur.

Il n'est point dans le programme de notre travail de parler des arts plastiques, et nous hasarderons simplement une critique relative à l'illustration du livre moderne.

Autrefois, les professionnels de la gravure sur bois connaissaient à fond leur métier et interprétaient plus ou moins défectueusement les excellents illustrateurs proposés à leur burin; or, aujourd'hui, il apparaît que nous sommes tombés dans le fossé contraire, les illustrateurs actuels s'improvisant graveurs, c'est-à-dire gravant gauchement leurs propres dessins. D'où l'originalité singulière d'une gravure moderne remontant à la plus lointaine xylographie !

« ... Malheureusement, constate avec nous M. Lucien Descaves, à propos de la gravure sur bois actuelle, des mazettes lui demandèrent sans préparation et sans vocation leur gagne-pain, si bien qu'elle risque aujourd'hui de retourner à bref délai au pays des vieilles lunes. »

Nous ne jugerons point, enfin, la valeur de tant d'estampes originales,

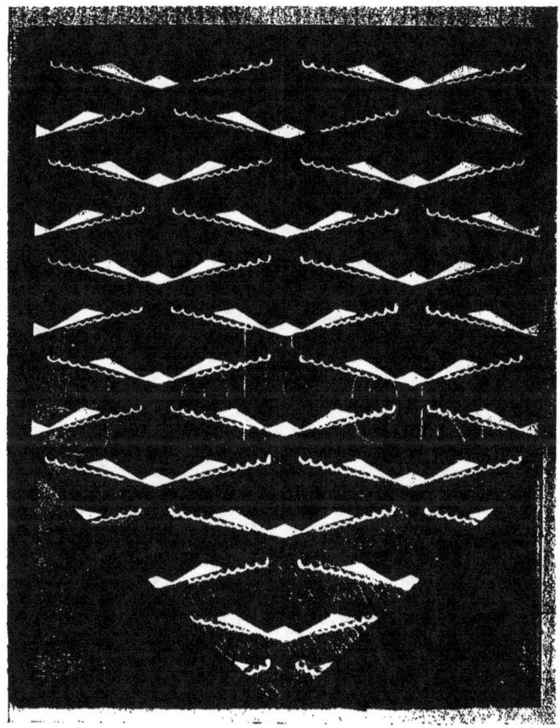

PIERRE LEGRAIN. — *Reliure.*

gravées souvent au canif (ou au burin, pour le bois, encore, et pour le métal) qui s'opposent si agressivement parfois (et avec un modernisme si singulièrement rétrospectif !) à celles qu'affectionnaient nos pères, mais en outre du mérite qu'elles ont d'exprimer directement ce que l'artiste leur fait dire, bien ou mal, (l'interprète graveur n'étant plus interposé entre l'œuvre du créateur et le cliché-résultat), nous constaterons que, par la qualité matérielle de sa fabrication, le livre moderne est digne souvent de ceux du passé, choisis parmi les plus admirables.

Mais nous avons ouvert le livre avant de considérer sa reliure, afin de nous rendre compte de la valeur du bijou que l'écrin renferme et, l'énumération des qualités exigibles du beau livre retarderont encore l'étude du vêtement qui le pare.

Après l'essentielle valeur littéraire en accord avec l'illustration concrétisant la pensée de l'auteur, la figurant, l'exaltant aussi, et l'ordonnance typographique, le choix du caractère et des vignettes typographiques, leur disposition harmonieuse dans la distribution des blancs et des noirs importent beaucoup et non moins que le choix du papier vis-à-vis du format adopté. Lisibilité parfaite résultant des interlignes bien combinés dans des pages aérées, pourvues de marges amples. Lisibilité impérieusement conséquente d'un tirage impeccable où les caractères ne s'empâtent ni ne gaufrent (foulage) le papier.

La reliure, enfin, intervient ; elle fait un sort au livre suivant sa somme d'art, réservant au « bouquin » souvent feuilleté, une robe d'usage. Toutefois, quel que soit le livre, il répond aux exigences d'utilité identiques résumées par la facilité de le tenir ouvert, d'en tourner aisément les feuillets et de pouvoir aussi commodément le fermer.

Nous en arrivons à la reliure dont la technique, inchangée à travers les temps, s'est néanmoins distinguée par l'expression décorative, à la fois dans les matières associées et dans le dessin. Tout d'abord, le symbole d'une reliure s'accordera avec l'esprit du livre et le style de son

époque s'il s'agit de relier un vieux livre et, dans l'ordre de la mania-
bilité, le décor se devra au respect du poids. La lourdeur, d'autre part,
seyant à la majesté d'un grand livre liturgique, sédentaire, tandis que
la légèreté convient au livre portatif. Aussi bien il y a un rapport à

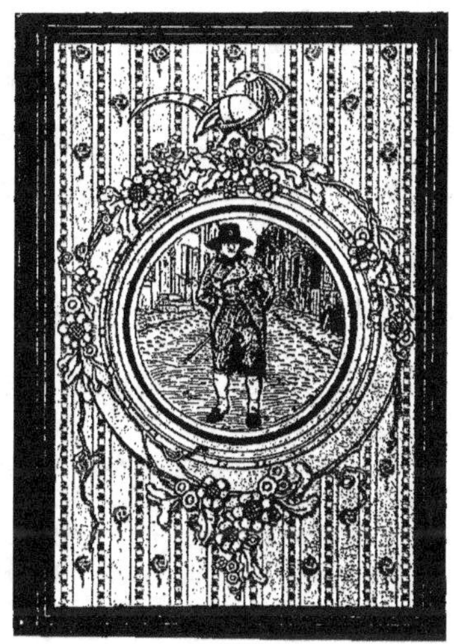

RENÉ KIEFFER. — *Reliure.*

observer entre la douceur d'un cuir et celle de la main qui le manie.
Livre féminin, masculin ou religieux, autant de destinations physiques
et morales à prévoir, que la matière flatte différemment.

Du côté ornementation, des fers du XVIIIe siècle imprimant des
œuvres de Brantôme, par exemple, seraient impardonnables, car le
talent du relieur est esclave de la chronologie, à moins qu'une fantaisie

ne lui soit demandée et, dans ce cas, il doit se manifester de son temps. La nécessité, pour le relieur, d'être un érudit, n'enlève donc rien à son art, cette érudition plutôt, même, ajoutera à sa valeur en le gardant de bien des solécismes. Mais hélas ! si l'homme de l'art ne doit point confondre, orthographiquement, l'*Art de penser* (titre fantaisiste des *Pensées* de Pascal), avec l'*Art de panser*... qui concerne la thérapeutique (1), des suggestions lui viennent de la clientèle, bien autrement déconcertantes. Le collectionneur est souvent doublé d'un excentrique et là, le calvaire du goût commence dont on ne peut guère triompher qu'en opposant une technique parfaite à la fantaisie débridée. De la prétention du « client » résultent encore bien des sottises où le choix de la matière riche s'accorde inesthétiquement avec l'éclat des ors sur une triste prose.

On a tenté naguère d'uniformiser une littérature d'époque sous une même reliure, c'était là faillir à la sensibilité du texte et, au demeurant, il ne faut point confondre une école, relevant de l'Idée abstraite, avec un style aux formules positives. On ne voit pas bien une reliure réunissant toute l'école littéraire romantique comme on concrétise un style d'art. « Les coquetteries de la dorure, les entrelacs, les mosaïques, les tranches gaufrées et ciselées ne vont point à un Montaigne, à un Pascal, à un Bossuet. Les philosophes, les moralistes, les docteurs en théologie ou en droit seraient surpris de voir leurs œuvres habillées de tons voyants, enjolivées de dentelles, ornées de fleurs à la Grolier. » Et, Charles Blanc, à qui nous empruntons cette citation, a noté d'autres bizarreries qui, cette fois, prennent un titre au mot, jusqu'au calembour...

Certaine *Histoire de Jacques II* est reliée en peau de renard parce que le nom de son auteur, Fox, signifie renard en anglais, et un livre de chasse s'enveloppe d'une peau de cerf... Si l'on poursuit ce chapitre

---

(1) Nous avons relevé cette faute sur un élégant volume du XVIIe siècle.

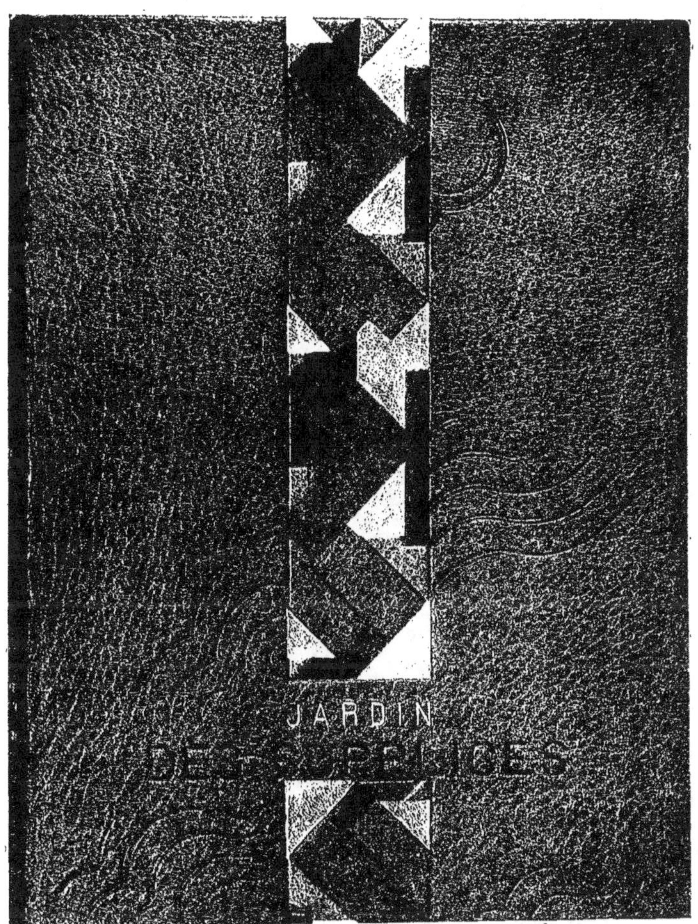

PIERRE LEGRAIN. — *Reliure.*

du mauvais goût, on aperçoit dans telle bibliothèque une reliure dont la peau d'un criminel célèbre a fait les frais ou bien encore celle d'une jolie femme qui légua son précieux épiderme à tel écrivain connu « en souvenir des belles épaules qu'il avait tant admirées »...

Mais, en somme, ces égarements touchent à l'anomalie, et pour rentrer dans la norme, l'ensemble des attentions délicates où le tact prend

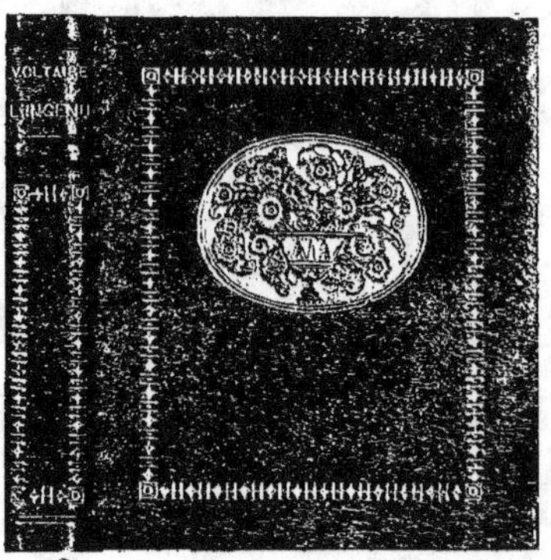

RENÉ KIEFFER. — *Reliure.*

autant de part que le goût à une technique difficultueuse, creuse le fossé entre le relieur-brocheur et le relieur d'art.

Cette pratique a sollicité aussi le peintre, élargissant encore l'intérêt décoratif qui nous intéresse, développant son audace jusqu'à figurer des pièces d'exception dignes à la fois de la peinture, de la sculpture, de la bijouterie et de l'architecture...

Mais tout est dans la mesure, et nous ne nous lasserons point d'indiquer que la sobriété demeure à la base des réalisations les plus nobles et les mieux réussies.

Laissons maintenant la parole à M. René Kieffer, qui accuse avec raison (n'en déplaise au culte aveugle que la routine voue obstinément au passé) l'infériorité matérielle des reliures anciennes, avant l'époque connue sous le nom générique de « romantique » : filets tortillards et mal anglés, fers se chevauchant, souvent doublés lorsqu'ils ne sont

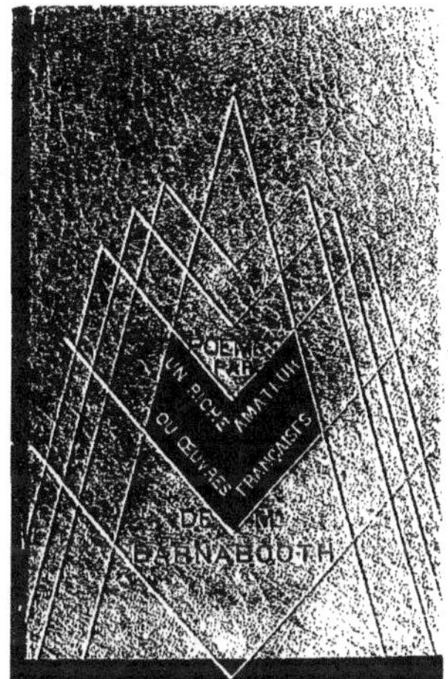

PIERRE LEGRAIN. *Reliure.*

pas brûlés, etc. Puis, l'excellent relieur d'art, en dégageant, par contre, les mérites des œuvres d'autrefois, nous donne, du même coup, une idée de sa propre conception technique moderne. : « ... Reste la composition... Elle est souvent très bien et offre des qualités décoratives indéniables. La patine est toujours admirable... par suite du temps, que rien ne remplace. Mais si ces décors sont très bien, il n'en reste pas moins que la « dentelle », les filets à la « Duseuil » sont des décors périmés et que leur exécution, si belle soit-elle sur des livres modernes, sue l'ennui. Notre époque et notre littérature ne peuvent plus se contenter de ces décors « omnibus » qui se mettraient indistinctement sur un livre de vers, une pièce de théâtre, un roman ou un livre de prières. Nous concevons un décor de reliure pour le texte qu'elle habille et non pour le rectangle à décorer. C'est là l'important et c'est là que réside, en plus de l'exécution impeccable, le grand progrès de notre époque... Dans aucun art il ne doit y avoir plus de cohésion que dans le livre imprimé et sa reliure. Un bois de fauteuil supporte une tapisserie d'une autre époque, un salon peut être composé d'éléments de divers styles; une reliure forme un tout et ne peut pas plus être acceptée qu'une chaise avec quatre pieds différents.

« Mais, quand je demande que le décor de la reliure soit subordonné au texte, je ne demande pas qu'il soit une illustration supplémentaire exécutée en mosaïque de maroquin ou aux filets d'or. L'art de la reliure est avant tout décoratif et il ne faut pas lui demander plus qu'il ne peut exprimer. Il y a de grands effets à tirer, pour la concordance du texte et de la reliure. Avec les couleurs du fond et les mosaïques, avec les couleurs froides ou chaudes, avec des symboles, avec des différences de métaux, or ou platine, avec des fers à froid ou dorés, l'on peut varier à l'infini l'aspect d'une reliure et empêcher la monotonie désespérante d'une bibliothèque ancienne... »

D'autre part, la valeur d'un relief doit être pratiquement très calculée, et cela restreint l'exubérance décorative dont l'assiette logique, le plat d'un livre, ne saurait s'accommoder. Les reliefs, au surplus, étant susceptibles d'érosions ou d'usure. Et à quelle surabondance ornementale pourtant, s'est livré l'empressement de l'art, débordant souvent la logique, violant parfois la technique, sous prétexte de nouveauté ! Et à quels matériaux n'eut-on point recours !

« On a imaginé des décors chevauchant d'un plat sur l'autre, à travers

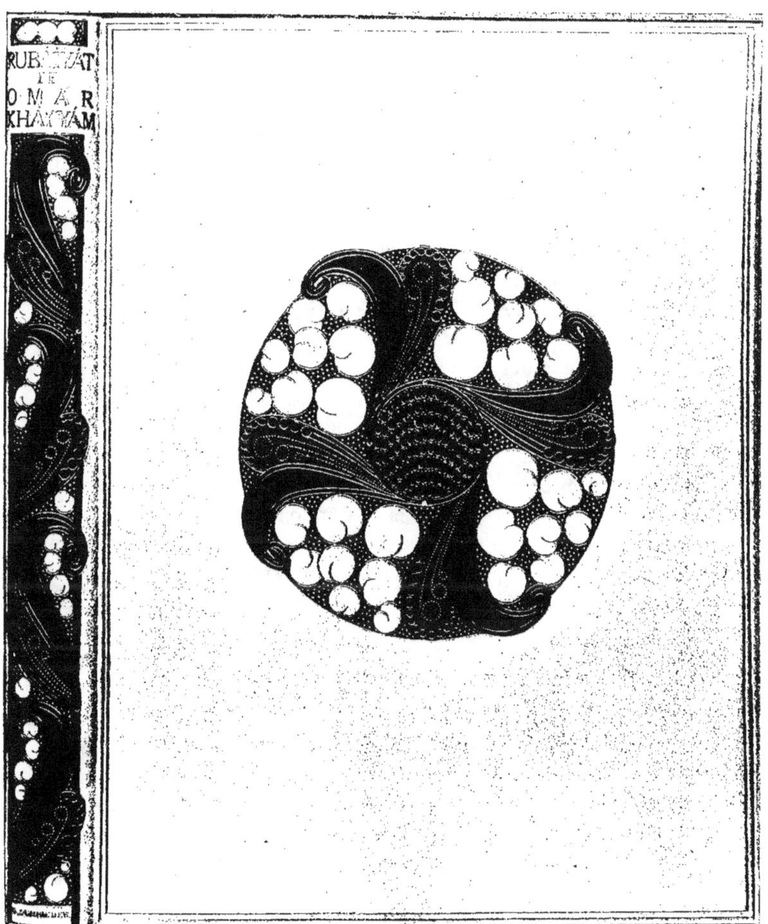

Mme G. SCHROEDER. — *Reliure.*

le dos, on a travaillé le cuir en le teintant, en l'incisant, en l'incrustant, voire en le repoussant et en le ciselant, constate M. Henri Nicolle. On a prodigué l'or, l'argent, la mosaïque, les semis, les bouquets d'angle, tout une flore nouvelle ingénieusement stylisée. On a risqué le décor anecdotique, la représentation des paysages et des scènes animées, la reliure-sculpture, la reliure-tableau... »

Les ivoires sculptés, les médailles, les plaques gravées, niellées ou dorées, les applications de requin de Chine, des cabochons, des émaux, le bois précieux, la laque, ont encore sollicité la reliure moderne avec la pyrogravure et, si des velours et des soies furent remis en honneur, la peau de veau et le parchemin retrouvèrent la faveur du passé pour contribuer à la physionomie du livre d'aujourd'hui. Cette fièvre d'originalité, en fin de compte, qui s'empara aussi des non-spécialistes, avec cette frénésie de l'inexpérience si féconde, souvent, en trouvailles, ne manqua point, en secouant l'inertie professionnelle, de porter des fruits dans une mise au point savante. Le calme revint après la tempête, et la reliure moderne était née, en sa beauté rationnelle.

Qu'importe, enfin, qu'aujourd'hui les fers soient laborieusement poussés à la main ou que le balancier, plus expéditif, agisse. Pourquoi une pratique rétrograde l'emporterait-elle sur une simplification machinale lorsque l'effet d'art n'en pâtit pas ?

Nous faudrait-il, par hasard, retourner à la diligence et jouer de l'épinette sous prétexte de « moderniser » le chemin de fer et le piano ? La gravure... au canif, déjà nous étonna par sa rétroactive jeunesse !

Si nous ouvrons maintenant de nouveau notre livre, nous sommes séduits par la grâce inédite des papiers de garde dus à la spirituelle invention japonisante d'un Georges Auriol, par exemple, qui change des marbrures traditionnelles; et, mis en goût par notre retour au cœur de la reliure, nous dirons un mot de la typographie nouvelle qu'elle se devait d'accompagner.

C'est aux frères Peignot, morts au champ d'honneur en 1914, que l'on doit l'aspect inédit de notre impression typographique. Ces glorieux fondeurs en caractères, amoureux du beau livre et préoccupés de donner

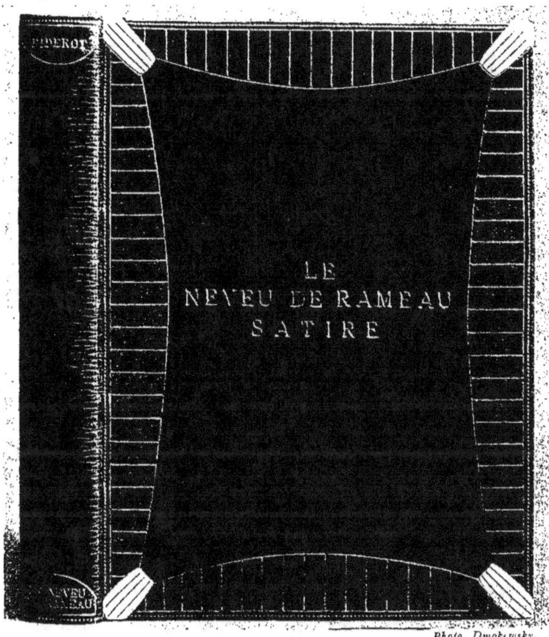

Photo. Dmokiwsky.

M{}^{me} G. SCHROEDER. — *Reliure*.

à l'imprimerie de leur temps des éléments d'expression personnels, sollicitèrent d'abord Eugène Grasset. E. Grasset, dont le génie est inséparable, en ses moindres manifestations, de l'art appliqué moderne, lança, dès 1899, le caractère qui porte son nom. Le succès de ce début fut grand.

Il rejoignait dans la lisibilité parfaite, dans une conception technique et artistique très sûre, les exigences multiples des types traditionnels. Il s'égalait à eux; et M. Georges Auriol ajouta à la réussite en dessinant aussi d'élégants caractères (1904) dont le contraste d'élégance avec la massiveté du Grasset procura l'agrément d'un « œil » non moins harmonieux. Puis, alors que M. Maurice de Lambert devait compléter, avec des lettres ornées, des filets et des vignettes, l'œuvre de E. Grasset, M. G. Auriol augmentait la valeur de sa propre création en donnant aussi des ornements délicats. Des caractères et ornements dus à Bellery-Desfontaines précédèrent une intéressante variation du caractère italo-américain, le *Della Robbia*, auquel Grasset en personne ajouta des ornements appropriés. Puis vinrent le *Cochin* et du *Moreau-le-Jeune* (caractères et ornements) nés d'un regard sur les albums de Fournier le Jeune, le célèbre fondeur de caractères du XVIIIe siècle, alors que le Cochin et le Nicolas-Cochin n'étaient encore qu'une fantaisie, mais non moins originale, jouée sur le thème classique.

Dans la suite, les *silhouettes Roubille*, les *noëls de Carlègle* et les vignettes *André Marty* et *Pierre Roy*, baptisés du nom de leurs auteurs, achevèrent avec l'*Astrée*, d'accompagner une lecture, fière enfin du goût et de l'esprit de sa vision rafraîchie.

Là, pourtant, ne devait pas se borner notre essor dans le sillon des Luce, des Granjon, des Caramond, des Didot, et M. Bernard Naudin conçut le caractère français dit de « Tradition » dont il avait commencé les dessins en 1912.

L'exemple est donné; l'énergie éclairée des frères Peignot, — car il fallut lutter pour imposer ces prémices à la routine, — rayonne au delà du tombeau, et, à côté d'eux, dans des efforts similaires, il serait injuste d'oublier le caractère et les vignettes dus à M. A. Giraldon, que lança la fonderie Deberny.

N. B. — Nous invitons le lecteur à jeter un regard sur les planches composées en typographie moderne, dans notre texte.

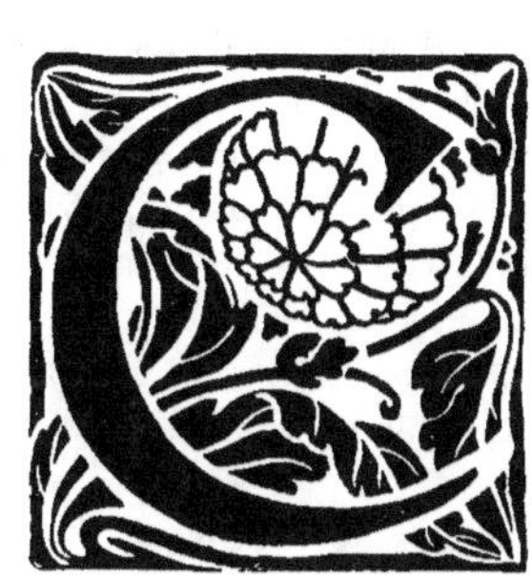

E qui a toujours été le caractère dominant de l'art français, c'est le souci de la clarté, de la précision, qui fait que dans ses diverses manifestations l'imagination n'a jamais empiété sur le domaine de la raison. Or, en observant le type dessiné par Eugène Grasset, ne retrouvons-nous pas l'indice de toutes ces qualités ? Tout d'abord, il est simple, c'est-à-dire qu'il n'y a rien dans son ornementation qui soit superflu, rien qui

Grasset romain, corps 12

ES origines de la terre à l'apparition de l'homme, le développement des formes est pareil à celui de l'arbre. Les organismes définis sont les feuilles éparpillées, les fruits naissants et les fruits mûrs, les fruits tombés, les fleurs ouvertes. Plus bas, les rameaux indistincts, les branches frustes, le tronc massif, les racines perdues qui lient la forme épanouie à la substance originelle. Ainsi, les formes de la vie qui cherchent l'équilibre à la clarté de la conscience, tendent

Auriol labeur, corps 12

Pour terminer cet aperçu du livre d'aujourd'hui, il nous faudrait encore parler des papiers de luxe. Du papier de Hollande aux papiers de Chine et du Japon, en passant par le papier couché et le simili-Japon; mais, en fait, cette fourniture relève d'une fabrication qui, pour être essentielle à la beauté du tirage autant qu'à la caresse de la main et des yeux, ne concerne point l'art. Point de progrès réel d'ailleurs, en la matière riche, mais tout une variété de textures à quoi la curiosité d'aspect, jointe à l'agrément osé du coloris, donne un certain prix.

C'est-à-dire qu'en dehors de la valeur intrinsèque, notre goût moderne, fidèle à la volonté générale de sa manifestation, distribue de la beauté, suivant son caprice, au mépris volontiers de ce qu'hier aimait, souvent en raison de son prix élevé.

Mais fermons maintenant le livre, pour revenir à la reliure renaissante grâce aux Marius Michel, Carayon, Canape, Ruban, René Kieffer, P. Legrain, Charles Meunier, G. Schroeder, R. Wiener, etc., dont le talent d'artistes et de techniciens se mêle à ceux de A. Lepère, E. Grasset, Georges Auriol, V. Prouvé, A. Giraldon, A. Mare, de Waroquier, Benedictus, et *tutti quanti*, qui inspirèrent aussi (lorsqu'ils ne travaillèrent pas, en propre, la matière) des décors merveilleux et hardis, au cuir, au parchemin, aux substances les plus raffinées comme les plus pittoresques, enveloppées au surplus dans des patines de rêve.

Il y aurait enfin beaucoup à dire sur la physionomie typographique nouvelle du prospectus. Combien celui-ci s'est embelli! Et le catalogue du magasin de nouveautés, de quel luxe de bon aloi ne se pare-t-il pas! Quelle délicatesse dans la présentation, douce aux doigts, suave aux yeux! Quelle force, pour la publicité, que cette grâce de l'art adapté à la convoitise! Ce catalogue, dont on ne saurait se séparer qu'au prix d'une séduction autre que la mode ne cesse d'apporter; ce catalogue, dû à quelque Jean-Gabriel Domergue, où sommeille le désir démoniaque de la coquetterie, que la coquetterie de l'art ne demande qu'à réveiller...

LES MARTYRS

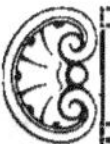UX branches d'un saule voisin était suspendue une lyre plus forte et plus grande que la lyre de Cymodocée : c'était un cinnor hébreu. Les cordes en étaient détendues par la rosée de la nuit. Eudore détacha l'instrument, et, après l'avoir accordé, il parut au milieu de l'assemblée, comme le jeune David, prêt à chasser l'esprit qui s'était emparé du roi Saül. Cymodocée alla s'asseoir auprès de Démodocus. Alors Eudore, levant les yeux vers le firmament chargé d'étoiles, entonna son noble cantique.

Giraldon, corps 16

'ESSOR de la gravure du dix-huitième siècle et ses applications à la gravure des livres et des ornements, ont profondément réagi sur la typographie du temps. A notre avis, d'après les documents que nous avons étudiés, c'est à cette influence qu'est due l'invention du véritable caractère de fantaisie. Jusqu'à cette époque, les titres n'étaient que les gros corps des caractères de labeurs. C'est sans doute à la vue des titres gravés que les fondeurs du dix-huitième siècle ont entrepris la création de tant de caractères ornés, ombrés, qui possèdent tous si parfaitement l'unité de provenance et l'unité de style que,

Cochin, corps 12.

DEPUIS dix ans, nous avons vu se développer, plus qu'on ne l'avait jamais vu en France, le goût des styles disparus. Tandis que des commerçants et des antiquaires intéressés cherchent à maintenir, dans toute son ardeur, l'engouement du public pour les meubles, les bibelots ou les œuvres d'art des époques classiques, des artistes, fermes partisans des techniques nouvelles, ont néanmoins découvert le charme suranné de styles jusque-là décriés, tels que le Louis-Philippe, le Directoire, la Restauration,

Nicolas-Cochin, corps 16.

CHAPITRE III

—

RÉFLEXIONS SUR LA MORT DE TURENNE

A Madame de Sévigné

A Chaseu, ce 11 août 1675

Je reçus hier votre lettre, Madame; elle est assez longue, et je vous assure que je l'ai trouvée trop courte. Soit que votre style, comme vous dites, soit laconique, soit que vous vous étendiez davantage, il y a, ce me semble, dans vos lettres des agrémens qu'on ne voit point ailleurs; et il ne faut pas dire que c'est l'amitié que j'ai pour vous qui me les embellit, puisque de fort honnêtes gens, qui ne vous connaissent pas, les ont admirées. Mais c'est assez vous louer pour cette fois. Les éloges ne doivent pas être comme vos lettres : ils ne sauraient être trop courts pour être bons. Vous passerez, dites-vous, l'hiver en Bretagne; cela est obligeant pour Mme de Gri-

Astrée c. 12

D'autant que les attraits de la réclame artistique sont tellement fantaisistes et variés que l'on s'y laisse prendre à chaque fois, et que la réclame, pour attirer l'attention distinguée, ne saurait enfreindre le miracle de la beauté : voici pourquoi le moindre imprimé qui s'envole dispute au papillon sa diaprure.

Du procédé d'impression machinal et des pratiques de gravure photo-mécanique issues de la photographie, dont l'intelligence directrice obtient des résultats d'ordre artistique, nous glissons à la photographie.

La photographie ne touche guère à l'art qu'en dehors de l'expression bourgeoise dont la retouche avantageuse, dans une ressemblance d'autant « garantie » qu'elle ment en beauté, constitue l'attrait principal. Beauté fallacieuse résultant d'une altération où l'esthétique n'a rien à faire, alors que la vanité est amplement servie.

Mais la photographie a fort heureusement rencontré, de nos jours, des artifices de goût auxquels elle a converti une élite. Dans des enveloppements de lumière et d'ombre, elle a cherché le caractère du modèle, dégagé son intelligence et dissimulé ses tares. En créant une atmosphère où le clair-obscur joue, d'autre part, son rôle avec des reflets voulus, en obtenant l'*effet*, des photographes modernes se sont rapprochés de l'art; ils y ont parfois atteint.

Qui eût dit que le « client » en arriverait, un jour, à se satisfaire de ces subtilités, de ces grands plans noyés de jour et de nuit substitués au détail excessif jadis réclamé ! Qui eût jamais pensé que le « client » s'accommoderait un jour d'objectifs où le *flou*, artistement succéda à la mise au point scrupuleuse !

Car, cette autre volonté d'atteindre à quelque irréalité d'interprétation, de dégager du sujet sa substance spirituelle, en dehors de la netteté, est purement moderne. A l'idée d'exprimer la couleur par les

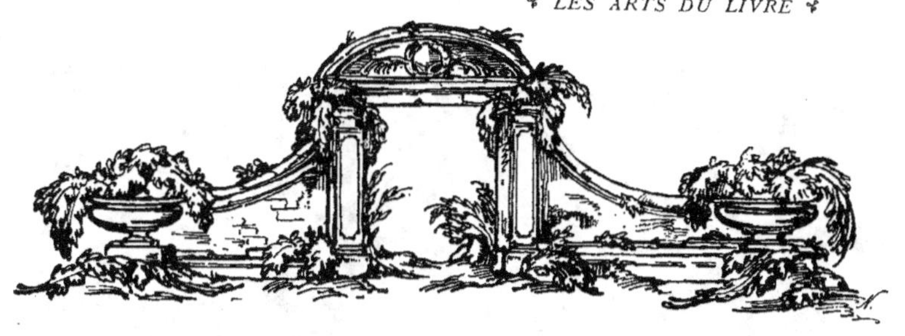

*A combien de dangers une femme
s'expose par son incrédulité sur
les sentiments qu'elle a inspirés.*

ENFIN mes prédictions s'accomplissent :
la comtesse ne se bat plus qu'en retraite :
vous croyez qu'elle n'a d'autre but à pré‑
sent que de vous éprouver ? Vous avez
beau la compromettre par des préférences mar‑
quées, par l'imprudence des témoignages de votre
passion ; elle ne trouve plus de force pour vous
en gronder : la moindre excuse fait expirer les
reproches dans sa bouche, & sa colère est si
aimable, que vous faites tout pour la mériter. Que

Naudin c. 18

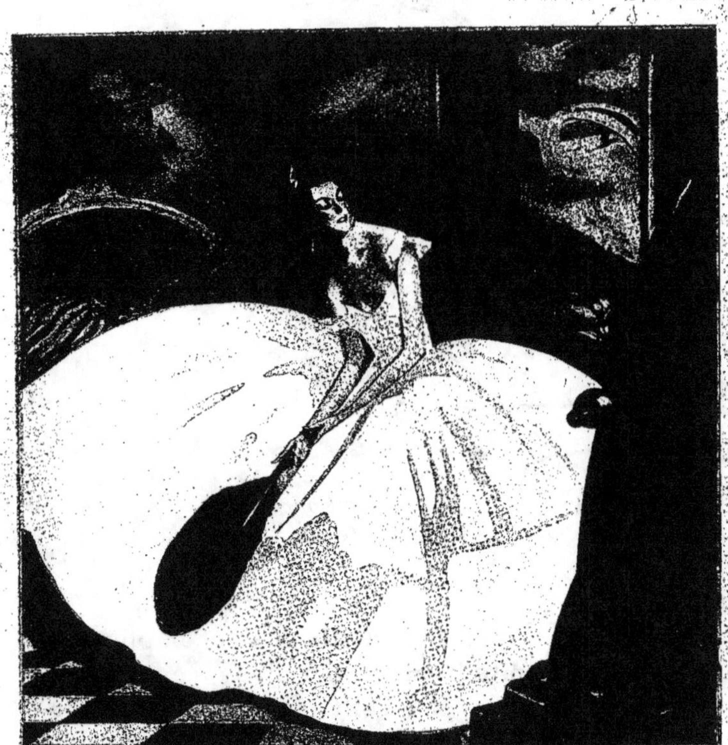

JEAN-GABRIEL DOMERGUE. — *Couverture pour un catalogue.*

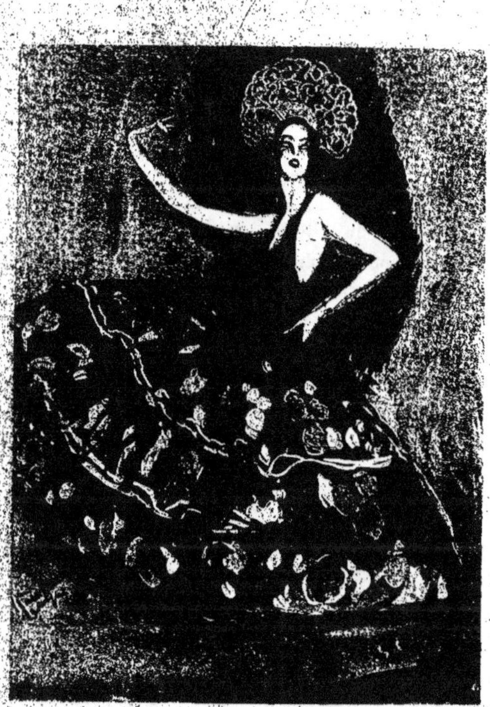

JEAN-GABRIEL DOMERGUE. — *Couverture d'un morceau de musique
de M. Maurice Depret et de M. Jean Hallaure pour les paroles (Hachette Éditeur).*

contrastes du blanc et du noir, s'ajoute ainsi celle d'animer le modèle extérieurement. Le modèle de l'artiste photographe ne pose plus à la façon d'hier. Plus de mouvements rituels et surannés; on tâche de surprendre le sujet en son attitude familière, conformément autant à son physique qu'à son moral. Il y a, dans cette observation préventive, d'accord avec le souci de l'effet, une qualité d'art qui devance certainement l'opération photographique suivant encore un subtil choix d'objectif.

Aussi bien, suivant l'exemple d'un Nadar, d'un Carjat, qui furent des dessinateurs de mérite improvisés photographes, nos meilleurs disciples de Daguerre sont, pour la plupart, des peintres en rupture de palette. Et l'honneur de la rénovation qui nous occupe revient à ces artistes préoccupés, — dans le portrait essentiellement, — d'en finir avec l'errement invétéré du professionnel, subordonné, d'ailleurs, à une besogne assujettie à une clientèle vulgaire.

De même que les artistes décorateurs modernes ont triomphé unanimement de la routine où croupissait le technicien sans flamme, de même qu'à leur suite des techniciens se sont enflammés, de stricts professionnels photographes emboîtèrent aussi le pas à l'art audacieusement révélé. Le progrès qui nous inquiète était dès lors en marche.

On invite, parfois même, le crayon à collaborer au cliché. D'où son animation, genre croquis, dont l'intention, en fait, vaut mieux que le résultat, en raison ou de sa prétention au dessin, ou de sa supercherie, à condition qu'on s'y trompe! Il n'empêche que la physionomie caduque est changée.

Certes, la photo-peinture, la fausse miniature, persistent encore pour donner misérablement le change à l'illusion de mauvais goût, avec l'agrandissement, le pastel, le tableau à l'huile d'après photographie, mais nos meilleurs opérateurs ont brisé avec cette imposture. Ils ont réalisé le maximum de sincérité en s'en tenant à leurs propres moyens. Ils ont rivalisé au mieux de sensibilité avec la plaque sensible.

Disparus aujourd'hui, les fonds naïvement préposés à créer l'ambiance (?) du personnage. Ces fonds de parc (avec accessoires, réels, pour les premiers plans !) prétentieux et banaux; ces ciels traversés d'oiseaux; ces fonds marbrés, aux « savants » dégradés ! La photographie moderne n'en a pas moins fait litière que du fameux serre-tête imposé au col du patient, pour violer son naturel au bénéfice d'une immobilité aussi mortifiante pour l'aisance de son geste.

Abrogées encore ces sottes retouches dont la convention exigeait, par exemple, un point lumineux dans chaque œil, pour lui rendre sa vivacité ! De telle sorte qu'un masque baigné d'ombre s'éclairait à la façon des deux yeux d'une chouette, phosphorescents dans la nuit ! L'horreur de la masse, où le détail logiquement s'estompe, avait amené le praticien à ces reprises, à ces précisions détestables où la vanité du client trouvait, hélas ! son compte, soit dans un détail physique accusé ou amoindri, soit dans l'éclat d'un bijou souligné. Et les fautes de valeur et de logique s'accumulaient ainsi, au point d'altérer jusqu'à la ressemblance. Il est vrai que plus on était présenté en beauté, plus on était réussi...

Désormais donc, la retouche s'efforce à des corrections strictement matérielles et le client distingué s'est fait à une présentation nouvelle qui, par la subtilité naturelle de l'ombre et de la lumière harmonieusement distribuées, réalise la seul retouche admise.

Mais la photographie moderne ne s'est point bornée là. Elle a innové des papiers de tirage et des supports d'épreuves artistiques. Tout d'abord, le glacé fastidieux a cédé la place à des rugosités, à des papiers-toile de différentes nuances qui animent le sujet, émeuvent son atmosphère, varient enfin sa fixité. Et si l'intensité du tirage photographique donne des accents favorables à tel personnage, un tirage faible apporte des délicatesses blondes conformes à la nature de tel autre. Si l'on ajoute à ces préoccupations d'ordre esthétique, la qualité du papier de soutien, harmonisée avec l'épreuve, tant comme couleur que matière, on saisit la valeur de notre recherche générale et inédite.

Au surplus, les papiers de support servant de cadre ne comportent plus maintenant une bordure étriquée, ils s'avantagent, au contraire, d'une ample marge. Cette marge ignorant le biseau doré de nos pères, les gaufrages, en manière de gravure, dont la vision s'était, à la longue, lassée... Papiers à la cuve, ébarbés, papiers de Hollande et de Chine, papiers feutrés, vous êtes désormais attachés au sort du cliché, mouvant comme la lumière, dont ont rêvé des artistes photographes dans l'action troublante et bienfaitrice de notre temps.

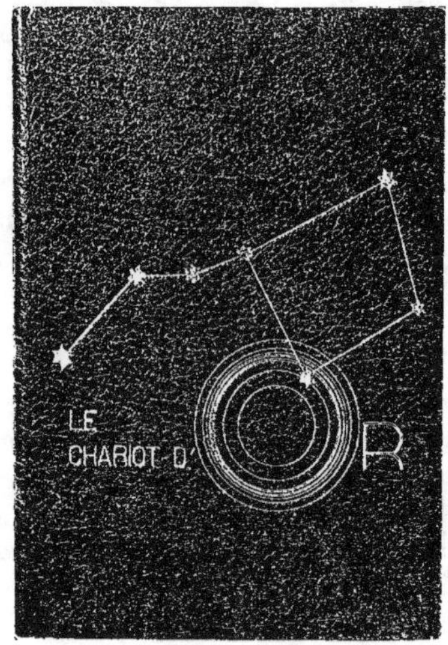

P. LEGRAIN — *Reliure.*

L'AFFICHE, LE DÉCOR DU JARDIN
ET DE LA FÊTE PUBLIQUE

CHAPITRE VIII

L'Affiche, le Décor du Jardin
et de la Fête publique.

Disculpée par l'art, la publicité accentue, de nos jours, son exposition en plein air. Ainsi se rajeunit le vieux mur dont la pluie décolore, avec le vent qui les arrache, ses oripeaux esthétiques.

Mais qu'est devenue l'affiche, depuis Jules Chéret? Quel chemin parcouru depuis les joyeuses torches qui incendiaient alors la rue! Le goût pour la « stylisation », révélé par un Eugène Grasset, a mis en fuite l'image sommaire dont la prétention ornementale parut insuffisante à notre modernisme. Ainsi de même pour le genre d'illustration d'hier à qui Eugène Grasset, encore, porta le coup de grâce, avec Mucha et tant d'autres décorateurs à sa suite. C'est donc à une formule de style instantané, à la « stylisation », que l'on dut cette réaction de l'image concrétisée. Avec E. Grasset, Bellery-Desfontaines se distingua dans le nouveau genre où un artiste italien « très parisien », M. Cappiello, pourtant brilla différemment avec ses imitateurs; le charme d'un A. Willette étant, d'autre part, interloqué par l'acidité des tons et quelque brutalité jugée « bien affiche » non moins que le trait éloquent d'un Forain ou d'un

A. Faivre, malgré que le style de ces maîtres séduise tout autant, en dehors de la « stylisation » à la mode, à laquelle M. Georges Barbier, encore, s'apparente avec préciosité.

Au vrai, à travers ces expressions diverses (où émerge, d'autre part, le talent distingué de MM. G.-L. Jaulmes et René Vincent), le principe d'un Grasset, d'un Bellery-Desfontaines, d'un Mucha, oscilla pour autant d'oppositions méritoires, en dehors de la sottise hilarante ou pénible d'essais « cubistes », et il nous apparaît qu'aujourd'hui, parmi les maîtres de l'affiche les plus caractéristiques de l'heure, M. Jean Dupas s'est classé des premiers, en renouant avec originalité et talent la chaîne de la synthèse décorative.

Si nous nous sommes laissé entraîner dans la plastique, c'est que l'affiche relève essentiellement de l'art appliqué (parallèlement à la tapisserie, la pérennité en moins, qui lui impose un soin de beauté éphémère aussi délicat), la gifle de sa couleur ou bien l'éloquence brève de son trait décorant le mur, l'animant, arrachant le regard avec des nuances d'impression visuelle fort difficultueuses à obtenir à cause de la sobriété économique des moyens employés.

Dans l'essor de la réclame, et parallèlement à l'affiche où, encore, la ligne de la Parisienne moderne, voluptueusement étirée par M. J.-Gabriel Domergue, s'impose dans un style caractéristique, nous avons dit l'esprit nouveau du prospectus, du programme, signés G. Lepape, à moins qu'il ne le soient de MM. Brissaud ou Martin et Domergue au surplus, nous voici emporté maintenant vers d'autres éloquences. Celles-ci d'ordre naturel.

Il s'agit du jardin qui, lui aussi, a changé sa physionomie dans l'entraînement des aspirations modernes. L'art du jardin, le jardinier et le treillageur participant, en accord, à la discipline des expressions esthétiques ordonnées par le maître de l'œuvre, quel séduisant dessein ! Et celui-ci se réalise. Les hardiesses de la palette vivante, les tons heurtés entre fleurs et plantes, les essences différentes d'arbustes accouplés, apportent

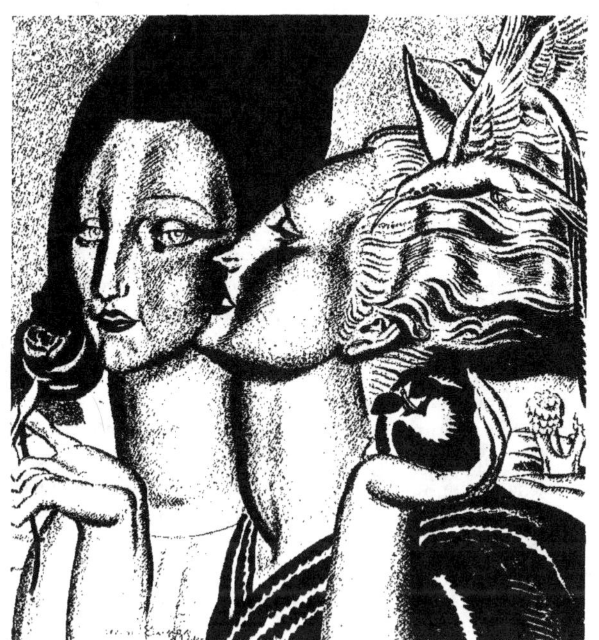

JEAN DUPAS. - *Affiche.*

au massif, comme au taillis, leur harmonie singulière, leur ombre, leur parfum, toujours délectables. Car la composition de ces éléments végétaux ne sépare pas la qualité de la matière de celle du ton, et ce sont des tableaux en vérité qui, sur la pelouse grasse, s'étalent, varient les horizons, charment diversement la vue.

Ici, la vision se reposera dans le calme d'une nudité verdoyante; ici, la sinuosité d'une allée trompera le regard afin qu'il s'égare agréablement dans le mystère, et là, un motif de feuillage pourpre, luttant d'assaut avec la violence des géraniums, fera valoir la douceur de blancs, de mauves et de roses. De la frondaison qui pleure, à la fierté de l'arbre aux rameaux verticaux, du sapin sombre au bouleau clair, du vallonnement à la plaine, autant de surprises ménagées par l'artiste. Des arceaux et pylônes ajouteront au pittoresque commandé par la maison autour de laquelle se jouent tous les agréments naturels et autres, pour la détacher en beauté. Le Nôtre a trouvé de dignes descendants en nos dessinateurs paysagistes, d'une audace fraîche, d'une franchise toujours réussie, dans son renouvellement qui s'étend parfois jusqu'à des créations de tons de fleurs dignes, certes, d'étonner la Nature elle-même, mais qui finissent par lui · agréer.

M. Rob. Mallet-Stevens imagina ce fond de jardin, ou bien M. G.-L. Jaulmes cette gloriette; M. P. Vera contribua à l'éclat des roses autant qu'à leur parfum en inventant cette pergola (à laquelle aussi s'ingénièrent MM. A. Gentil et E. Bourdet), et ce sont les mêmes artistes qui ont distribué, sous les ombrages, ces meubles de jardin si riants et si confortables, propices à un digne repos, à une contemplation de choix, en plein air.

Pourtant, ne vous y méprenez point, le pittoresque dont nos artistes modernes prennent la responsabilité, tourne carrément le dos à cette rusticité factice où le romantisme s'attarda dans l'artifice complémentaire du paysage « rêvé ». La Nature n'est point faussement rustique, n'en déplaise à ces rochers et rampes (simulant des troncs d'arbres !) en ciment

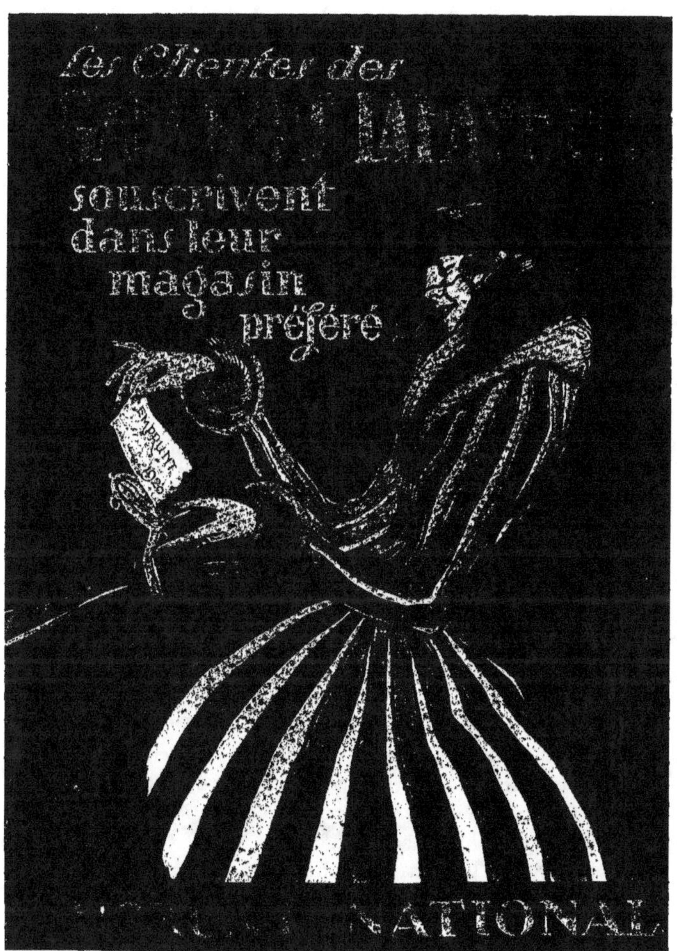

JEAN-GABRIEL DOMERGUE. — *Affiche.*

qui, avec tant d'autres fantaisies « champêtres », déshonorent bourgeoisement ce qu'ils prétendent embellir. On ne crée point du rustique, et un beau paysage se suffit de la vérité. M. Émile Sedeyn, après avoir flétri cette floraison parasitaire de mauvais goût, dit encore vertement leur fait... « aux chaises d'osier ou de tôle perforée, à ces fameux bancs ondulés, formés de traverses alignées parallèlement sur deux pieds de fonte et qui, orgueil des promenades et des squares de quartiers, ressemblent plus à des instruments de supplice qu'à des sièges destinés au repos », auxquels il préfère, — et combien il a raison ! — l'humble solive posée sur deux assises de pierre, d'autrefois.

Mais, d'avoir pris place, par exemple, dans un fauteuil de jardin signé Pierre Dariel, ne voilà-t-il pas que nous sommes aussitôt dédommagés et esthétiquement ravis ?

Et M. P. Dariel, en dehors des sièges et tables de jardin, si sobrement conçus, n'a pas moins réussi des bancs fleuris, des tonnelles, des portiques et des abris. L'architecture de ces bancs, surmontés d'arceaux et de treillage, a simplement prévu la décoration naturelle du feuillage. Elle se fût bien gardée d'une sculpture animale ou végétale dont le pléonasme eût été déplaisant, elle prépara la cage à l'oiseau, en arrêtant des formes nettes, des bâtis et des assemblages susceptibles de résister aux intempéries, sous une couche de peinture aussi protectrice que seyante, non point agressive, mais neutre et diversement accueillante au gré du lieu où elle sera placée.

L'emploi de l'osier, d'autre part, permit à M. Paul Vera des réalisations élégantes, et MM. Pierre Chareau, Montagnac, Pottier, avec le rotin, n'ont pas moins réussi des formes de meubles et de sièges originales et confortables dont il faudrait souhaiter la vulgarisation hors de l'exceptionnel château qui peut les acquérir.

Ne point irriter le paysage, tout est là, et, du rucher au jardin fruitier, s'étend cette sollicitude, l'espalier se posant sur le mur en toute confiance esthétique ; la moindre pièce d'eau devant justifier, par sa dimension ou

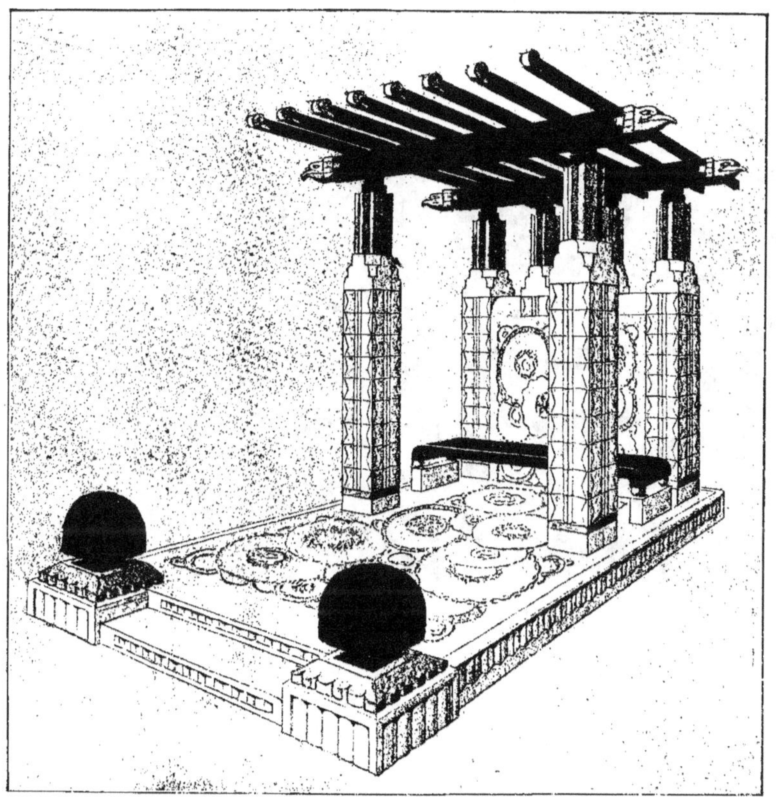

A. GENTIL et E. BOURDET. — *Pergola.*
Dessinateurs : MM. Marcel Aubry et Marcel Baude ; sculpteur : M. Lagrifoul.

la présentation de son miroir tranquille, l'intérêt du décor ou du ciel qui s'y reflète, du pont qui la franchit.

La peinture de couleur ayant rompu, d'autre part, avec l'habitude d'hier, qu'il s'agisse d'un banc ou d'une tonnelle; cette couleur qui s'entend à merveille pour accompagner ou pour violenter les chutes du lierre ou de la clématite, du jasmin de Virginie ou de la glycine.

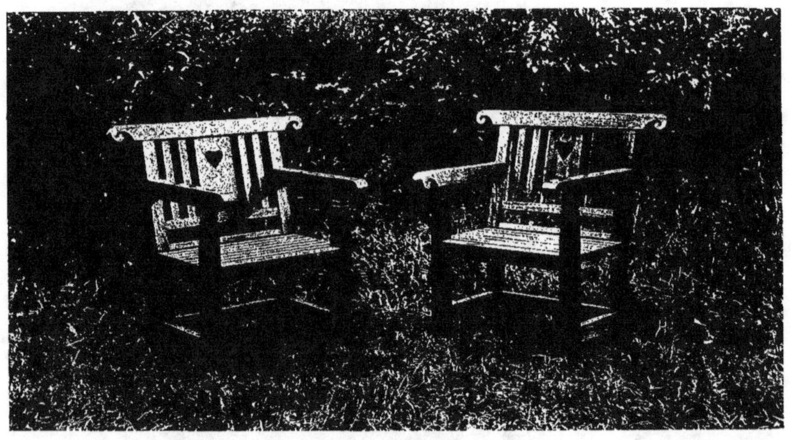

PIERRE DARIEL. — *Fauteuils de jardin.*

Cette couleur enfin, pactisant dans la forme avec l'esprit de telle barrière, de telle clôture dont l'interdiction se doit d'être aussi agréable que la discipline de tel pylone préposé à la direction de feuillages grimpants.

Point d'arts mineurs, et le jet d'eau qui jaillit dans quelque bassin, et le flot de quelque source qui murmure ont leur signification musicale dans la composition d'un site.

Au cours de notre promenade esthétique à travers le décor naturel dirigé, accommodé à la vie moderne par nos artistes décorateurs, nous en arrivons à évoquer la majesté que nos fêtes publiques réclament. En disant que le peuple avait droit « aussi » à la beauté, c'était répondre simplement à la pensée. de la Nature, offerte indifféremment à tous,

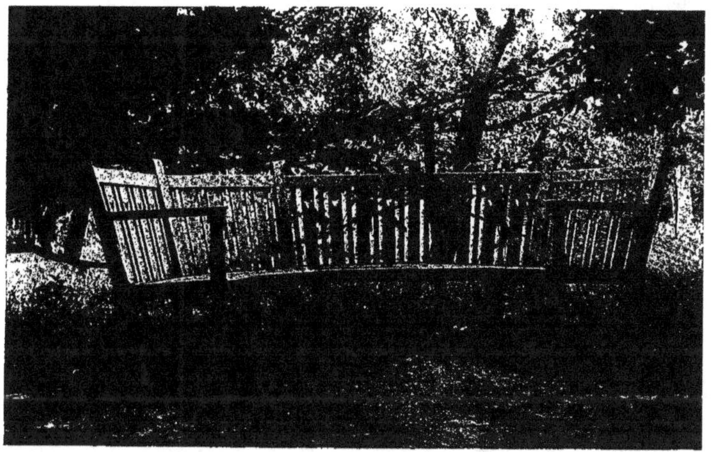

PIERRE DARIEL. — *Banc de jardin.*

et malheureusement ici intervient l'État qui oppose à l'Art ses moyens économiques et les entrepreneurs officiels de sa pompe.

Néanmoins, nous avons vu, lors des fêtes de la Victoire, en 1919, se réaliser un véritable progrès dont le précédent doit avoir des lendemains et avant d'enregistrer cette éclaircie dans la nue de notre goût adapté au cérémonial ou à la liesse populaire, nous déplorerons notre déchéance vis-à-vis du passé.

Depuis les fêtes *roulantes* inaugurées, en 1747, à l'occasion du second mariage du dauphin; depuis ce char personnifiant Paris, qu'un Boucher ou qu'un Fragonard n'eussent point désavoué; depuis les fêtes du Champ de Mars et de la place de la Révolution (aujourd'hui place de la Concorde); depuis la fête de l'Être suprême conçue par le peintre Louis David, et celle de la déesse Raison dont un grand peintre encore, Pierre Prud'Hon, donna le plan, quelles tristes mascarades !

Que n'avons-nous d'autre part rénové, après l'esthétique grandiose de ces manifestations nationales, l'attrait des fêtes provinciales ou purement locales ! Ces kermesses et « ducasses », dans le Nord; ces fêtes du Vin, dans le Bordelais et en Bourgogne; ces foires du Centre, ces fêtes votives du Midi, des Blés, etc., d'une couleur et d'une joie si caractéristiques. Hélas ! l'abêtissement de nos vulgaires réjouissances où, dans l'air poussiéreux et nauséabond, tournent les éternels chevaux de bois, a gâté la qualité du plaisir. Comment le niveau esthétique de la foule se fût-il exalté à cette horrifiante prodigalité des ors, des ornements et des glaces, des bariolages et autres misères d'apparat !

Et pourtant, rien ici ne s'améliore; la pestilentielle friture s'associe toujours à la puanteur de l'acétylène pour créer l'atmosphère adéquate au tapage, et c'est dans le luxe honteux que le commerce forain prospère.

Si l'on joint, à l'encanaillement général, la plaie du mensonge représenté par la boutique d' « attractions », par le fard des parades derrière lequel l'humanité souffre, par la ménagerie où, sous prétexte d'héroïsme, le « belluaire » triomphe de bêtes efflanquées, martyrisées et souvent moribondes, on n'a encore qu'une faible idée d'une dépravation morale harmonisée avec une faillite esthétique.

Aucun progrès, ici donc, dans l'ordre du goût; le « phénomène » exhibé à la fête ne ressortissant jamais qu'à la monstruosité; la métallisation du plâtre « faisant riche » à souhait sur une façade prostituée en compagnie de fleurs artificielles; une carpette, imitant la peau d'un tigre, pompeusement jetée sur la caisse où l'on s'acquitte du spectacle dégradant; le déchaînement des instruments de cuivre, aggravé de la

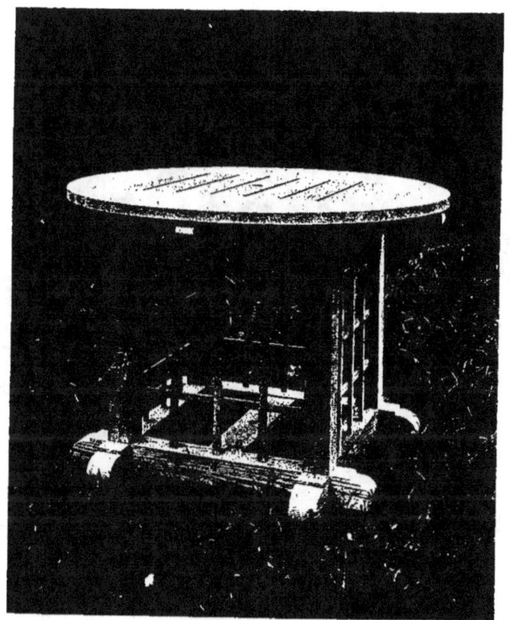

PIERRE DARIEL. — *Table de jardin*.

frénésie d'un tambour, apportant l'atmosphère complémentaire...

En revanche, nous avons indiqué le décor officiel de nos cérémonies rompant peu à peu avec son caractère compassé et sa pompe de commande.

Jusqu'au banc public qui renonça à la couleur symboliquement administrative d'hier! Mais combien il reste à faire pour l'agrément

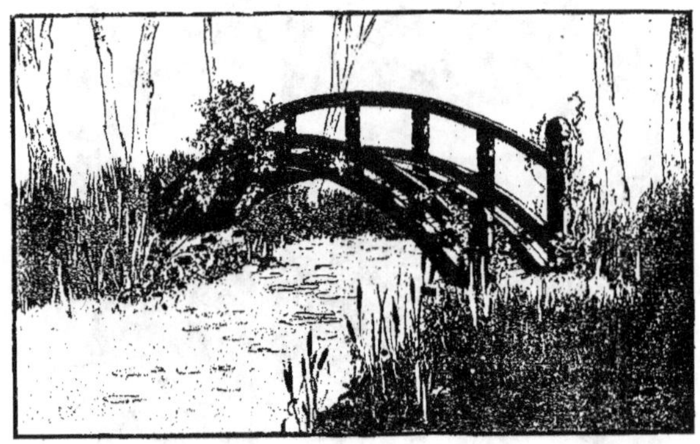

PIERRE DARIEL. — *Un pont de jardin.*

neuf de nos estrades, de nos cartouches et mâts, dans le choix même de la nuance des couleurs de notre drapeau national!

La discipline de la réclame, afin qu'elle n'irrite point l'œil ni ne borne la vue désagréablement, serait aussi à envisager, autant que les édicules destinés à son étalage. Ces édicules de toutes sortes, offerts trop volontiers encore en holocauste à l'utilité, au lieu de la servir esthétiquement.

Mais nous avons parlé auparavant de l'attrait de la boutique, sans aborder l'architecture, et nous nous tiendrons encore, conformément à notre programme, à l'écart de cet art, en aboutissant à souligner le progrès marqué par les fêtes de la Victoire où tous les artistes décorateurs, dans l'élan du patriotisme glorieux, participèrent à l'apothéose de la France.

Les noms de MM. Süe, Mare et Jaulmes, associés d'autre part à l'architecture du Cénotaphe dédié aux Morts pour la Patrie, qui s'éleva

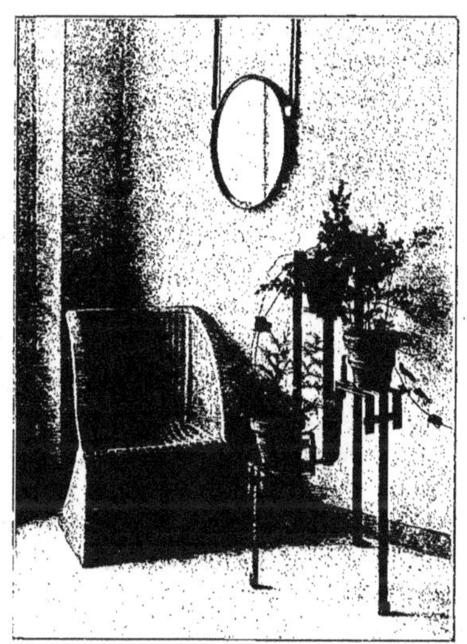

PIERRE CHAREAU. — *Fauteuil en rotin.*

sous l'Arc de Triomphe, le 14 juillet 1919, émergent dans le souvenir de cette collaboration sacrée.

Apôtres de la beauté unanime, les artistes décorateurs actuels ont brillé en tous genres, parce qu'ils obéissaient à une doctrine, mais moins encore qu'à leurs sentiments et aspirations de jeunes créateurs. La morale à tirer de ce résultat est celle de tous les temps ; jamais une génération n'a trouvé grâce auprès d'une autre, ce qui ne signifie pas que l'art d'une époque ne conserve pas sa valeur vis-à-vis de l'époque qui la dénigre ou la renie.

La vertu de l'art moderne que nous venons de parcourir présente cependant une importance caractéristique. L'art moderne a renoué avec les grands styles du passé dans sa volonté de créer. Depuis Napoléon Ier, — et malgré un style Louis-Philippe dont la pauvreté semble nous attendrir plus que de raison, — aucune réaction n'avait démontré notre vitalité artistique dégénérée dans la copie, le pastiche et l' « arrangement ». Or, l'art moderne s'avère aujourd'hui un fait. Il a pour lui toute notre jeunesse, et cela est logique et très beau.

Que cet enthousiasme, où les artistes réchauffent leur flamme et trouvent leur compte matériel, n'aille point sans quelque injustice, cela se rencontre encore avec la norme ! Tout vaut mieux que la stagnation du génie, et la mode se charge de venger ou de réhabiliter, d'accord avec les snobs, ce qui a cessé injustement de plaire. Admirable défaillance du jugement qui se reprend ; remords, agenouillement forcé, mais aussi le prétexte de dominer justifie l'occasion de détruire. L'opinion des temps varie du blanc au noir, du chaud au froid, avec la même conviction et, de cette transition brusque de la foi, résultent des efforts qui enfanteront peut-être des chefs-d'œuvre, contrairement à l'admiration extrême du passé où se débilitent et s'atrophient les chefs-d'œuvre dans la pensée servile et repue.

Nous avons donc ici, sans parti pris, détaillé de la beauté, en nous défendant de comparer. Nous ne sommes point juges de notre époque et n'incarnons pas le vrai. Pourtant, il n'est pas niable que nous sommes rentrés dans la bonne voie en remontant aux sources de la sincérité, sous le coup de fouet de l'invention, et, au surplus, il nous faut faire confiance à des artistes-artisans, dignes de leurs devanciers séculaires et

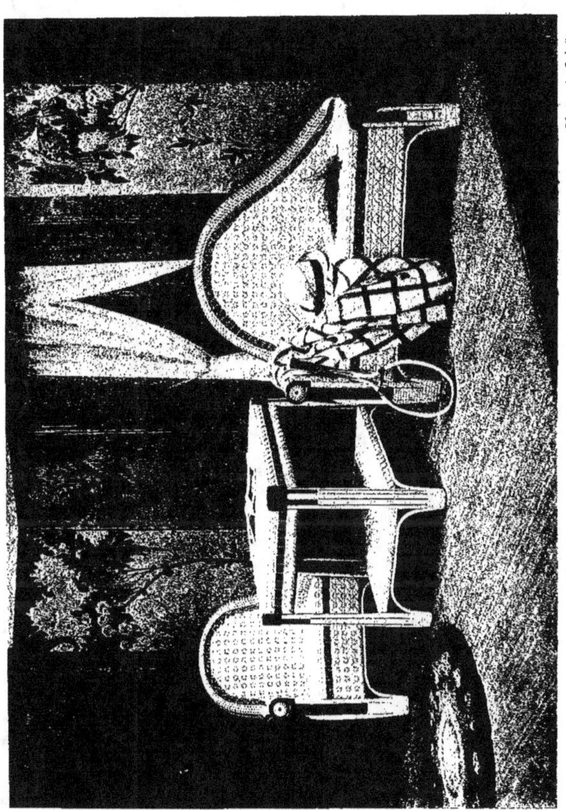

P.-P MONTAGNAC. — *Sièges et table en rotin.*

Photo. A. Salatin.

aussi aux courageux pionniers qui leur tracèrent la route présente. Qu'ils méditent néanmoins avec prudence, les créateurs d'aujourd'hui, sur l'expérience déjà surannée, — au bout seulement de vingt-cinq ans ! — de ces précurseurs méritoires, afin d'apporter toujours plus à leur tâche ce souci de sobriété, d'équilibre et de jugement dont témoignent les styles éternels.

Gardons-nous de confondre style et mode, raisonnement avec folie, et faisons-nous une âme et une conviction contributives à l'atmosphère de notre temps, sans verser dans l'excentricité passagère. Mais, résister au courant du nouveau jusqu'à l'étonnement même, — pourvu qu'il n'y ait point blessure grave de goût ou de vision, — serait non seulement vain, mais encore coupable.

Nos gravures, enfin, parlent d'elles-mêmes, et elles savent à qui elles s'adressent. Leur beauté de choix n'éveillera que des sensations réfléchies et

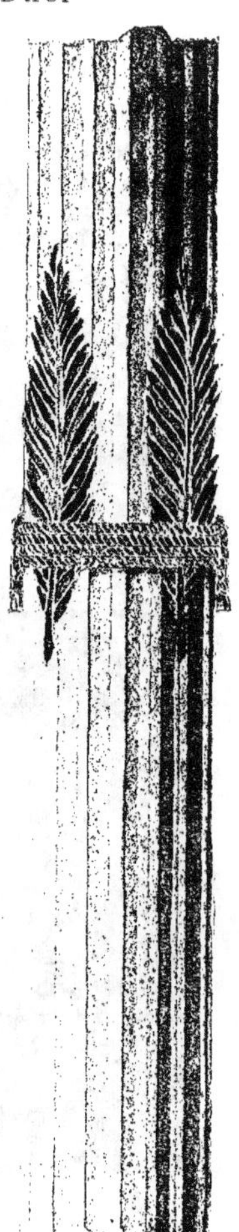

SUE, MARE et JAULMES. — *Décorations de colonnes de l'église de la Madeleine (Fêtes de la Victoire).*

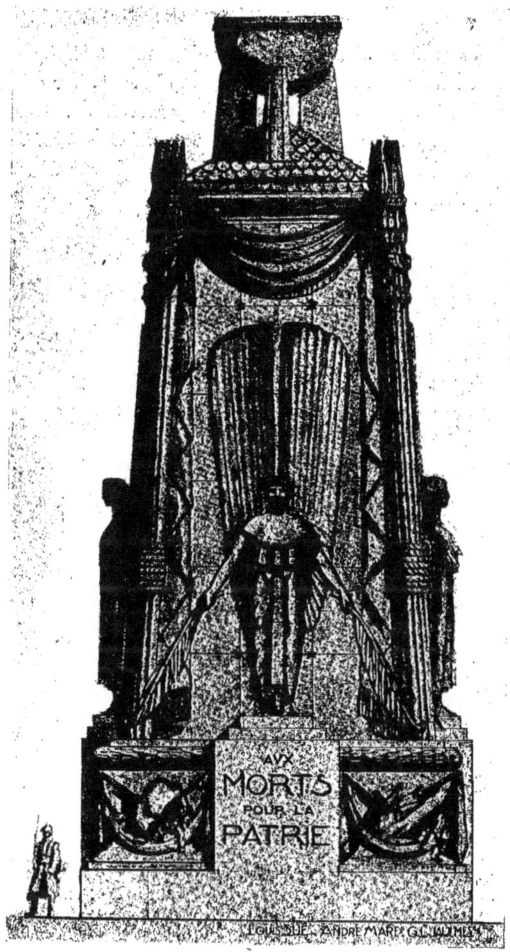

L. SUE, A. MARE et G.-L. JAULMES.
Maquette du monument aux Morts pour la Patrie (1914-18).

partagées. Elles reflètent déjà une grâce et une technique mûries, essentiellement françaises, et il ne reste plus qu'à souhaiter que le recul des siècles ratifie le style de notre xxe siècle à travers le suffrage de ses modes successives, comme le succès de l'*Exposition Internationale des Arts Décoratifs et Industriels modernes* l'a démontré, à Paris, en 1925, à la face du monde.

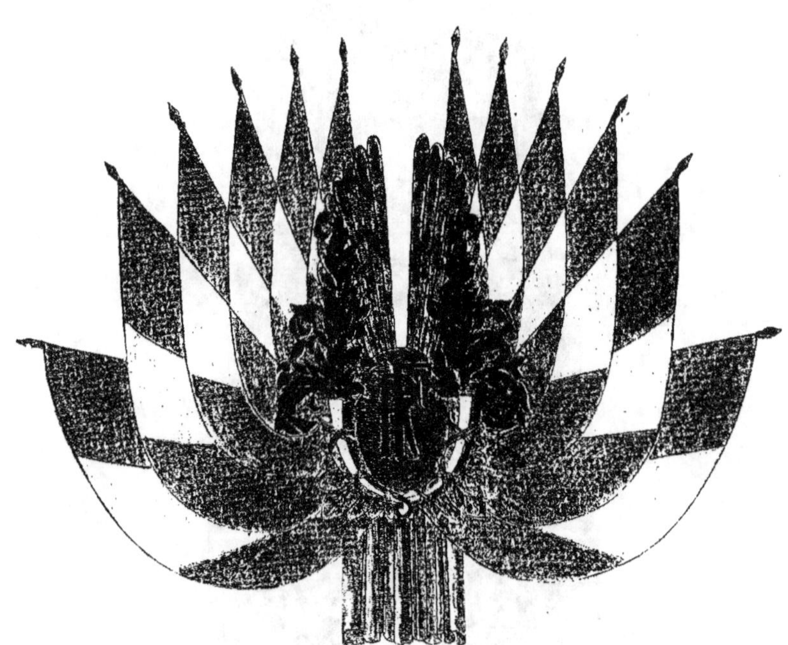

L. SUE ET A. MARE. — *Trophée de drapeaux* (Fêtes de la Victoire).

TABLE DES GRAVURES

TABLE DES MATIÈRES

COURMONT, PHOTOGRAVEUR

IMPRIMÉ PAR LA MAISON
:: :: PAUL DUPONT :: ::

CLICHÉS DE E. GOURMONT